新时代高校
"三全育人"理论研究
与实践创新丛书

XIN SHIDAI
GAOXIAO
SAN-QUAN YUREN
LILUN YANJIU
YU SHIJIAN CHUANGXIN
CONGSHU

新时代高校文化育人

理论与实践

主 编　吴　奕　金丽馥

副主编　孙英琨　高雅晶　郑礼月
　　　　王雪娇　王玉忠

江苏大学出版社
JIANGSU UNIVERSITY PRESS

镇　江

图书在版编目(CIP)数据

　　新时代高校文化育人理论与实践 / 吴奕，金丽馥主
编. — 镇江：江苏大学出版社，2021.4
　　(新时代高校"三全育人"理论研究与实践创新 /
李洪波主编)
　　ISBN 978-7-5684-1605-4

　　Ⅰ. ①新… Ⅱ. ①吴… ②金… Ⅲ. ①高等学校－文
化素质教育－研究－中国 Ⅳ. ①G640

　　中国版本图书馆 CIP 数据核字(2021)第 061592 号

新时代高校文化育人理论与实践
Xin Shidai Gaoxiao Wenhua Yuren Lilun yu Shijian

主　　编/	吴　奕　金丽馥
责任编辑/	任建波
出版发行/	江苏大学出版社
地　　址/	江苏省镇江市梦溪园巷 30 号(邮编：212003)
电　　话/	0511-84446464(传真)
网　　址/	http://press.ujs.edu.cn
排　　版/	镇江市江东印刷有限责任公司
印　　刷/	江苏凤凰数码印务有限公司
开　　本/	710 mm×1 000 mm　1/16
印　　张/	16.75
字　　数/	286 千字
版　　次/	2021 年 4 月第 1 版
印　　次/	2021 年 4 月第 1 次印刷
书　　号/	ISBN 978-7-5684-1605-4
定　　价/	72.00 元

如有印装质量问题请与本社营销部联系(电话：0511-84440882)

总　序

　　习近平总书记强调，高校立身之本在于立德树人。党的十八大以来，习近平总书记对教育事业特别是培养社会主义建设者和接班人工作高度重视，多次强调"要坚持把立德树人作为中心环节，把思想政治工作贯穿教育教学全过程，实现全程育人、全方位育人，努力开创我国高等教育事业发展新局面""要把立德树人的成效作为检验学校一切工作的根本标准""要把立德树人内化到大学建设和管理各领域、各方面、各环节，做到以树人为核心，以立德为根本"等等。习近平总书记的重要论述为进一步开创新时代高校思想政治工作新局面指明了方向。2017 年 12 月，教育部印发《高校思想政治工作质量提升工程实施纲要》，强调要充分发挥课程、科研、实践、文化、网络、心理、管理、服务、资助、组织方面工作的育人能力，构建"十大"育人体系，大力提升高校思想政治工作质量。2020 年 4 月，教育部等八部门联合印发《关于加快构建高校思想政治工作体系的意见》，强调要健全立德树人体制机制，加快构建目标明确、内容完善、标准健全、运行科学、保障有力、成效显著的高校思想政治工作体系。

　　江苏大学历来重视思想政治工作，紧扣立德树人根本任务，按照"贴近实际、贴近学生、贴近生活"的要求，逐步构建形成了"全员化参与、全过程教育、全方位引导、全媒体跟进"的"四全"学生成长成才服务引导体系。学校多次荣获"江苏省高校思想政治工作先进集体"，学校思想政治工作经验入选教育部《高校德育成果文库》，教育部《加强和改进大学生思想政治教育工作简报》6 次刊发学校经验做法，2016 年 12 月 8 日全国高校思政工作会议结束当天，专题刊发《江苏大学以实施思想政治教育质量提升工程为抓手加强大学生思想政治教育》。2019 年 1 月，学校获批为教育部"三全育人"综合改革试点高校。

以试点建设为契机，江苏大学认真贯彻落实党中央的决策部署和江苏省委、教育部的工作要求，以立德树人为根本，以强农兴农为己任，积极推进"三全育人"综合改革，健全"三全育人"体制机制。以"十大"育人体系为载体和依托，充分整合全校育人力量，着力构建育人机制"大协同"、思政教育"全贯通"、育人要素"强融合"的"大思政"格局，一体化构建内容完善、标准先进、运行科学、保障有力、成效显著的"三全育人"工作体系，打造"知农爱农、工中有农、以工支农、强农兴农"育人特色，形成了育人的江苏大学模式和经验。

为总结"三全育人"综合改革的经验，江苏大学组织编写了"新时代高校'三全育人'理论研究与实践创新"系列丛书。本套丛书共11本，包括1本"三全育人"总论和10本"十大"育人专题论著，主要介绍了"三全育人"及课程育人、科研育人、实践育人、文化育人、网络育人、心理育人、管理育人、服务育人、资助育人、组织育人的基本理论和江苏大学的具体实践。总论以高校"三全育人"及其实践探索为对象，围绕如何在新时代开展"三全育人"工作，践行立德树人的根本使命展开论述，从理论和实践两个层面全面阐述了"三全育人"的理论逻辑与实践路径。10本专题论著分别围绕"十大"育人体系的理论与实践展开论述，力图呈现江苏大学在习近平新时代中国特色社会主义思想指导下，大力推进"三全育人"工作，全面落实立德树人根本任务方面的理论依据、实践探索和方案启示。

沐浴新的阳光，播种新的希望。随着中国特色社会主义进入新时代，我国高等教育也进入新的发展阶段。新时代高等教育面临着新形势、新任务，那就是要适应建设高等教育强国需要，适应高校思想政治工作质量提升需要，着力健全和完善全员全过程全方位育人格局，大力培养能够担当民族复兴大任的时代新人。发展没有终点，改革永无止境，实践不会终结。站在新的起点上，我们要始终坚持以习近平新时代中国特色社会主义思想为指导，增强"四个意识"，坚定"四个自信"，做到"两个维护"，坚定不移地全面贯彻党的教育方针，始终坚持社会主义办学方向，坚守为党育人、为国育才的初心，改革创新，奋发进取，以坚如磐石的信心、只争朝夕的干劲、坚忍不拔的毅力，立足新发展阶段，贯彻新发展理念，服务构建新发展格局，推动"三全育人"综合改革不断走向深入，在育人工作中创造出无愧于新时代的新业绩，努力创造"三全育人"的江苏大学实践、江苏大学经验。

期望本套丛书能为我国高等教育深化"三全育人"改革、落实立德树人根本任务、推进高质量发展贡献绵薄之力，为兄弟院校提供些许借鉴，不胜欣慰。

2021.4.19

前　言

　　文化滋养心灵，文化涵育德行，文化引领风尚。以文化人、以文育人是文化强国时代发展的呼唤，也是人的全面自由发展的内在诉求。

　　作为一种具体的思想政治教育实践，文化育人的目标一是立德，即培育社会主义道德；二是树人，即促进学生全面发展；三是增进文化认同，即培育社会主义文化自信。坚持以文化人、以文育人，是加强高校思想政治工作的重要举措，也是办好中国特色社会主义大学的内在要求，为进一步增强师生文化自信，为落实立德树人根本任务、培养高素质人才提供了文化支撑。

　　在教育部出台的《高校思想政治工作质量提升工程实施纲要》中，关于文化育人质量提升体系有明确的表述：注重以文化人、以文育人，深入开展中华优秀传统文化、革命文化、社会主义先进文化教育，推动中国特色社会主义文化繁荣兴盛，牢牢掌握高校意识形态工作领导权，践行和弘扬社会主义核心价值观，优化校风学风，繁荣校园文化，培育大学精神，建设优美环境，滋养师生心灵，涵育师生品行，引领社会风尚。这为高校开展文化育人工作定了基调，对如何动员组织高校各方面力量共同行动起来深化文化育人工作提出了明确要求。

　　在文化育人实践中，江苏大学开展了增强师生文化自信的积极探索与生动实践。学校坚持农机办学特色，以推动我国农业机械化、现代化为使命，形成了"工中有农，以工支农"的鲜明办学特色和独特的文化情怀。水泵文化、农机文化、篆刻文化……学校着力引导师生在文化传承创新中增强文化自信，强化文化育人增强师生文化自信的成效。

　　多年来，学校不断创新思想政治工作方式方法，打造诸多富有影响力的文化品牌活动，比如"感动江大"人物评选、校园热点面对面、人文大讲堂、辉煌一课等，通过品牌塑造着力把中华优秀传统文化、革命文化和社会主义先进文化有机融入人才培养各环节，引导师生从博大精深的中华文化中汲取滋养，丰富涵养，提升品位，达到了以文化人、以文育人的目的，进一步增强了中国特色社会主义文化自信。

值得注意的是，文化育人因为涉及"文化""教育""人"三大领域，集多重内涵于一身，又有着自身的特殊规律，需要在贯穿、结合、融入上下功夫，在抓细、抓小、抓实上下功夫，在坚持不懈、久久为功上下功夫，努力推进文化育人实践具体化系统化。

为此，我们组织编写了这本《新时代高校文化育人理论与实践》，力图厘清文化育人的科学内涵、运行机制、路径选择，紧密联系江苏大学实践实际，把文化育人的各项要求日常化、具体化、生活化，使思想政治教育工作内化于心、外化于行，在丰富内容、创新载体、搭建平台上下功夫，推动文化育人工作的开展，不断增强师生文化自信，为努力办好中国特色社会主义大学和推进"双一流"建设提供精神动力、打牢文化根基。

本书由吴奕、金丽馥主编，孙英琨、高雅晶、郑礼月、王雪娇、王玉忠等参与了相关章节的撰写。在编写过程中，本书参考和引用了一些专家、学生的研究成果和文献资料，同时也查阅了大量的媒体报道内容，在此一并致谢。鉴于编者水平有限及资料收集的局限性，书中难免有不足之处，敬请专家、同行及广大读者批评指正。我们也将在今后的工作中，进一步梳理和完善相关论述，更好地创新开展文化育人实践。

编　者
2021 年 1 月

目　录

第一章　新时代高校文化育人的科学内涵 ………………………… 1

　第一节　文化育人的基本概念 ………………………………… 1

　　一、文化的内涵 …………………………………………… 1

　　二、文化育人的内涵 ……………………………………… 6

　第二节　文化育人的理论基础 ………………………………… 9

　　一、马克思恩格斯关于文化的思想 ……………………… 9

　　二、列宁灌输理论 ………………………………………… 15

　　三、思想政治教育理论中的育人思想 …………………… 20

　　四、社会学习理论中的思想借鉴 ………………………… 27

　第三节　文化育人的功能目标 ………………………………… 28

　　一、文化育人的功能价值 ………………………………… 29

　　二、文化育人的发展目标 ………………………………… 30

第二章　新时代高校文化育人的运行机制 ……………………… 35

　第一节　文化育人的基本要素 ………………………………… 35

　　一、文化育人的主体 ……………………………………… 36

　　二、文化育人的客体 ……………………………………… 38

　　三、文化育人的载体 ……………………………………… 41

　第二节　文化育人的实施条件 ………………………………… 44

　　一、社会文化发展繁荣 …………………………………… 45

　　二、精神文化需求提升 …………………………………… 47

　　三、思想政治教育重要性凸显 …………………………… 49

　第三节　文化育人的内在机制 ………………………………… 52

　　一、人化与化人互动机制 ………………………………… 52

二、文化认同机制 ·············· 54

三、文化内化与外化机制 ·············· 57

四、感染与模仿机制 ·············· 59

第三章　新时代高校文化育人的路径选择 ·············· 63

第一节　文化育人的现状探析 ·············· 63

一、文化育人工作成效 ·············· 63

二、文化育人中的现实问题 ·············· 67

第二节　文化育人的影响因素 ·············· 73

一、社会转型中国家主导文化受到冲击 ·············· 73

二、不良的校园亚文化环境的影响 ·············· 74

三、教育者育人理念不坚定 ·············· 75

四、文化育人实践机制不完善 ·············· 77

第三节　文化育人的基本原则 ·············· 78

一、坚持马克思主义指导原则 ·············· 78

二、尊重学生发展与教育规律原则 ·············· 80

三、坚持合力育人原则 ·············· 83

四、坚持真善美统一原则 ·············· 84

第四节　文化育人的举措策略 ·············· 86

一、丰富文化育人内容 ·············· 86

二、教育主体合力开展文化育人活动 ·············· 88

三、调动大学生参与积极性 ·············· 91

四、丰富文化育人媒介载体 ·············· 93

五、加强校园文化环境建设 ·············· 95

第四章　新时代高校文化育人的理论探索 ·············· 98

第一节　以一流大学精神推进现代大学治理 ·············· 98

一、一流大学精神及其时代内涵 ·············· 98

二、以一流大学精神引领现代大学治理 ·············· 99

三、凸显一流大学精神的"新时代特征" ·············· 102

第二节　创业型校园文化建设的思考 ·············· 103

一、创业型校园文化的内涵特色 ·················· 103

二、创业型校园文化的建设基础 ·················· 104

三、创业型校园文化的建设策略 ·················· 105

第三节　社会主义核心价值观视阈下高校中华优秀传统文化教育路径

探究 ·· 107

一、中华优秀传统文化与社会主义核心价值观的内在关联性 ······ 108

二、加强高校中华优秀传统文化教育的必要性 ············ 109

三、强化高校中华优秀传统文化教育的新路径 ············ 112

第四节　革命红歌的精神力量在高校思想引领中的作用 ·········· 114

一、革命红歌精神力量在高校思想引领中的依托载体 ········ 115

二、革命红歌精神力量在高校思想引领中的融入元素 ········ 116

三、革命红歌精神力量在高校思想引领中的深化方式 ········ 117

第五节　以一流大学精神引领"双一流"建设 ·············· 119

一、一流大学精神的特质 ························ 119

二、一流的大学精神涵育一流的人才 ················ 122

三、一流的大学精神涵育一流的学术 ················ 124

四、一流大学精神的生成养护之道 ·················· 126

第五章　新时代高校文化育人的实践探索 ·············· 129

第一节　江苏大学制度文化育人实践 ·················· 129

一、江苏大学"文化育人"工作实施方案 ·············· 131

二、江苏大学"感动江大"人物评选办法 ·············· 139

三、江苏大学"最受欢迎的十佳教师"评选办法 ·········· 141

四、江苏大学"十佳青年学生"评选办法 ·············· 143

五、江苏大学校名文化产品授权管理和经营办法 ·········· 145

六、江苏大学关于加强新时代美育工作实施细则 ·········· 146

七、江苏大学校园文化环境管理规定 ················ 151

八、江苏大学思想政治工作质量提升工程实施方案 ·········· 153

九、江苏大学关于开展疫情防控期间线上校园文化活动的通知 ······ 163

第二节　江苏大学精神文化育人实践 …………………………………… 167

　一、校史文化：百年办学　芬芳桃李满天下 …………………………… 168

　二、校歌文化：百年辉煌向未来 ………………………………………… 169

　三、校徽文化：同心同德　同舟共济 …………………………………… 170

　四、校训文化：博学　求是　明德 ……………………………………… 171

　五、江大精神：自强厚德　实干求真 …………………………………… 181

第三节　江苏大学环境文化育人实践 …………………………………… 190

　一、校园生态环境建设 …………………………………………………… 190

　二、主题教育氛围营造 …………………………………………………… 196

　三、人文建筑景观 ………………………………………………………… 198

　四、标志性校园建筑 ……………………………………………………… 207

第六章　新时代高校文化育人的特色品牌 …………………………… 218

第一节　江苏大学文化育人典型示范 …………………………………… 218

　一、目标思路 ……………………………………………………………… 219

　二、实施方法 ……………………………………………………………… 220

　三、经验总结 ……………………………………………………………… 221

　四、成效彰显 ……………………………………………………………… 222

第二节　江苏大学文化育人品牌建设 …………………………………… 224

　一、中华经典吟诵大赛 …………………………………………………… 225

　二、校园热点面对面 ……………………………………………………… 227

　三、高雅艺术进校园 ……………………………………………………… 229

　四、五棵松讲坛 …………………………………………………………… 232

　五、辉煌一课 ……………………………………………………………… 234

第三节　江苏大学文化育人特色成果 …………………………………… 235

　一、农机文化 ……………………………………………………………… 236

　二、水泵文化 ……………………………………………………………… 242

　三、篆刻文化 ……………………………………………………………… 249

参考文献 ……………………………………………………………………… 254

第一章　新时代高校文化育人的科学内涵

立德树人是高等教育立身之本，立德树人离不开思想政治教育。思想政治教育产生并服务于人的需要，它只有从人的需要出发，才会有生命力；只有符合人性发展的需要，才具有存在的价值与意义。

在当今全球化的时代背景下，高校思想政治教育如何满足大学生的发展需要、促进大学生的价值实现，进而实现其存在的价值，这是高校思想政治教育在新的社会发展形势下所要研究的重要问题。这其中，以文化人、以文育人既是文化强国时代发展的呼唤，也是人的全面自由发展的内在诉求。

我国大学文化以固有的"超然于现实生活，超脱于特定政治经济利益，主导社会思想潮流，引导社会发展方向"的特性，一方面不断满足师生的高层次需求，激励学生从内心深处产生一种高昂向上的情绪和奋发向上的精神；另一方面通过大学文化蕴含的理想信念、价值追求及道德风尚规范学生行为，以一种强大的驱动力和感召力提升他们的人格追求和行为准则。

第一节　文化育人的基本概念

文化是人类长期实践的产物，是人类依据自身的目的和价值追求而创造的，反过来又能影响人、教化人和塑造人。文化的范畴十分广博、内涵十分丰富，要研究文化育人，首先要系统解读文化和文化育人的内涵、类型、属性特征及功能。

一、文化的内涵

文化（culture）概念的内涵十分丰富，很难形成一个精准的定义。在拉丁文中，文化主要指"人的身体、精神，特别是艺术和道德能力及天赋的培养，也指人类通过劳作创造的物质、精神和知识财富的综合"。在汉语中，文化是指"文治教化，是对人心性的开启与修炼，重点是教化人心"，它与自然相对应，与野蛮相反照，属于精神文明的范畴。

现代意义上的文化，学者们的解读众说纷纭，各有侧重。有学者曾例举了文化一词的 161 种定义。人们对文化现象的认识随着社会的不断发展而不断深化。笼统地说，文化是一种社会现象，是人类长期实践的产物，是人们生存方式与生活状态的体现。同时文化也是一种历史现象，是社会历史积淀的结果。具体地说，文化是蕴含在物质之中又折射于物质之外、能够被普遍认可和传承的国家或民族的风土人情、传统习俗、生活方式、思维方式、价值观念等意识形态。

文化是一个十分复杂的现象，是一定社会发展时代人们的物质生活在精神领域的折射与透视。文化一词既有名词和动词意义之分，也有广义和狭义之别。从名词意义上讲，文化是人类认知的客体。学者们从不同的视角、层面、问题域对文化做出了不同的解读，比如，文化是"一种活生生的有机体""人类文明的总称""人的第二自然""给定的和自在的行为规范体系""自觉的精神和价值观念体系""人的生活样法或生存方式"等。从动词意义上讲，文化是指人向文而化的动态过程，这一过程实际上就是人脱离原初的自然状态，走向社会化的过程，走向文明进步的过程。人的一切实践活动都可视为一种文化活动。

文化的概念可以从广义、中义和狭义三个层面来解读。广义的文化，也叫"大文化"，泛指人类的一切社会实践活动及其成果。按照马克思的解释，广义的文化是指自然的"人化"，既包括外部世界的人化，也包括人自身的主体化，它以实践为基础，集中体现人与自然、主体与客体的关系。中义的文化，是指精神文化（亦即观念文化），是人类在长期的社会实践活动中形成的思想理念、价值取向、道德情操、审美趣味、宗教信仰、民族性格、风俗习惯等精神因素，它包含人类的一切精神现象。精神文化本身不能直观地表现出来，只能通过人的意识的表征——"符号"来表现，或者是存在于文化的载体——"产品"之中。狭义的文化，即指艺术，是主体对客体产生的审美反映和审美创造，是主体以典型形象来表现客体美的一种方式。艺术来源于人的社会生活实践，它不仅是人的实践活动的结果，也是人的实践活动本身。

这三个层次的文化，不是各自独立地存在，而是互融互动，有机地融合在一起。精神文化内在地、深层次地融于广义的文化之中，是广义文化的灵魂。没有精神文化内蕴其中，任何广义上的文化都不能称其为文化。而艺术又是精神文化的精华，是精神文化的升华和高雅品质的展现。

文化可从不同的角度划分为不同类型。就广义的文化而言，按文化形态可分为物质文化、制度文化和精神文化；按社会历史过程可分为传统文化、现代文化和未来文化；按文化的先进性可分为先进文化、普通文化、落后文化等。就精神文化而言，按文化存在的方式分为自在的文化与自觉的文化；按意识的高低层次分为社会意识形式和社会心理；按意识同政治的关系分为意识形态和非意识形态。就艺术而言，按艺术表现形式分，有语言艺术、音乐艺术、图像艺术、造型艺术、表演艺术；按艺术的高低层次分，可分为高雅艺术和通俗艺术等。

（一）文化的属性及特征

文化不是与经济、政治、科技或其他一些具体事物等相并列的一个具体对象，而是"内在于人的主体世界的东西，它包括精神领域的一切，是人的本质力量的表现"。它虽然无所不在，但又是无形的，只能通过对其本质属性及特征的分析来把握。文化的本质取决于人的本质，在于人的实践创造性。文化至少具有以下几种本质属性：

第一，文化具有主体性和实践性。人是文化的主体，人与文化是紧密地结合在一起的。在现实生活中，不同的人群有不同的文化，每一种文化的产生和发展都要以人的实践为基础，一种文化进步与否要通过人的实践来检验。文化是人的实践产物，是具有主体性的人的实践产物，因而，人的主体性和实践性也是文化的本质属性。第二，文化具有创造性。实践的本质在于创造，创造性是人的本质特征，文化作为人的创造性本质的外化，自然也具有创造性的本质属性。第三，文化具有属人性。一切文化都凝结着人的创造性，内含着人的意识和目的，是为了满足人的物质生活或精神文化需要而创造的，文化意味着"以人为本，面向人，理解人，为了人"。文化为人类所特有，若没有人的存在，也就没有文化的存在，因此，属人性也是文化的本质属性。

文化作为人类实践创造性的产物，除了具有主体性、实践性、创造性和属人性的本质属性，还具有系统性、历史性和开放性等基本特征。文化是动态性与稳定性的辩证统一。文化是一个复杂的大系统，由诸多相互联系、相互作用、相互影响的文化要素构成，是具有一定结构和功能的有机整体。文化的系统性主要包括两个方面的内涵：一方面，文化系统的结构和层次是可分的，社会文化大系统可以分为若干子系统，子系统还可分为若干孙系统，使文化系统体现为整体性与可分性的辩证统一。另一方面，构成文化系统的基本要素是文化主体和客体。实践作为联系主体与客体的中介，是文化系统的基础。文化主体实践的丰富性和创造性，决定了文化是一种变化性的存在。冯天瑜指出文化"是一个有机的生命过程，是一种可以传承、传播、分享和发展的动态体系"。同时文化作为一种系统性的存在，又趋向于稳定的生存力和自我维持的惯性，是一种相对稳定的存在，使文化系统体现为动态性与稳定性的辩证统一。文化是历史继承性和阶段性的辩证统一。"一种文化的形成和演变，归根到底是其主体实践过程不断自我凝聚、自我升华、自我积累的产物。"作为主体实践和自我积累的产物，文化的形成和演变是客体的主体化过程，是一个由低级向高级不断演进的过程。费孝通指出："文化有自己的历史，本身有历史的继承性，有自身的发展规律，体现在一般所说的'民族精神'上。"李宗桂指出："文化的发展既有历史的连续性和稳定性，又有时代的变动性和现实性。任何民族的文化，就其内容而言，都是前后相继的历史精神的延续，都是现实的时代精神的体现。"作为一种时间的"积累"，文化是历史继承性和阶段性的辩证统一。文化是纵向交流和横向交流彼此依存的有机统一。文化作为一个系统，不是封闭的，而是开放的。文化的开放性表现为文化的交流性、传播性和普遍性。文化的交流性表现在纵向和横向两个方面，文化的纵向交流性是其历史发展性与传承性的体现，横向交流性是文化求异性与渗透性的体现。文化纵向交流的过程是文化传承与创新的过程，文化从低级向高级不断发展演变，不断优化整合、创新发展。文化横向交流的过程是文化相互交融渗透、优势互补的过程，各文化群体（如不同民族、国家、地区、行业等）之间相互学习借鉴，各群体文化交融渗透、优势互补、平衡发展。文化的纵向交流和横向交流相互促进、彼此依存、有机统一，形成文化系统的动态发展性和现实性。文化的交流性以其传播性为前提。文化传播表现为文化在不同文化主体之间传递、播放和蔓延，它不仅在时间上具有持续性，而且在空间上具有广延性。随着电子网络技术的发展，文化的传播速度越来越快，具有即时性；文化的传播空间范围也越来越广，具有全球性。在文化发展过程中，不同群体文化之间之所以能够相互交流、相互传播，就在于文化具有普遍性的品格。文化的交流性、传播性和普遍性，决定了文化是与时俱进的，是动态发展的，决定了文化是面向大众的、面向世界的、面向未来的，它们共同构成了文化的开放性。

（二）文化的功能

所谓文化功能，就是文化对人和社会的存在与发展所起的作用。

首先，对于人的存在和发展而言，文化是人历史地凝结成的生存方式，对人的生存方式具有主导性的影响。文化的基本功能是塑造人或教化人，这是文化价值本身的实现，"其实质是使人文明化、人文化，包括自然人的社会化、自发人的自觉、蒙昧人的启蒙和开化"。文化对人的塑造或教化功能，主要体现在它对个体行为具有规范和制约作用，这一作用既表现在文化是满足人的各种需要的价值规范体系，还表现在文化是特定时代所公认的、普遍起制约作用的个体行为规范。文化的塑造或教化功能主要是通过家庭熏陶、学校教育、社会舆论等各种途径，将社会文化体系中系统的行为规范加诸生活在其中的文化个体，对个体实现文化的约束和导向作用。

其次，对社会存在和发展而言，文化的基本功能是从深层次制约和支配一切社会活动的内在机理和文化图式。人类社会既靠文化的传承而延续，又靠文化的创新而进步。人类社会的发展变迁，离不开文化的支撑和推动，作为人的主导性的生存方式和社会历史运动的内在机理，无论是文化的存在还是文化的变迁，都是社会发展和历史运动的重要内涵。文化对社会历史发展具有巨大的推动作用。尤其是在重大历史转折时期，文化总能以惊人的力量引领和推动人类社会的发展进步，如中国两千多年以前出现的以儒、墨、道、法为代表的诸学派"百家争鸣"，作为中国历史上第一次思想解放运动，不仅加速了社会变革和进步，而且对中国传统文化的繁荣和发展产生了重要的影响；14—17世纪欧洲新兴资产阶级发起文艺复兴运动，把人从宗教神学的禁锢中解放出来，为资产阶级人文主义思想的形成和资本主义制度的建立奠定了文化思想基础；20世纪初，以"五四"爱国运动为导火索而爆发的"五四"新文化运动，作为中国近现代史上第一次伟大的思想解放运动，高扬"科学"与"民主"的旗帜，不仅极大地促进了人的思想解放，而且为马克思主义的广泛传播和中国政治、经济、文化的加速发展奠定了基础；1978年在全党全国范围内开展的关于真理标准问题的大讨论，作为中国共产党历史上一次极其重要的思想解放运动，对重新确立党的思想路线，对重大历史关头实现伟大转折，对促进中国改革开放和社会主义现代化建设具有深远的意义和影响。从根本上说，人是社会的主体，文化对社会的功能最终要通过对人的功能来实现，文化在社会发展中的作用如何及其力量的大小，取决于社会主体成员对文化的认同度，取决于文化的先进性。任何一个时代，要推动社会发展进步，不仅要充分重视文化的作用，更要不断解放思想，保持文化的先进性。因此，文化最基本的功能就是对人的存在和发展的功能，即塑造人或教化人。需要特别指出的是，意识形态作为文化的核心组成部分，带有强烈的阶级意识，是文化的灵魂，制约、引导、规范着文化的表现形式。一个国家统治阶级的文化，即是国家的主导文化和社会的主流文化，其中包括先进文化的主体部分，都属于意识形态。它体现在人们生活的各个方面，"对人们更清楚地认识自己的角色定位、功能设定及社会关系等起着重要的保障作用"。文化能够塑造人和教化人，主要是因为其可以发挥意识形态引导功能。具体来讲，是指意识形态作为社会或国家的政治目标导向和社会价值导向，"对人们的思想、行为进行符合目标的引导并对偏离目标的思想、行为进行阻滞"。因此，文化的重要功能是育人，是沿着国家主流文化发展的方向育人，更确切地说，文化具有思想政治教育的功能。

二、 文化育人的内涵

文化的基本功能是塑造人或教化人，文化功能实现的过程，就是文化育人。从总体而言，所谓文化育人，就是以文化人，即遵循思想政治教育规律和大学生成长规律，以文化价值渗透的方式，将先进文化的价值渗透到人的灵魂深处，使人内化于心、外化于行，从而实现文而化之的目的，促进人的全面发展。文化育人强调"重视人文教育、隐性教育，注重精神成长、思想提升，主张潜移默化、润物无声，通过有意味的形式，长久地、默默地、逐渐地感染人、影响人、转化人"，实现"入芝兰之室，久而自芳"的思想政治教育效果。

理解文化育人，首先要理解文化育人中的"文化"是什么。文化育人中的"文化"有三重内涵：一是指育人"内容"和"载体"意义上的文化，即以什么样的文化内容和文化形式育人；二是指文化育人"过程"意义上的文化，即"文而化之"的教化或转化的过程；三是指育人"目标指向"意义上的文化，即育人的核心"目标指向"不只是停留在表层意义上的掌握某些知识或表现出某些期望行为上，而是从更深的精神文化层面，即人的价值观理念和信仰上教化人、塑造人。因此，文化育人也不是一个内涵单一的概念，要正确理解其丰富的内涵，需要深刻理解三个问题，即文化育人"以什么样的文化育人""以怎样的形式育人""育人的核心目标指向是什么"。

（一）用社会主义先进文化培育人

"以什么样的文化育人"中的"文化"，是指内容和载体意义上的文化。载体意义上的文化，是指思想政治教育者为达到教化人、提升人的目的，作为育人载体或手段而利用的各种文化成果。这些文化成果都承载着某些特定的思想政治教育价值观念，广泛地存在于物质文化、制度文化、精神文化之中，可以以多种多样的文化形式出现，如各种文化产品、文化活动等，它不是单纯的书本上的知识，也并非脱离于现实社会生活而存在。人们对它的感知、接受与习得往往是在现实的社会文化生活之中。育人载体意义上的文化能够为思想政治教育主体所利用，能够为人们所感知和认同，具有先进性，对人有思想政治教育功能。内容意义上的文化即文化育人活动，从文化哲学的角度看，文化育人活动就是"特定阶级或集团用特定文化的价值和意义对人们进行文化建构的过程和活动"，其实质就是用社会主导的文化去建构人们的思想、意识和行为。中国特色社会主义文化是当代中国的主导文化，决定了中国文化的发展方向。因此，文化育人无论运用什么样的文化载体，它所承载的文化内容一定是社会主义先进文化。从这个意义上讲，文化育人的第一重基本内涵就是用社会主义先进文化培育人，就是坚持科学理论武装、正确舆论引导、高尚精神塑造、优秀作品鼓舞。

（二）在渐进的文化过程中培育人

文化，除了作为文化成果而存在，还作为"文化"的过程而存在，人的一切文化实践活动都可看作"文化"的过程。"过程"意义上的文化，它重在"化"，主要包括两个向度，一是文化"化"人的过程，二是人在实践中向文而"化"的过程。两个过程在育人中同时存在，相辅相成，互生互动，是一个永不停息的人与文化之间双向建构的过程。对于文化育人的对象——"人"而言，前者强调外在的给予，体现的是文化塑造人、教化人的价值，后者强调内在的生成，体现的是人的主体能动性。

第一章 新时代高校文化育人的科学内涵

7

　　文化育人就是通过文化的外在给予和内在生成方式，来化育文化个体，引导个体向文而化，进而促进人的提升与完善。文化的外在给予和内在生成过程实质上就是一个渐进的"文而化之"的教化或转化过程，即"文化"的过程。这一过程强调文化价值从客体到主体，再到客体的内化与外化的转化过程，其实质是把客观的文化内化为个体的精神活动的过程。实现文化主体与客体之间的双向互动，进一步讲，是实现文化主体客体化（人的知识化）和文化客体主体化（知识人化）的互相转化。"文化"过程育人贵在促进人的知行统一，重在发挥文化生活实践的养成作用。它是"将人类已经发展起来的先进文化成果转化为个体内在本质力量、促进人的精神生活全面发展的过程"。这一过程，从根本上讲，就是人在文化价值认知基础上实现知行统一的过程。而无论是人对文化的价值认知，还是由此促成的文化行为，都离不开人的文化生活实践。因此，只有充分发挥文化生活实践的养成作用，促进人在渐进的"文化"过程中实现知行统一，才能真正实现在"文化"的过程中育人，才能真正体现出在文化的外在给予和内在生成过程中育人的价值。从这个意义上讲，文化育人的第二重基本内涵就是在渐进的"文化"过程中培育人。

　　（三）从人的思想观念和理想信仰层面育人

　　文化育人中"文化"的第三重内涵是指育人"目标指向"意义上的文化，即文化育人从根本上是要培育人内在的思想观念和理想信仰，还是要规范人外在的行为？它主要从哪一层面上育人？答案十分明确。文化育人的核心"目标指向"是人的精神文化，即实现人的内在思想观念的转变。这里所说的人的内在思想观念的转变，不是简单地从文化知识到文化知识的机械记忆的过程，也不是从制度到行为的被动服从的过程，而是从"文化的认知"到"文化价值观念的认同"，到"文化价值观念的内化，甚至是理想信仰的升华"，再到"恪守价值准则或追求理想信仰等行为的外化"的一系列转化过程。其中最重要、最根本的是人的价值观念和理想信仰的形成，这是文化育人"目标指向"意义上"文化"的终极形态（即人的精神文化）。从这个意义上讲，文化育人的第三重基本内涵是指在人的价值观念和理想信仰形成中培育人。作为一个民族文化的灵魂，核心价值观是一个国家的思想道德基础。在精神文化层面育人，其首要目标是育德。在当代中国，社会主义核心价值观就是马克思主义思想的集中体现，就是中国人民共同的思想道德基础。我们要按照习近平总书记要求，

"把培育和弘扬社会主义核心价值观作为凝魂聚气、强基固本的基础工程"，要持续深化社会主义思想道德建设，为我国社会主义建设提供强劲的精神动力和深厚的道德滋养。尤其在新的社会历史条件下，文化育德问题更不容忽视，必须把培养符合社会发展要求的道德品质，作为文化育人的核心内容和重要任务。

第二节　文化育人的理论基础

文化育人既是一种思想政治教育理念和手段，也是一个思想政治教育实践过程，它集多重内涵于一身，涉及"文化""教育"和"人"三大领域，文化育人的理论基础也十分广泛，有马克思恩格斯列宁的思想理论、思想政治教育相关理论，以及其他一些可借鉴的思想理论。

一、　马克思恩格斯关于文化的思想

人的自由全面发展是思想政治教育的根本宗旨，也为马克思恩格斯所深切关注。在马克思恩格斯看来，文化是人的本质性存在，人的解放与文化发展相辅相成，人的精神动力推动文化发展。虽然他们没有专门阐述过"文化育人"，但他们关于文化与人的本质、人的解放、人的精神动力等方面的思想理论都是文化育人的重要理论基础。

（一）文化是人的本质性存在

马克思和恩格斯虽然并没有对文化进行专门的和系统的阐述，但是他们对文化却有着深刻的理解和准确的把握。在他们的理论文本中对文化这一概念具有多角度的解读。从狭义的层面，他们把文化理解为经济基础之上纯粹的精神意识形式，强调文化的非物质性，即精神性质。他们认为在考察生产变革时，要考察到"意识形态的形式"。从广义的层面上看，马克思恩格斯把文化理解为文明形态，把"文明形态"与"人类社会发展总体"紧密联系在一起。马克思批判粗陋空想的共产主义和社会主义是"对整个文化和文明的世界的抽象否定"，恩格斯指出"文化上的每一个进步，都是迈向自由的一步"。在他们看来，文明作为人类生活方式和内容的统一体，除了精神因素以外，还包括物质因素和制度因素。但无论是对狭义的还是广义的文化概念，马克思恩格斯所强

调的都是人类社会发展的自觉的理性文化精神。这种自觉的理性文化精神体现在人的社会历史生活和现实活动之中，在人的对象化活动中生成。在他们看来，文化与人密不可分，文化以人为主体，是人在对象化活动过程中形成的"人化的自然"和"自然的人化"，表现为人类实践活动本身，以及这种活动的方式及其成果的总和。文化是人的本质力量的对象化。

对于人的本质，马克思恩格斯从实践观和唯物历史观的立场出发，深刻揭示了其内涵，进而揭示了人作为文化主体所具有的实践创造性。主要体现在以下几个方面：

第一，人的本质在于人的类特性，在于主体实践性。马克思指出，"一个种的整体特性、种的类特性就在于生命活动的性质，而自由的有意识的活动恰恰就是人的类特性"，人通过"劳动"来体现人的"类本质"，证明人是有意识的类存在物。他说，"人的真正本质在于劳动，在于劳动活动、实践活动这些物质的感性活动"，人的"全部社会生活在本质上是实践的"，"人应该在实践中证明自己的思维的真理性"。在他看来，人的本质就在于社会实践，实践就是检验真理的标准。

第二，人的本质在于人的社会性，在于现实性。马克思从现实的人与人的社会关系入手，科学地揭示了人的根本属性是其社会属性，人的本质是一切社会关系的总和。他说，"人就是人的世界，就是国家，社会"，人的本质不是人的"肉体的本性，而是人的社会特质"，从前的一切唯物主义的主要缺点是不把人"当作感性的人的活动，当作实践去理解"。在马克思看来，不能抽象地、片面地理解人，而要从人的社会特质去理解人，人是现实的、具体的，是活生生的人。马克思恩格斯着眼于现实人的存在和发展，科学地揭示了人的现实性的内涵。他们认为，"人们的存在就是他们的实际生活过程"，进行历史分析和现实批判要着眼于现实的人，"是处在现实的、可以通过经验观察到的、在一定条件下进行的发展过程中的人"。在他们看来，人的存在是指现实的人的存在，是指人的实际生活过程。人的本质不是永恒不变的抽象物，它是在特定的人与社会发展条件下产生和形成的。

第三，人的深层本质在于主体的自由自觉，在于主体性的不断发展完善。马克思从人的主体存在出发，对人的现实性和主体性即"人本身"，给予了充分的肯定，他指出，"人的根本就是人本身"，"人是人的最高本质"。马克思在对资本主义异化劳动的分析中指出，"劳动对工人来说是外在的东西"而"不是自由地发挥自己的体力和智力"。他认为自由以人们对自身生存条件的拥有和支配为前提，"生产者只有占有生产资料之后才能获得自由"，而在共产主义这一自由人的联合体中，"各个人在自己的联合中并通过这种联合获取自己的自由"。马克思认为，人的本质力量及其多样性是随着人们社会实践的不断发展而发展的，"向来都是历史的产物"。人要成为主体，就必须实现自己的本质力量，就必须以人的自由、平等和社会的公平、正义为前提，进而在社会实践中能够支配自然、能够主宰自己的命运，成为社会的主人。

马克思恩格斯关于文化与人的本质的理论，深刻揭示了文化是人的本质性存在，人创造文化，文化也塑造人。人能创造文化，使文化的发展有了动力源泉，而文化的发展即是人的发展，这使文化育人成为必要。反过来，文化也能塑造人，为人的发展提供动力，使文化育人成为可能。从这个意义上讲，马克思恩格斯关于文化是人的本质性存在思想，是文化育人内在的理论基础。

（二）人的解放与文化发展相辅相成

人的解放是马克思毕生追求的崇高理想，也是马克思主义理论的根本宗旨。马克思认为，社会发展与人的自由自觉活动、人的解放是紧密联系在一起的，人的活动的展开和自由的获得是社会发展的动力源泉。人的全面而自由发展是人类自身发展的理想状态，是社会历史进步的必然趋势，也是人的"解放"的最高境界。从文化发展意义上讲，人的解放即是人的文化主体性的发展，人的文化主体性的发展集中体现在人的文化实践能力、社会关系、文化个性的发展之中，体现在对人、对物的依赖关系之中。

在马克思看来，人的解放主要包括人的劳动实践能力、社会关系和个性三个方面的解放。人的劳动实践能力的解放包含很多方面的内容，但最重要的还是体力和智力的整体性解放。他在《资本论》中提出把劳动能力理解为人在"生产某种使用价值"时所能"运用的体力和智力的总和"。马克思认为劳动者只有集体力劳动与智力劳动于一身，能够适应不同的劳动要求，才能实现全面的解放。同时，人的社会关系的发展也"决定着一个人能够发展到什么程度"，因此，人必须积极参与社会交往，建立丰富而全面的社会关系，以实现社会关系的解放。人的个性解放是以人的劳动能力和社会关系解放为基础和前提的。人的本质要通过人的个性来表现，马克思主张要尊重人的个性，为全面发展人的个性创造条件。在马克思看来，人的解放的过程实际上就是社会全面发展的历史过程。他说："'解放'是一种历史活动……是由工业状况、商业状况、农业状况、交往关系的状况促成的。"他以人与社会的关系为线索，以人类社会三大发展形态的历史演进为依托，具体考察了人的解放的历史过程。他认为人类社会发展第一大形态主要表现为"人的依赖关系"，"人的生产能力只是在狭窄的范围内和孤立的地点上发展着"；第二大形态表现为"物的依赖关系"，人的独立性建立在"普遍的社会物质交换"基础之上；第三大形态表现为人的"自由个性"，个人全面发展，人们共同的社会生产能力成为社会财富。在马克思看来，只有在生产力高度发达，人完全摆脱了对人和对物的依赖时，"人的全面自由发展"才能真正实现。在社会发展的第三大阶段，即马克思所讲的共产主义社会阶段，由于生产力的高度发展，人们摆脱了对人和对物的依赖，从必然王国进入自由王国，人的解放真正得以实现，人也能真正成为自由而全面发展的人。马克思关于人的解放理论，强调人的全面自由发展是人"解放"的根本任务和最终目标，人的"解放"过程与社会历史发展的过程相统一，揭示了人的解放与文化发展之间相辅相成的关系，而文化育人的根本宗旨是人的自由全面发展，以促进人的解放与文化发展为导向，以现实的社会文化发展条件为基础。从这个意义上讲，马克思关于人的解放理论，是文化育人宗旨的理论依据。

（三）人的精神动力推动文化发展

人的精神动力对人的实践积极性具有重要影响。马克思最早表述了精神动力的内涵。马克思在《〈黑格尔法哲学批判〉导言》中指出："理论一经掌握群众，就会变成物质力量。"这揭示了理论作为一种精神力量可以成为推动群众实践活动的物质力量。马克思认为劳动包括资本，还包括"肉体要素以外的发明和思想这一精神要素"。在他看来，人的精神动力可以转化为推动生产的物质力量，是生产中不可或缺的重要因素。恩格斯对精神动力做了明确而深入的阐述。他指出"外部世界对人的影响表现在人的头脑中，成为感觉、思想、动机、意志，成为'理想的意图'，变成'理想的力量'"，人的行动的一切动力"都一定要通过他的头脑，一定要转变为他的意志的动机，才能使他行动起来"。在他看来，人的精神动力是人脑对客观存在及物质利益的反映，在实践中产生，来源于人脑的机能，是一种唯物性的存在，人脑内产生的感觉、思想、动机、意志等精神因素都可以成为推动人行动的精神动力。

按照马克思恩格斯的观点，人的精神动力是人的本质力量的一个重要体现，而文化作为人的本质性存在，人的一切实践活动都是一种文化实践，这深刻揭示了：人的精神动力是其从事生产实践不可或缺的因素，它推动生产的发展，实际上就是推动文化的发展。没有人的精神动力做支撑，文化发展便没有了动力之源。从根本上说，人的精神动力主要来自于人的主体性、人的自觉能动性和人的精神需要。

第一，人的主体性主要表现为人是自然的主体、是社会与历史的主体、是实践的主体。马克思认为人在改造自然的过程中，人既是主体，也可以成为客体，成为被改造和作用的对象，即表现出"人的能动和人的受动""人作为对象性的感性的存在物，是一个受动的存在物"，人在改造自然或他人的同时也会改造自己。人是主体和客体的统一。关于人与社会、社会发展历史的关系，按马克思恩格斯的观点，"人就是人的世界，就是国家，社会"；在社会发展中"历史什么事情也没有做"，能够创造一切并"为这一切而斗争的，不是'历史'，而正是人，现实的、活生生的人"；"无论不从事生产的社会上层发生什么变化，没有一个生产者阶级，社会就不能生存"。在他们看来，人是社会的主体，人民群众是历史的创造者，是一切社会实践的主体。在探讨主体与客体的关系时，马克思认为人是实践活动的主体。实践活动是人的对象性活动。要理解人的实践活动，必须从人的实践活动出发，把人的实践活动本身理解为对象性的活动，进而有利于主体人客观地理解和把握人的实践客体。他指出，从前的一切唯物主义都没有把对象、现实、感性"当作感性的人的活动，当作实践去理解"，都没有"从主体方面去理解"，"生产不仅为主体生产对象，而且也为对象生产主体"。在他看来，实践是连通主客体的纽带。通过实践，主体作用于客体，实现人的活动对象化、主体客体化，同时也使客体成为真正意义上的客体。

第二，自觉能动性作为人的意识、目的和动机的综合体现，它是人的主体性的动力之源。意识是人脑对客观存在的反映，是人区别于动物的特点。按照马克思的观点，"自由的有意识的活动"是人类的特性。人的活动与动物本能的活动不同，它是自觉的、有意识的、能动的活动，人把自己的活动变成了自己意识和意志的对象。意识只有反映客观存在的事物及其发展规律，人的自觉性与能动性才可能实现。人类越发展，人类活动的意识性与自觉性就越强，正如恩格斯所说，"人离开狭义的动物越远，就越是有意识地自己创造自己的历史"。人的实践活动是自觉的、有目的的活动。无论是个人还是群体在社会实践活动中都会有一定的目标，并且努力实现这一目标，"历史不过是追求着自己目的的人的活动而已"。在马克思恩格斯看来，人的实践活动是不断追求和实现不同阶段发展目标的历史过程，普遍具有自觉意识和预期目的特征。人们实践活动的目的性集中体现了其实践活动的自觉性。动机体现人们的需要，推动人们的实践活动。马克思指出："消费也创造出新的生产的需要，在观念上提出生产的对象，把它作为内心的图像，作为需要、动力和目的提出来。"在他看来，动机实质上就是客观需要的主观反映。动机是需要和行为的中介，是把需要转变为满足需要的实践活动的桥梁。

第三，人的精神需要是促进人与社会发展的重要动力。马克思恩格斯认为，人具有广泛体现其社会本质与发展内涵的多方面的需要，并"以其需要的无限性和广泛性区别于其他一切动物"。从生产和需要来看，人与动物的根本区别就在于人不仅有物质需要，还有精神需要。人的精神需要是在满足物质需要的社会生产实践过程中产生的，是社会发展的产物。人作为现实的人，人的社会生活是丰富多样的，社会生活的丰富性也决定了人的精神需要的丰富性。"人既有理论需要，又有情感需要，还有意志需要。"其中，理论需要是人的最深层次、最本质的精神需要。马克思恩格斯曾指出，"真正的人＝思维着的人的精神"。情感需要是精神需要的重要组成部分，升华和满足人的情感需要是促进人的健康成长、激发人的行为动力的重要因素。恩格斯指出："没有这种革命的义愤填膺的感情，无产阶级的解放就没有希望。"意志需要是人的不可或缺的精神需要。马克思指出，在劳动中，"需要有作为注意力表现出来的有目的的意志"，而且越是枯燥的不为劳动者喜欢的劳动，"就越需要这种意志"。

人的精神需要不仅具有丰富性，而且具有层次性，从低到高可分为三个层次：处于最低层次的是人的基本精神生活需要，即人们在社会交往中形成和发展起来的精神交往需要和社会情感需要。在论及语言的产生时，马克思恩格斯指出，"语言也和意识一样，只是由于需要，由于和他人交往的迫切需要才产生的"。

处于第二个层次的是人的精神发展需要，即人们在精神上不断充实和发展自己、实现精神进步的需要，如不断完善自身思想理论、价值观念、道德情操、意志品质等。这种需要一旦产生并获得满足，就会形成一种推动力，促进人和社会的发展，就如马克思所言："已经得到满足的第一个需要本身、满足需要的活动和已经获得的为满足需要而用的工具又引起新的需要。"

处于最高层次的是精神完善需要，即在精神发展基础上，在理想社会、人格、自我实现等方面追求更高的精神价值和人生价值。精神需要的不断增长与满足，是促进人精神生活发展的强大精神动力，也是促进人与社会发展的重要动力。马克思恩格斯关于人的精神动力理论，强调精神动力是人的本质力量的重要体现，人的精神动力主要体现在人的主体性、自觉能动性和精神需要三个方面。人的主体性，使人成为自然的主体、社会的主体、历史发展的主体，以及一切社会实践活动的主体。这充分说明，人也是文化育人活动的主体。人的自觉能动性是人的主体性的动力之源，人的一切活动都是有意识、有目的、有动机的活动，文化育人活动也不例外，它追求的是文化育人活动主体人的目的，即塑造人、教化人，促进人的全面发展。人的精神需要，是人在社会交往、发展进步和自我完善过程中产生的需要，它是促进人精神发展的内在动力。满足人的精神发展需要，是文化育人的基本使命。从文化育人中受教育者人的角度讲，人的精神动力是促使人向文而化的力量之源，是文化育人价值得以实现的重要基础。从这个意义上讲，人的精神动力理论，是文化育人中人"向文而化"的重要理论依据。

二、列宁灌输理论

灌输理论是马克思主义理论的重要内容。马克思最早提出了"灌输"的思想，他在《国际工人协会成立宣言》中提出，工人们所具备的一个成功因素就是人数众多；但是只有当群众组织起来并为知识所指导时，"人数众多才能起决定胜负的作用"。在这里他不仅强调工人需要组织起来，而且强调需要给予工人知识指导，即进行理论灌输。他在《哥达纲领批判》中指出："他们一方面企图把那些……作为教条重新强加于我们党，另一方面又……来歪曲那些花费了很大力量才灌输给党而现在已在党内扎了根的现实主义观点。"在这里马克思揭示了灌输是进行社会主义思想教育的方式。

列宁最早对马克思的灌输思想进行了全面系统的阐述，并将其丰富发展成为灌输理论。灌输理论是无产阶级政党为提高无产阶级和人民群众的政治意识和阶级觉悟，坚持把科学社会主义思想输送到他们中去的学说，是确立马克思主义思想理论教育地位、作用、方针、原则、任务和内容的直接理论依据。

世界无产阶级革命实践证明，灌输理论在用马克思主义思想武装工人阶级，统一广大群众意志，推进革命和建设事业的进程中都发挥了重要的作用。随着经济全球化的深入发展，世界形势风云变幻，各种社会思潮异常活跃，东西方文化相互激荡。在这一社会大背景下，高校用中国特色社会主义文化立德树人，必须坚持灌输理论，在继承中创新并将其发扬光大。

（一）灌输理论的科学内涵及核心要义

列宁最早全面系统地阐述了灌输理论。早在 1894 年，列宁提出必须把马克思主义的革命理论灌输到工人运动中去的观点，他先后用"必须向工人十分详细地指明""必须使工人阶级明了""使工人阶级记住""向他们说明"等各种表述来强调灌输。1900 年列宁在《我们运动的迫切任务》中明确提出了党的"灌输"任务，即"把社会主义思想和政治自觉性灌输到无产阶级群众中去，组织一个和自发工人运动有紧密联系的革命政党"。1902 年列宁针对当时俄国社会思潮的现实，在深入思考和研究考茨基关于社会主义意识是"从外面灌输"而不是从"斗争中自发产生"的观点基础上，发表了《怎么办?》，深刻地分析了灌输主体与客体的客观实际，进一步阐明了灌输的理论要义，并将灌输理论引入了思想政治工作领域。

灌输理论的科学内涵及核心要义主要有以下几个方面：

第一，进行科学社会主义理论武装具有极端重要性。列宁提出"没有革命的理论，就不会有革命的运动""只有以先进理论为指南的党，才能实现先进战士的作用"，阐明了理论武装对社会主义革命事业的重要性，强调必须用科学社会主义理论武装工人阶级先锋队，要把社会主义"当作科学看待"，"去研究它"，并把它"传布到工人群众中去"。

第二，工人运动中不可能自发地产生社会主义的思想体系。由于工人阶级的生活状况和文化水平决定了他们不具备总结革命经验、研究社会问题、建立社会主义理论的条件，因此，社会主义思想理论不可能在工人运动中自发产生，只能由社会主义知识分子在思想发展的过程中逐步形成。列宁明确指出："工人本来也不可能有社会民主主义的意识"、社会主义学说是"从有产阶级的有教养的人即知识分子创造的哲学理论、历史理论和经济理论中发展起来的"。

第三，无产阶级的科学社会主义思想只能从外面灌输。群众运动需要科学社会主义理论的指导，列宁指出"群众的自发高潮愈增长，运动愈扩大，对于社会民主党在理论工作、政治工作和组织工作方面表现巨大的自觉性的要求也就愈无比迅速地增长起来"，但这个理论既然不能从工人运动中自发产生，那就必须从外面灌输。"对社会主义思想体系的任何轻视和任何脱离，都意味着资产阶级思想体系的加强"，这一点，无产阶级政党必须高度重视。

第四，灌输是思想政治教育的内在要求。灌输理论阐明了科学社会主义理论不可能在工人头脑中自发产生、只能从外面灌输的现实性和科学性，这也是思想政治教育本质的体现。思想政治教育过程实际上就是教育者用马克思主义的立场、观点和方法，通过各种途径和方式向受教育者传播马克思主义文化主导的思想价值观念的过程。受教育者通过学习接受科学的思想理论和文化价值观念。思想政治教育的内容正是受教育者此前尚未掌握的规范和要求，这些规范和要求必须由已经掌握的人传授给他们，并且以他们的生活经验为基础，转化成他们的认知、情感、意志和行动。从这个意义上讲，灌输既是思想政治教育的思想理论基础，也是思想政治教育的方法论，它是思想政治教育理论与实践相结合的有效途径，是思想政治教育的内在要求。

（二）理论灌输在培育无产阶级中的作用

理论灌输的目的是实现社会主义理论与工人运动相结合，并在理论与实践结合的过程中唤醒工人阶级思想意识，提高其阶级觉悟。作为培育工人阶级的重要方法手段，理论灌输在当时社会条件下对促进无产阶级觉悟提升发挥了重要的作用。

第一，使无产阶级认清自己的阶级地位和历史使命，强化阶级意识。列宁认为无产阶级受剥削是因为它没有发挥出阶级的整体力量。无产阶级要摆脱剥削必须强化自己的阶级意识。俄国社会民主党的任务就是通过理论教育，帮助俄国工人阶级掌握科学社会主义理论，使工人阶级认识到"只要资本的统治地位保持不变，雇佣奴隶制就不可能避免""只有同大工厂所造成的资本家、厂主阶级进行斗争，才是改善自己状况和争得自身解放的唯一手段""本国所有工人的利益都是相同的、一致的，他们全体组成了一个独立的阶级""为了达到自己的目的，工人必须争取对国家事务的影响"，进而引导工人阶级从政治角度去认识阶级矛盾，明确自身肩负的推翻资本主义、建立社会主义的历史使命，提高工人的阶级自觉，促使他们积极进行阶级斗争，以推翻资产阶级统治。

第二，使无产阶级政党奠定了思想理论基础。列宁认为先进理论的武装是实现先进战士作用的保证。党要实现先进战士的作用必须加强理论教育，这也是党自身存在的全部意义。他强调无产阶级政党的全部工作归结起来就是"研究，宣传，组织"。在他看来，无产阶级政党忽视理论研究、宣传和组织工作就不能成为思想领导者，就没有存在的必要。历史实践已经证明，理论灌输对俄国社会民主党开展革命运动及各项工作至关重要。它不仅提升了党自身的思想理论素养，也使一切社会党人团结起来，从理论中汲取信念，以正确的方式开展阶级斗争。从这个意义上讲，是理论灌输使无产阶级政党在革命和建设工作中始终坚持了马克思主义正确方向，为无产阶级政党的生存发展奠定了稳固的思想理论基础。

第三，使无产阶级政党培养了社会主义新人。在俄国革命取得胜利、苏维埃政权基本巩固以后，国家需要大量经济建设人才，为解决这一问题，列宁提出要在想办法利用资本主义原有人才的基础上，立足长远，积极培养社会主义新人。列宁指出："在无产阶级专政时期，学校不仅应当传播一般共产主义原则，而且应当传播无产阶级在思想、组织、教育等方面的影响，以培养能够最终实现共产主义的一代人。"他在《青年团的任务》中对青年提出了具体的要求和建议，如"青年团和所有想走向共产主义的青年都应该学习共产主义""每个青年必须懂得，只有受了现代教育，他才能建立共产主义社会"等。在他看来，党要在工人阶级中不断培养社会主义新人，对青年一代加强马克思主义理论教育是一条根本途径。但关于理论教育的方法，列宁认为只用书本理论说教的方法太单调，要把教育融入革命斗争中，让青年参与到日常生活和斗争实践中去，将理论付诸实践。在列宁灌输理论思想的指导下，俄国十月革命胜利之后，无产阶级政党用理论灌输的方法培养了大量的社会主义新人，为社会主义建设提供了有力的人才支撑。

（三）灌输理论在教育中的作用

作为马克思主义政党，必须始终坚持以马克思主义为指导，与时俱进地发挥灌输理论的作用。中国共产党历届中央领导人都非常重视灌输理论的应用。

无论是在革命战争年代，还是在和平建设时期，理论灌输在马克思主义中国化过程中、在党的思想政治教育工作中都发挥了非常重要的作用。马克思主义中国化过程中形成的一系列重大理论成果，都是运用各种思想政治教育方法灌输到全党和人民群众中去的。虽然几乎不用"灌输"这个词，多以"武装""引导""教化"等表达，但实际上所运用的都是灌输理论和灌输方法。在当今复杂的国际国内环境条件下，人们的价值观念向多元化发展，马克思列宁主义、毛泽东思想、邓小平理论、"三个代表"重要思想、科学发展观、习近平新时代中国特色社会主义思想等科学理论不会自然而然地成为广大干部和人民群众的自觉意识，灌输理论仍有重大的应用价值。

第一，促进人的全面发展需要灌输理论。人的全面发展是人的主体发展需要，是"社会主义社会的本质要求"，也是思想政治教育的终极价值追求。人的全面发展包括理性的文化自觉、高尚的思想品德、健全的个性人格、良好的艺术鉴赏力等各个方面综合素质的提升，涉及面极其广泛，并且人的全面发展过程，也是一个基于满足个人主体发展需要和社会发展需要而不断汲取各类思想理论知识、学习掌握各种实践技能的过程。这些不是仅凭个人主观努力就能实现的，需要有外界的教育指导，即需要理论灌输。而思想政治教育强调以社会主义先进文化育人，其价值就是"合乎主体全面发展（尤其是思想品德形成和发展）和人类社会进步（尤其是精神文明的进步）的目的而呈现出的一种肯定的意义关系"，就是立足于人的全面发展和社会进步通过各种教育方法手段发挥其理论灌输的作用。尤其是随着改革开放和社会转型的不断深入，人们价值观念朝多元化发展，社会上各种思潮林立，中西方意识形态交锋不断，有些人受西方自由主义、拜金主义、享乐主义等腐朽思想的影响，甚至在理想信念和价值观念上出现偏差。在这种形势下，为了坚持我国马克思主义意识形态的一元主导地位，使人们的思想沿着社会主义先进文化的方向发展，必须更加重视灌输理论，并与时俱进地发挥思想政治教育的灌输作用。

第二，中国特色社会主义现代化建设需要灌输理论。灌输是统治阶级建立国家主导意识形态、维护其统治的重要手段，体现了阶级统治的基本规律。作为一种社会历史现象，灌输存在于古今中外的各种社会形态和社会发展的各个阶段。即便是在中国和平崛起的当今时代，我们也必须坚持和加强社会主义思想理论灌输，绝不能放松。理论灌输是中国特色社会主义建设的内在要求。要摆脱贫穷，必须加强中国特色社会主义建设，尤其是在中国这样一个经济文化相对落后的农业大国建设社会主义事业更需要有科学的理论指导。马克思主义与中国社会主义革命和建设相结合产生一系列中国特色社会主义理论成果。这些理论成果要靠广大人民群众在实践中自发产生是不可能的，必须靠无产阶级政党和广大教育工作者，通过思想政治教育的渠道将中国特色社会主义理论灌输到广大人民群众中去。要摆脱愚昧，必须加强社会主义精神文明建设，而加强社会主义精神文化建设，也离不开马克思主义理论的指导。在当前全球一体化和信息网络化的背景下，随着西方资本主义意识形态的强势渗透，中西方意识形态的交锋更广泛、更直接，社会思想文化环境更加复杂，我们只有不断加强中国特色社会主义理论灌输、广泛培育社会主义核心价值观，才能提高全党全国人民的思想理论认知，增强理论自信和文化自信，筑牢全国人民万众一心、共同奋斗的思想基础，并把思想认识转化为行动的力量，积极投身到社会主义现代化建设之中。总而言之，灌输既是一种教育原则，也是一种教育方式方法。作为马克思主义理论的一个重要组成部分，灌输理论也具有与时俱进的理论品质。在当代思想政治教育中，要充分发挥灌输的作用，取得良好的育人效果，既要坚持灌输的教育原则，又要随着时代发展和形势变化，不断创新灌输的方式、载体、路径等，让"灌输"更富有灵活性、隐蔽性和价值渗透性，更富有吸引力和感染力。文化育人作为思想政治教育的一种方法和手段，实际上就是在显性灌输基础上，同时也强调运用文化的载体进行隐性的灌输，让育人的载体更丰富、方法更灵活。从这个意义上讲，灌输理论是文化育人的重要理论基础，既为文化育人提供科学的理论依据，也需要通过文化育人不断创新灌输的方式方法，获得理论自身的丰富和发展。

三、 思想政治教育理论中的育人思想

文化育人，作为思想政治教育的一种重要手段，必须以思想政治相关理论为基础。从育人的文化载体上看，文化育人是以社会主义先进文化育人；从育人的方式上看，文化育人是以文化环境熏陶、濡染的隐性方式育人。从这个意义上讲，先进文化论、思想政治教育环境论、隐性思想政治教育论都为文化育人奠定了理论基础。

（一）先进文化理论中的育人思想

文化具有发展的方向性，有先进与落后之分。评判文化先进与否，主要是"看这种文化是否站在时代的前列，是否符合历史发展的潮流"，"凡是站在时代前列、符合历史潮流的文化，就是先进文化"。作为一个历史范畴，每一个社会发展时代都有符合那一时代社会发展需要的先进文化。"要坚持什么样的文化方向，建设什么样的文化，是一个政党在思想上精神上的一面旗帜"，我们党自诞生以来就高举马克思主义伟大旗帜，在社会主义事业的发展实践中，形成了中国特色社会主义文化。它以马克思主义理论中的辩证唯物主义和历史唯物主义为哲学基础，是当代中国的先进文化。社会主义先进文化论既创造性地发展了马克思主义文化理论，为社会主义文化发展指明了方向，也为文化育人奠定了重要的理论基础。社会主义先进文化具有意识形态性。在一个相对稳定的阶级社会中意识形态是一元化的，只有一种意识形态在文化体系中居于核心地位、发挥核心作用。中国特色社会主义文化是以马克思主义为指导，面向现代化、面向世界、面向未来的，民族的、科学的、大众的先进文化，是在吸收世界先进文化成果、继承中华民族优秀文化传统的基础上形成的先进文化，它是阶级性、继承性、民族性、开放性、包容性的多重统一。作为以马克思主义意识形态为核心的中国特色社会主义先进文化，与社会主义本质和人的全面发展有着内在的联系。

第一，社会主义先进文化是社会主义本质的体现。先进文化既是社会主义的基本构成要素，也是"社会主义优越性的重要体现"。发展社会主义先进文化是社会主义建设的重要目标。发展社会主义先进文化，是建设中国特色社会主义的应有之义，社会主义先进文化发展的过程，实质上就是中国特色社会主义建设的过程。社会主义先进文化不仅对弘扬民族精神、形成民族凝聚力有着极大的激励和促进作用，也可为中国经济发展和社会全面进步提供精神动力。加强社会主义先进文化建设，必将为中国共产党执政打下坚实的精神基础，全面增强国家和民族的竞争力。从这个意义上说，发展社会主义先进文化是中国特色社会主义建设的内在要求。

第二，发展社会主义先进文化与促进人的全面发展是辩证统一的历史过程。就人的全面发展而言，人的全面发展水平是社会进步的表征，是先进文化价值的集中体现，也是具体衡量中国特色社会主义文化先进性的重要尺度。马克思主义理论强调人的全面发展需要建立在社会生产力和生产关系高度发展的基础之上，需要有高度发达的物质文明和精神文明作为社会条件支撑。就社会主义先进文化而言，它以其"进步的价值取向指导人的全面发展，以其先进性规范人们的活动并指导通往人的全面发展的实践"。建设社会主义先进文化，最终要通过其文化影响力，促进人的发展。建设社会主义先进文化蕴含着对人的全面发展的追求。

总而言之，中国特色社会主义文化是社会主义本质的体现，它与人的全面发展有着内在的联系且对社会与人的发展具有重要的促进作用。文化育人是以中国特色社会主义文化育人，作为育人的重要文化载体，中国特色社会主义文化的先进程度，是影响文化育人实效性的一个重要因素。从这个意义上说，社会主义先进文化建设论中所蕴含的文化育人思想为文化育人的载体建设提供了重要的理论支撑。

（二）思想政治教育环境理论中的育人思想

思想政治教育环境理论，是思想政治教育学原理中一个重要内容，它主要揭示环境与人、环境与思想政治教育的关系，为优化思想政治教育环境提供指南。马克思关于社会存在决定社会意识的原理，为思想政治教育环境理论奠定了唯物史论基础；关于人创造环境、环境塑造人、实践是人与环境媒介的原理，为其奠定了实践论基础。

思想政治教育环境理论是随着思想政治教育理论研究的不断深化发展而逐步形成并发展的。目前，学术界对思想政治教育环境的内涵是围绕中心项来界定的。从总体上看，主要是围绕"教育对象（思想品德）""教育对象（思想品德）和思想政治教育活动""思想政治教育（过程）"三个中心项来解读。思想政治教育环境的内涵，若以"教育对象（思想品德）"为中心项，是指"影响人的思想品德形成和发展的自觉环境因素"；若以"教育对象（思想品德）和思想政治教育活动"为中心项，是指"对思想政治教育活动及思想政治教育对象的思想品德形成和发展产生影响的一切外部因素的总和"；若以"思想政治教育（过程）"为中心项，是指"思想政治教育过程中影响思想政治教育的一切外部因素的总和"。思想政治教育环境分为外环境和内环境，二者都与思想政治教育密切相关。环境对思想政治教育有重要的影响和制约作用。思想政治教育的外环境与内环境差别很大。

思想政治教育外环境，是指外在于思想政治教育的社会大环境。而它的内环境，主要是指学者们以三个中心项来解读的思想政治教育环境。思想政治教育的内环境是其外环境的"有机组成部分，是经过主观调控和创造而形成的"，是"有意识创设的自觉环境"，而外环境则是"所有的对思想政治教育起影响作用的环境因素的总和"，它不仅包括自觉环境要素，还包括自发环境要素。

思想政治教育环境的特征，从总体上，主要体现在以下几个维度：从系统论的维度，思想政治教育环境作为一个大系统，具有"整体性与有序性的结构特征"。从辩证论的维度，思想政治教育环境是一个对立统一体，体现出复杂性与可控性、稳定性与动态性、开放性与封闭性、整体性与局部性、客观性与主观性等多方面的统一。从人与环境关系的维度，思想政治教育环境有广义的、中义的和狭义的三种范畴。广义的环境是指未经过"思想政治教育主客体选择、加工、改造和重组的环境"，具有社会广泛性和复杂性的特征；中义的环境是指经过"教育主体选择、加工、改造和重组的环境"，具有有序性和可控性的特点；狭义的环境是指"思想政治教育对象主动建立的环境"，具有主体的自主性、超越性特点。从与其他环境区别的维度，思想政治教育环境凸显出"自发性与导向性并存、渗透性与驱动性共生、直观性与感染性互动"等特点。

思想政治教育环境的类型，按照不同的标准有不同的分类，如按环境构成要素的性质可分为自然环境和社会环境；按环境构成的内容可分为物质环境和精神环境；按环境的性质可分为良性环境和恶性环境；按环境范畴可分为宏观环境和微观环境；按时间维度可分为历史环境、现时环境、未来环境；按空间维度可分为社区环境、单位环境、学校环境、家庭环境等。总之，思想政治教育环境的类型多种多样，不胜枚举。在思想政治教育过程中，人作为受教育的对象，其思想品德的形成和发展离不开思想政治教育环境的影响。

思想政治教育环境的育人功能主要体现在如下几个方面：一是通过环境作用力发挥作用。如：通过环境的"感召力""促进力""约束力"潜移默化地影响人、熏陶人；通过对人施以各种"环绕力"使人被环境同化，形成符合环境的特性与人格。二是通过社会环境构成要素发挥作用。如社会环境中的经济、政治、法律、文化、生产关系等诸多因素都影响和制约人的思想道德倾向，特别是社会生产关系对人的发展起着决定作用。三是环境与思想政治教育对人的影响具有差异性和互补性。环境对人的影响一般表现为"自发性、双重性、易变性",而思想政治教育则表现为"目的性、计划性和组织性"。环境与思想政治教育对人思想影响的差异性,使二者在功能上相辅相成,形成互补。四是针对不同影响对象发挥作用。思想政治教育环境能够同时对思想政治教育主体的人和客体的人产生影响,既能影响他们思想品德的形成与发展,也能影响他们在思想政治教育活动中的表现。

文化育人作为一种特殊形式的思想政治教育,需要以思想政治教育理论作为支撑。按照马克思主义观点,人创造环境,环境也塑造人,人与思想政治教育环境之间是密不可分、互融互促的关系。而人与环境的互融互动正是文化育人的一个重要条件、途径和方式,离开教育主体所创设的以文化为媒介的思想政治教育环境,文化育人活动就没有了以文化人的环境条件,离开文化环境的濡染和育化,文化育人活动就失去了存在的基础。从这个意义上讲,思想政治教育环境理论对文化育人环境问题起着重要的理论支撑作用。

(三)隐性思想政治教育理论中的育人思想

隐性思想政治教育是思想政治教育的一种存在形式,也是一种特殊的教育方式。相对于显性思想政治教育而言,它是教育者有目的实施而不为受教育者明确感知,但能使受教育者在不知不觉之中获得某种思想或经验的一种教育方式。这种教育方式的一个突出特征就是具有隐蔽性。恩格斯曾用"隐蔽"来说明艺术表现思想的特殊性,强调艺术的倾向性"越隐蔽越好"。这也是对"隐性"教育特点的形象概括。所谓隐蔽或隐性,是指尊重人的娱乐需求,把思想内容与人们喜闻乐见的文化形式相统一、把教育过程转化为人的愉悦的情感体验的过程。心理学研究表明:"隐性状态下获得的痕迹,如识记的东西、注意的对象等,具有鲜明、持久的特点,这是开展隐性教育的客观基础。"隐性思想政治教育强调以隐蔽的方式和潜移默化的影响使人们在不知不觉中获得教育,强调受教育者"思想的获得"是其经过自我感受、自我评判、自我升华这一心理过程的结果。受教育者经过这一心理过程而获得的思想,会更深刻、更稳固。这也是隐性思想政治教育的优势。

隐性思想政治教育具有如下几个方面特征:

第一,有目的的施教和无意识的受教相统一。隐性思想政治教育是教育者将事先设计好的思想、政治、道德等方面的教育目的和教育内容,以隐蔽的方式融入各种生活实践或活动载体之中，让受教育者在不知不觉中受到影响，受到教育，寓教于"润物无声""潜移默化"之中。隐性思想政治教育强调的是教育者有目的地施教和受教育者无意识地受教，体现的是教育者有目的性和受教育者无意识性的统一，这也是隐性思想政治教育得以存在的最基本前提。

第二，教育者的价值渗透与受教育者的自主选择相统一。隐性思想政治教育是教育者充分利用人们日常生活环境如职业活动、社会实践、物质环境、精神环境等，把教育内容融入受教育者的社会实践活动和生命活动之中，通过环境或活动载体的价值渗透性间接地施教于人，其中环境或活动载体的价值渗透性的强弱，取决于对受教育者的尊重和对其需求的满足。而受教育者能否从中有效获得教育，一方面取决于教育载体的价值渗透性，另一方面也取决于受教育者自身的价值取向、对教育内容的认识与感悟，以及最终的价值判断和选择，离开了受教育者的价值认同和自主选择，隐性教育便无从谈起。所以，隐性思想政治教育发生的过程，实际上是教育者进行价值引导、价值渗透与受教育者自主选择相统一的过程。

第三，教育性与生活性相统一。隐性思想政治教育寓教育于人们的社会生活实践之中，立足生活，融入生活，从人们社会生活实践的"小处"着眼，鲜明地体现出生活性的特点。同时还从教育价值追求的"大处"着眼，给人以高远的目标、崇高的境界、广阔的视野，彰显其自身的教育性和价值引领性。通过寓教育于社会生活实践的方式，最终改变人们的生活，实现教育的目的。从这个意义上讲，隐性思想政治教育还体现出教育性与生活性的统一。

第四，时空延展性与开放性相统一。人的思想品德素质不是经过几次显性教育就能快速形成的，它需要社会生活实践的育化与涵养，需要经过思想内化与行为外化之间的相互转化，是一个较为长期的过程。而隐性思想政治教育寓教育于人们的社会生活实践之中，与受固定时空限制、受一定教育形式限制的显性思想政治教育相比，其优势就在于，它既可以在人们社会生活实践的广阔时空中进行，不受固定时间和空间的限制，具有教育时间和空间上的延展性与开放性；也可以融于人们丰富多彩的社会生活实践之中，其教育形式不是固定不变的，而是随着人们社会生活实践形式的丰富多样而呈现出多样性特征，具有教育形式上的开放性。隐性思想政治教育的一个重要特点就在于它是时空延展性与开放性的统一，这一特点正符合人的素质循序渐进式发展的规律，弥补了显性教育的不足。

隐性思想政治教育的育人功能主要体现在如下几个方面：

第一，能促进受教育者知识内化和认知升华。作为显性思想政治教育的延伸，隐性思想政治教育能使受教育者在社会生活实践中获得更丰富的现实体验和感受，增强其对显性思想政治教育内容的理解和认同，并促进其将所学的显性知识内化为自身的价值观念和道德品质。同时，隐性思想政治教育还能使受教育者在实践活动中获得心灵上的洗礼和启迪，陶冶道德情操，升华思想认知，进而树立正确的价值观，增强社会责任感。

第二，能促进受教育者各方面素质的生成与整合。隐性思想政治教育融于广阔的社会生活实践之中，是一个潜隐的、开放的、发展的教育体系，它以提高人的综合思想政治素质为目的，尊重人的主体性和能动性，注重在"潜移默化"中激发人的素质潜能和培养健全人格，是素质教育的一个重要途径。从受教育者素质发展的角度看，隐性思想政治教育所具有的社会生活性、价值渗透性、主体选择性、开放性、延展性等特征，使受教育者的主体性、能动性、发展性得到充分的彰显，同时，隐性思想政治教育的方法和手段也比较灵活，能够以受教育者的素质发展为本，积极应对教育环境的变化，因地制宜、因时制宜、因人制宜地创设社会生活环境或实践活动，满足受教育者的实际发展需求。这些既有利于受教育者各方面素质潜能的全面激发与生成，也有利于受教育者在不断发展的社会生活实践中全面提升自身素质。

第三，能促进受教育者人格完善与自我发展。在现代社会，每个人都有追求平等的愿望和被尊重的需要，都渴望得到别人的理解和尊重，因为那是每个人前进道路上不可缺少的动力源泉。隐性思想政治教育以潜隐的方式开展教育，通过各种教育载体进行价值渗透，引导受教育者进行现实的感悟、体验与自我反思，充分发挥受教育者的主体能动性，保障其人格平等，满足其被尊重的需要，而人格平等和被尊重又能极大地满足受教育者的自尊心，这不仅有利于受教育者人格的发展与完善，而且还能成为促使受教育者自我发展进步的内在动力。同时，隐性教育中受教育者主体能动性的充分发挥，也有利于培养其自我教育、自我发展的能力。文化育人最显著的特点就是以文化濡染的方式潜移默化地影响人、教化人，于无形中育有形。它在育人资源、育人方式、育人功能方面，都与隐性思想政治教育具有共通之处，甚至具有高度的一致性。可以说，隐性思想政治教育不仅是思想政治教育的一种特殊方式，也是文化育人的基本方式，文化育人主要通过隐性教育来实现。从某种意义上讲，隐性思想政治教育理论是文化育人的理论支撑。

四、 社会学习理论中的思想借鉴

当代美国心理学家阿尔伯特·班杜拉（Albert Bandura）是现代社会学习理论的奠基人。他从认知和行为联合起作用的角度去理解社会学习，用人、行为和环境之间不断交互作用来解释人的心理机能。在他看来，人凭借观察学习以简化获得过程，对其生存和发展都极为重要。同时，人并不单纯是对外部影响的反应者，他们也会凭借自我生成的诱因及结果对自己的行为施加某种影响。从总体上看，班杜拉的社会学习理论的基石是三因素交互决定论，核心内容是观察学习。文化育人有两个向度，一是文化化人，二是人向文而化。从人向文而化的角度看，文化育人可从班杜拉的社会学习理论中借鉴一些有益的思想。

（一）主体、行为和环境交互决定思想

班杜拉认为，行为的发生是内部动力和环境作用相互影响、相互作用的结果。他把人的主体因素如人的认知、观察学习、使用符号、自我调节等因素引入对行为的因果决定模式的分析之中。强调主体认知，实际上也是强调人们能控制自己的生活，也能改变影响他们行为的环境因素。但主体认知不是独立于行为和环境之外的自主机制，而是与行为、环境相互影响、相互制约。班杜拉指出，"心理的机能就是行为、人的因素和环境因素这三种决定因素之间的一种连续不断的交互作用"。在他看来，人与行为、环境交互作用的过程，实际上就是一个交互决定的过程，三者之间既相互独立，又交互作用，是彼此间相互决定的理论实体。三种因素之间所产生的交互影响力，并不是完全等同的，所展现的交互作用模式也不是固定不变的。有时环境因素会对人的行为产生巨大的强制作用，有时人的因素也会对环境产生巨大的作用，人与环境都可成为事态发展的重要调节者。但通常情况下，三种因素之间相辅相成、互生互动、相互依存。三因素交互决定论，科学地分析了人的心理活动机制，为社会学习理论提供了理论基石，也为我们研究文化育人中人的因素及人与环境互动问题提供了有益的思想借鉴。

（二）替代、符号和自我调节思想

班杜拉认为，社会学习就是个体通过观察、模仿而学到别人的行为。观察学习是人类学习的重要形式，人的大多数行为都是通过观察学会的。"凭借观察学习以简化获得过程，对于发展和生存都是极其重要的"，而那些替代的、符号的和自我调节的过程都在学习者的心理机能中扮演着重要的角色。直接经验的替代在学习过程中扮演重要角色，观察学习可以替代直接经验。"几乎所有的起源于直接经验的学习现象，都可以通过观察他人的行为及其结果而替代性地产生"，在观察学习过程中学习者无须做出直接的反应，也不必通过亲身体验来强化，只需通过观察他人就可以进行强化学习。这种建立在替代基础上的学习模式是认知性的，班杜拉称之为"无尝试的学习"。人类具有应用符号去对付内、外部各种事件的能力，使用符号在学习过程中扮演着重要的角色。人们通过符号的中介"不必尝试所有可能的方法就可以直接解决问题"。正是由于人类具有应用符号的非凡能力，他们才得以去表征事件，去分析他们的意识经验，才能够在任何距离、任何时间与空间中同他人交往，或者是进行具有远见性的行动。如果人没有应用符号的能力或者说没有符号中介的参与，观察学习也就无从谈起。人的行为受认知中介的影响，自我调节在学习过程中扮演着重要的角色。"人并不单纯是对外部影响的反应者，他们选择着、组织着并转变着作用于他们的刺激物，他们会凭借自我生成的诱因及结果对他们自己的行为施加某种影响。"按照班杜拉的观点，不仅释放着复杂信息的环境能够影响人们的行为，而且可预见的行动结果也能影响人们的行为。当预见到情境、行动和结果之间的关系以后，人们会根据这种预见来调节自己的行为。在决定人们行为的各种因素中还包括其自身因素的影响，人们的自我调节能力就是他们自己改变的主要动因。文化育人的过程实质上就是人社会化的过程。在这一过程中，人作为能动的主体，要通过观察学习在各种文化资源中获得社会认知、文化价值认知。观察学习是人获得文化价值认知的重要途径，也是文化濡染功能得以实现的前提。从这个意义上讲，班杜拉的观察学习论也是文化育人研究的一个有益思想借鉴。

第三节　文化育人的功能目标

文化是人类实践创造的产物，具有丰富的内涵和自身的本质属性。文化的基本功能是塑造人或教化人，文化功能实现的过程就是文化育人。文化育人的内涵不是单一的，它具有用社会主义先进文化培育人、在渐进的"文化"过程中培育人、从人的价值观念和理想信仰层面培育人三重内涵。文化育人的功能和目标也在多个层次上有所体现。

《国家中长期教育改革和发展规划纲要（2010—2020 年)》将以人为本、全面实施素质教育确定为教育改革发展的战略主题。进一步提高人才培养质量，必须加快人才培养体制的改革与创新。唯有充分发挥高校文化育人的功能和价值，才能培养出信念执着、品德优良、知识丰富、本领过硬的高素质专门人才和拔尖创新人才。

一、 文化育人的功能价值

（一）文化育人与高等教育紧密联系

每一种社会形态都有与其相适应的文化，每一种文化都随着社会物质生产的发展而发展。党的十八大报告中指出，"社会主义核心价值体系是兴国之魂，是社会主义先进文化的精髓，决定着中国特色社会主义发展方向"。同时，从国家、社会、公民三个层面提出了反映现阶段全国人民"最大公约数"的社会主义核心价值观。这便决定了我国当下文化育人的价值取向。作为文化传承和传播的重要载体，高等教育也承担了文化育人的重要功能和职责。主流文化和价值会在高等教育的内容选择和培养目标上有所映射。因此，新形势下我国高等教育的价值取向就是坚持社会主义办学方向，加强学生理想信念教育、中华民族优秀传统文化教育，积极推进人文教育与科学精神相融合，归根结底就是要深入地进行社会主义核心价值观的教育，使得每个青年学子都能成为社会主义核心价值观的传播者和践行者。

（二）文化育人在人才培养中的作用

文化育人是高等教育深度发展的必然选择，也是高等学校提高人才培养质量的必然要求。作为高等教育的首要任务，人才培养是一个非常复杂的系统工程。为实现人才培养目标，必须突破原有的知识育人模式，从领导体制到运行机制、从队伍建设到课程体系改革、从建设文化校园到文化社会实践，都进行从内容到方法的探索和创新，不再以知识的传递作为教育的目标，而将学生道德品质的养成、综合素质的提升视为教育的长远目标。文化育人模式将知识和技能的传授作为基础，借助校园环境、专业学习、文体活动、学风校风建设等文化载体，将教育内容融入学生的思想理念中，通过文化知识的整合和内化，最终帮助学生形成积极的人文精神、求真的科学精神和开拓的创新精神，达到文而化之的效果。

（三）文化育人对素质教育的有效推进

当前，加强素质教育工作在全国已进入全新阶段。越来越多的高校将深化素质教育视为培养高素质、创新型人才的重要方式。为突破原有教育观念和培养模式的局限，业界对素质教育作为教育本质的问题进行了大讨论，而文化育人则为素质教育的推进提供了强大动力。文化育人是实现素质教育的重要途径，高校应站在文化自觉的高度健全和完善素质教育的运行机制，以提高学生人文素养为核心，以促进文理交融为重点，实现学生全面发展、和谐发展和个性发展。

二、 文化育人的发展目标

任何一种教育实践活动，都有其所追求的目标。文化育人作为高校思想政治教育的重要手段，其所追求的目标与学校人才培养、与思想政治教育总体目标保持一致。文化育人作为一种特殊的思想政治教育活动，从思想道德建设的角度，体现了思想政治教育培育学生社会主义核心价值观的价值；从文化软实力建设的角度，体现了思想政治教育培养学生文化自信的价值；从整体教育的角度，体现了思想政治教育促进学生全面发展的价值。从总体上看，文化育人的目标有三个层次：一是立德，即培育社会主义道德；二是树人，即促进学生全面发展；三是增进文化认同，即培育社会主义文化自信。其中，培育社会主义道德是思想政治教育的核心目标，促进学生全面发展是思想政治教育价值追求的根本目标，培育社会主义文化自信是体现文化强国的基础目标。

（一）提升社会道德水平

国无德不兴，人无德不立。文化育人的核心目标是立德，即培育社会主义道德。党的十八大报告要求把立德树人作为教育根本任务，为高校育人工作指明了方向。习近平总书记也多次强调我们要加强思想道德建设、培育和弘扬社会主义核心价值观、弘扬中华传统美德和时代新风、构筑中国精神，为中国特色社会主义事业提供精神动力和道德滋养等。文化育人作为以社会主义思想道德建设为核心内容的思想政治教育实践，其核心目标就在于立德，就在于用社会主义核心价值观凝魂聚力，树立社会主义道德。它强调"德"在人的综合素质中的核心地位，也强调"'立德'是'树人'的一种方式"。文化是德育的不竭资源。人的思想品德的形成离不开知识教育，更离不开文化的滋养。知识教育更多地关乎思维，文化滋养则关乎整个人的存在，首先关乎人的心灵生长。正如刘铁芳所言，"优良的教育在任何时候都应该让个体找到生命的生长与生成感"，"教育如不能激发个体自我成长的内在力量，则教育必然走向被动灌输，就不可能有健全自我的生长、生成"。文化滋养对人的思想品德的形成具有至关重要的作用。文化育德的最高境界是培育社会主义理想人格。所谓理想人格，就是人们依据一定社会道德准则所力求实现的完美人格，它是时代精神的体现，离开一定的社会历史条件和社会实践，理想人格便无从谈起。社会主义理想人格所承载的内涵，是随着社会主义社会现代化建设的发展而不断发展的。在1980年，社会主义改革开放初期，邓小平根据社会主义初级阶段的历史任务和战略目标提出了培育"四有"新人的思想。培育"四有"新人，就是适应中国特色社会主义现代化建设和中华民族伟大复兴的需要，培养有远大的共产主义理想、有高尚的社会主义道德情操、有深厚的科学文化知识底蕴、有克己奉公和廉洁自律精神的一代社会主义新人。塑造社会主义理想人格的基本目标就是培养"四有"新人。随着改革开放的不断深入和社会主义市场经济的不断发展，社会主义理想人格的内涵，除了"四有"以外，还在身心素质、社会适应、人生态度、价值观念等多方面有所拓展，社会发展需要更加全面发展的人。人的全面发展"是逐步提高、永无止境的历史过程"。

（二）促进学生全面发展

文化育人是要把学生培养成为德才兼备、全面发展的人才。强调立德为先，树人为本，除了立德之外，还要着力树人，促进学生全面发展，即使学生具备一定的专业知识和能力素质，并根据学生个人的兴趣、爱好、禀赋、倾向，对学生进行个性化培养，使其具有鲜明个性特点和专长。人的全面发展"是社会主义社会的本质要求"。社会主义的本质是解放和发展生产力，而解放和发展生产力最关键的是要促进生产力诸要素中最活跃的要素——"人"的全面发展。人的全面发展是指"人的自我意志获得自由体现，人的各种需要、潜能素质、个性获得充分发展，也是人的社会关系的全面发展，是人的社会交往的普遍性和人对社会关系的控制程度的高度发展"。人的全面发展包括理性的文化自觉、高尚的思想品德、健全的个性人格、良好的艺术鉴赏力等各个方面综合素质的提升。它是人在主体性发展中合规律性与合目的性的统一，是人真善美三境界的和谐统一，它是人主体性发展的最高境界。人的全面发展，体现为人与自然、社会关系的和谐统一，与社会主义先进文化发展相互影响、相互促进。我们进行社会主义现代化建设，归根到底是为了促进人的全面发展。而在当今时代，随着改革开放的不断深化，经济、自然与社会三者之间协调发展的重要性也日益突显，从这个意义上讲，当代中国人的全面发展，是全面深化改革开放，促进经济、自然与社会协调发展的需要。

党的十六大把人的全面发展作为建设小康社会的一个重要奋斗目标。党的十七大再次把人的全面发展上升为国家发展的战略高度。到了党的十八大，更是把"促进人的全面发展"纳入中国特色社会主义道路的内涵，同时强调要"不断在实现发展成果由人民共享、促进人的全面发展上取得新成效"。可见，促进人的全面发展是中国特色社会主义发展的终极目的。人作为一种主体性的文化存在，能够创造文化、发展文化。而文化的化人功能，也使文化能够塑造人、发展人。人与文化二者相互构建，互生互动。从这个意义上讲，发展先进文化是促进人的全面发展的内在要求，人的全面发展水平也是衡量先进文化建设水平的重要标准。二者相辅相成，互为表里，辩证统一于中国特色社会主义建设的伟大实践之中。

高校实施文化育人，一个重要的目标就是通过发展社会主义先进文化来促进学生全面发展。发展社会主义先进文化，就是要建设以马克思主义为指导的社会主义文化，就是要以社会主义核心价值观为统领，培育大学精神、建设高品位的大学文化，实质就是建设社会主义精神文明，建设马克思主义文化阵地，就是促进当代大学生的全面发展。发展社会主义先进文化的根本任务，就是培养个性充分发展、德才兼备、身心健康、有社会责任担当、有艺术鉴赏力、富于创新精神的德、智、体、美、劳全面发展的人。要促进人的全面发展，既需要科学的理论武装和正确的舆论引导，也需要高尚的精神塑造和优秀的作品鼓舞。

在马克思看来，人的全面发展并非一蹴而就的，而是一个循序渐进地向自由迈进的历史过程。只有在生产力和生产关系高度发达的共产主义社会，人的全面发展才能真正实现。因此,社会文化发展每一个进步,都意味着人在全面发展的进程中又前进一步。发展先进文化与促进人的全面发展,这两个过程相辅相成、辩证统一。人的全面发展需要有先进文化的教化和滋养,同时先进文化的发展也需要以人的全面发展为推动条件。

（三）增强文化自信

在坚定中国特色社会主义道路、理论和制度三个自信基础上,习近平强调还要坚定文化自信,强调它是"更基本、更深沉、更持久的力量"。要实现社会主义共同理想、要推动中华民族伟大复兴都需要有社会主义文化自信作基础。文化育人主要是通过社会主义先进文化影响人、塑造人,增进大学生对社会主义文化的理解和认同,其最基础的目标就是培育社会主义文化自信。文化自信是"一个国家、一个民族、一个政党对自身文化价值的充分肯定,对自身文化生命力的坚定信念"。从根本上说,文化自信强调的是文化群体或个体对其本土文化的认同,包括对其文化价值的肯定、对其文化优势的确认、对其文化生命力的坚信。拥有高度的文化自信是坚持社会主义道路自信、理论自信和制度自信的前提与基础,是传承与弘扬中国优秀传统文化的内在动力,是应对外来文化冲击与侵蚀的核心力量,是文化大发展大繁荣的思想根基和必然行动的力量之源。

文化自觉是文化自信的思想依据和认识基础。文化自觉,简言之,就是文化主体将自身的文化信念和准则,主动付诸社会实践,是一种在文化上"自觉践行和主动追求的理性态度"。

文化自觉是一种觉悟和理性,是文化主体对文化的自我觉醒、自我反省、自我创建,是对文化可持续发展的崇尚与追求。尤其是在文化全球化的社会背景下,文化自觉体现在人对自己的文化有自知之明,知道它的来历、形成过程和发展走向;面对错综复杂的局面,能以面向全球的视野和整体发展的观点,对自己文化进行深刻反思,并给予准确的历史发展定位;自觉担当起进行正确文化选择和推动文化发展的责任,汲取一切对自己文化有益的成分,在文化融合创新中实现转型,以适应新的社会发展需求。

文化自觉与自信是推动文化繁荣发展、实现中华民族文化复兴的一个必要条件,也是文化育人的基础目标。尤其在社会大发展大变革的当今时代,倡导文化自觉和文化自信,其目的就是要对自身文化持有清醒的认识和理性的态度，牢牢把握社会主义先进文化的前进方向。只有高度文化自觉，才能实现真正的、充分的文化自信。只有在全民族文化自信的精神支撑下，才能真正实现建设社会主义文化强国的宏伟目标。

思想政治教育作为一种文化现象，它与社会主义先进文化在本质上是一致的，它所倡导的思想观念、教育内容都是社会主义先进文化的重要组成部分，二者辩证统一、相互补充完善、相互促进发展。因此，以思想政治教育为目的的文化育人实质上是以社会主义先进文化育人，其育人的根本目标是培养社会主义文化自觉与自信。培养高度的文化自觉和文化自信，是中华民族团结进取的力量源泉，是国家文化安全稳定的坚实堡垒，是社会主义文化繁荣发展的基础保障。文化自信以文化主体对自身文化的认同为基础。对当代大学生而言，树立文化自信，从根本上说就是要增强其民族文化认同，增强其传承和创新中华民族文化的信念与勇气。这是当代大学生树立文化自信的迫切需要，是全球化的时代发展赋予大学生思想政治教育的一项重要使命。

第二章　新时代高校文化育人的运行机制

文化育人作为一种具体的思想政治教育实践，由主体、客体和载体等基本要素组成，它们相辅相成、密切配合，共同构成相对稳定的要素结构；文化对人具有天然的影响力，要充分发挥其育人功能，有效实施文化育人，需要从根本上满足一些基本条件。文化育人具有自身内在的运行机制，实际上，文化育人的过程就是文化价值客体主体化的过程。

第一节　文化育人的基本要素

任何一个事物存在都有其构成要素。文化育人作为一种具体的思想政治教育实践，也有其基本构成要素。文化育人有育人主体、育人客体、育人载体三个基本要素，这三个要素是文化育人得以发生和实现的关键性因素，缺少它们中任何一个，思想政治教育意义上的文化育人都无从实现，它们相辅相成、密切配合，共同构成相对稳定的要素结构。

高校校园文化育人功能的发挥从本质上来说是育人实践活动，包含育人主体、客体、载体等基本要素。首先，从高校校园文化的形成过程来看，高校师生都是影响高校校园文化生成与发展的文化主体，都在一定程度上影响着高校校园文化育人功能的发挥过程。高校教职员工和大学生在其中所处的位置却并不相同。高校教师和行政管理人员是高校校园文化育人活动的发起者，起着主导作用；大学生则是高校校园文化的主要"化""育"对象，是接受校园文化影响的一方。其次，高校校园文化在育人功能的发挥中扮演着双重角色。高校校园文化既有文化价值意义上的育人力量，又作为联系各种育人要素的育人媒介存在。高校校园文化能够以其内在的精神力量和价值体系去引导大学生形成正确的思想、意识，也能够充当育人的文化载体，通过各种各样的文化活动提升文化育人的吸引力。最后，高校校园文化育人功能的发挥有着特殊的作用方式，它具有整体性、渗透性和内隐性的特征。高校校园文化环境的熏陶感染是高校校园文化育人功能发挥的主要方式。

一、文化育人的主体

狭义的教育者，简而言之就是按照法律法规和行业规范，根据学校条件和职称，从事教育事业，在一定社会背景下促进个体社会化和社会个体化的人。教育者是组织实施文化育人实践的主体，是文化育人的基本构成要素。文化育人主体，是指通过文化手段以思想政治教育为目的进行全方位育人的主动行为者。教育者的主体性是指根据社会发展的需要和教育现代化的要求，通过启发、引导受教育者内在的教育需求，创设和谐、宽松、民主的教育环境，有目的、有计划地组织、规范各种教育活动，从而把他们培养成为自主地、能动地、创造性地进行认识和实践活动的社会主体。

在高校校园文化育人功能发挥中，教育者的主导地位主要体现在他是确立育人标准、选择育人内容、实施育人环节的主动行为者，起着保证方向、把握时机、消除障碍、人格感染等作用。在高校复杂的文化构成中，存在着积极向上的文化内容，也会有不和谐的文化因素存在。为了保证高校校园文化育人的先进性，就必须借助教育者的力量，从顶层设计的高度对高校校园文化进行整体规划与建设，形成健康向上的文化氛围，从而对大学生进行正确的引导。从根本上来说，一所高校的办学理念是影响其整体文化氛围形成的核心因素。高校办学理念的确立，精神文化的建设，都离不开教育者的重视与构建。同时，教育者的自身素养也会对其文化引导力产生影响。高校思想政治教育工作者的理论水平、思想观念、价值态度，以及运用校园文化实施育人的自觉性和操作能力等，都会在一定程度上影响大学生对校园文化育人的感知和接收。

"以社会的要求为准绳，科学地影响教育对象，不断把教育对象的思想政治品德提升到社会需要的水平"，价值引导是教育者在文化育人过程中的根本职能之一。具体体现在三个方面，即按育人计划，组织、设计和实施文化育人活动；本着价值主导原则采取多样化的方式，调动和发挥教育对象的主体能动性；引导教育客体思想政治品德向社会要求的方向发展。教育者在文化育人过程中的另一个根本职能是思想政治教育。在这个过程中，他们身上具有许多共同的特点，主要有以下几个方面：

第一，具有高度的文化自信。习近平在十九大报告中指出，文化自信是一个国家、一个民族发展中更基本、更深沉、更持久的力量。必须坚持马克思主义，牢固树立共产主义远大理想和中国特色社会主义共同理想，培育和践行社会主义核心价值观，不断增强意识形态领域主导权和话语权，推动中华优秀传统文化创造性转化、创新性发展，继承革命文化，发展社会主义先进文化，不忘本来、吸收外来、面向未来，更好构筑中国精神、中国价值、中国力量，为人民提供精神指引。

服务于中华民族的伟大复兴是教育的重要使命。传承文化自信的基因，教师的作用至关重要。教师不仅是科学知识的传授者，更是文化自信的播种人。中华民族要繁荣振兴，需要有高度的社会主义文化认同与文化自信。教育作为社会主义文化自信生成的源头活水，教育者承担着重要角色。师者，传道授业解惑。老师对于学生来说最重要的就是传授正确的学习方法，让学生具备思想力。在面对包罗万象的传统文化与世界文化时，不会简单复古，也不盲目排外，而是做到古为今用、洋为中用、辩证取舍、推陈出新。只有"以古人之规矩，开自己之生面"，才能实现中华文化的创造性转化和创新性发展。在引导学生树立社会主义文化自信之前，首先要让自己融于中华民族优秀传统文化，积极投身于社会主义伟大建设实践之中，成为充满社会主义文化自信之人，这是职业角色，也是职业责任。

第二，具有传播社会主义先进文化的高度自觉。社会主义先进文化，就是以马克思主义为指导，继承与弘扬中华优秀文化传统和五四运动以来形成的革命文化传统，吸收借鉴世界优秀文化成果，集中体现全国各族人民在新的历史条件下的精神追求，始终代表着当代中国发展前进方向的文化。在全国宣传思想工作会议上习近平总书记提出要"讲好中国故事，传播好中国声音"，这是对宣传工作者也是对教育工作者的要求。讲好中国故事、传播好中国声音是高校教育工作者的一项重要使命，他们不仅要成为充满社会主义文化自信之人，还要成为自觉传播社会主义先进文化之人。当代大学生成长于经济全球化和社会改革开放时期，没有经历过革命战争的洗礼，这就需要教育者主动宣传社会主义核心价值观、弘扬中华民族优秀传统文化，澄清认识，以增强大学生对中华民族文化的认同。在文化育人实践中，教育者要牢记使命，自觉传播社会主义先进文化。

第三，具有文化价值主导性。在文化育人过程中，教育者也具有文化价值主导性。教师在教育过程中的主导角色，是由教育的内在因素和外在因素决定的。教师的主导作用体现了教育活动的客观规律。教师在教育过程中的主导作用，具有必然性和辩证性。教师的文化价值主导性是指教师在思想政治教育实施过程中发挥其主导作用方面表现出来的积极属性。随着文化全球化和改革开放的不断深入，社会上各种思潮林立，中西方文化价值相互交锋、渗透，人们的价值观念朝多元化方向发展。在这一社会背景下，中国特色社会主义文化要健康发展，必须坚持一元主导与多样化发展相结合。一元主导体现在文化育人上，就是用社会主义先进文化为学生成长成才提供正确的道路方向和强大的精神动力，落实好立德树人根本任务。

在文化育人的实践过程中，教育者是教育计划的执行者、教育活动的设计者和组织者，他们按照一定的教育计划，设计文化育人活动，并将思想政治教育信息融入育人活动之中，通过文化渗透的方式影响教育对象的思想价值观念，引导其朝着正确的文化方向发展。学生作为受教育者，正处于价值观形成的重要时期，思想观念活跃但尚未发展成熟，行为不稳定，对文化价值的领悟力、理解力、判断力等有一定的局限性，面对复杂的社会现象和良莠不齐的多样化价值观念，他们很难做出正确的判断和文化选择，需要教育者根据其身心发展水平进行针对性的教育和引导。因此，在文化育人过程中，教育者具有高度的文化价值主导性。

作为文化育人的主体——教育者，是文化育人活动的发起者和主导者，没有教育者，文化育人就没有了施动者，也就不是基于思想政治教育目的而实施的文化育人。除了具有上述三个显著特点之外，他们还具有将显性思想政治教育与隐性教育相结合，充分发挥文化潜移默化地教化人、影响人的功能。因此，教育者在文化育人基本构成要素中不可或缺，发挥着举足轻重的作用。

二、 文化育人的客体

思想政治教育活动的教育客体，有人客体和物客体。人客体是指具有主动学习意愿或在不经意间被潜移默化教育的人。物客体是指教育的内容、工具、方法、资源等。在思想政治教育中，教育对象可以是全社会的人。而在高校校园文化育人功能发挥中，教育对象特指接受高校校园文化熏陶感染的大学生。严格意义上来讲，高校校园文化不仅影响着大学生的成长与发展，对高校组织的其他成员也发挥着文化的熏陶作用。大学生是高校人才培养体系的主要作用对象，也是在教育者的引导下接受高校校园文化的熏陶、感染的育人对象。大学生能够通过自身心理运动的过程内化教育影响，提高自身综合素质。

青年兴则国家兴，青年强则国家强。中国特色社会主义事业的发展离不开一代代青年人的开拓奋进、求实创新，特别是未来的大学毕业生们，他们将会奋斗在国家发展的各个行业和领域，是未来科学发展和文化建设的中坚力量，是中国发展的生产力。目前，中国正处于发展的重要战略期，机遇和挑战共存，科技创新、综合国力、人才培养和文化进步等是现时期中国发展的战略要求，而这些都要靠教育来实现。

大学生是中国特色社会主义事业的建设者和接班人。大学生肩负着建设中国特色社会主义、实现社会主义现代化和中华民族伟大复兴的历史使命。这个使命需要一代又一代人为之不懈奋斗。作为国家培养的未来建设者、社会主义事业的接班人，大学生是最受党和国家重视、期待的一个特殊群体。面对复杂多变的国际形势和形态各异的国内思潮，大学生必须不断提高自己的政治向心力和价值判断力，才能承担起党和国家的建设事业。这个群体的培养质量如何关系着党和国家的前途命运。

培养什么人、怎样培养人、为谁培养人，是我国社会主义教育事业发展中必须解决好的根本问题。大学生的思想政治素质直接关系到党和国家的前途命运。要实现科教兴国、人才强国，教育是关键。要使我国在激烈的国际竞争中始终立于不败之地，确保实现现代化的宏伟目标，确保实现中华民族的伟大复兴，人才培养是关键。因此，大学生不但要具备科学文化素质，更要大力提高思想政治素质。切实加强和改进大学生思想政治教育，培养和造就千千万万具有高尚思想品质和良好道德修养、掌握现代化建设所需要的丰富知识和扎实本领的建设者与接班人，对于确保我国在激烈的国际竞争中始终立于不败之地，确保中国特色社会主义事业兴旺发达、后继有人，对于实现中华民族的伟大复兴，具有重大而深远的战略意义。

大学生的成长发展是检验新时代高校校园文化育人功能发挥效果的关键所在。只有受教育者对高校校园文化育人内容产生认同，并在此基础上，内化于心、外化于行，高校校园文化育人功能才能最终得以发挥。大学生正处在青年时期，是价值观形成的关键阶段，在这一阶段他们表现出鲜明的特点。

大学生具有鲜明的主体性。习近平总书记在主持召开学校思想政治理论课教师座谈会时指出，要坚持主导性和主体性相统一，思政课教学离不开教师的主导，要加大对学生的认知规律和接受特点的研究，发挥学生主体性作用。教育者要把学生看成有发展潜能的人，相信他们通过教育能够成长起来。我们要了解每一个学生，针对每一个学生的个性因材施教，注重每一个学生的全面性发展。

大学生的主体性，是指在文化育人过程中，大学生对教育者传递的社会主义先进文化价值理念能够独立地做出判断和选择，主动接受先进文化的积极影响，自觉进行内化并积极调节行为，逐渐形成自己独特的思想习惯和个性化方式，并将自己的文化价值理念落实到行为实践，并在实践过程中不断提高自身品德。处在快速成长期的大学生，不仅身体上发育迅速、精力旺盛，且求知欲望强烈，独立意识明显增强，对外界信息反应灵敏。这使得大学生在文化育人过程中表现出积极接受先进文化思想、主动汲取文明营养的主观能动性，表现出乐于独立思考、自主做出价值判断和选择的自主性，表现出大胆实践、勇于探新、不断突破自我的实践创新性。

实际上，教育者传递的任何思想政治教育信息和文化价值观念，都是外部的客体，只有通过主体的吸收内化并外化为行为实践，文化育人才收到了应有的实效。如果没有主体的自觉参与，任何教育都等于零。从这个意义上讲，大学生的主体性是一种"自觉能动性"，是"接受教育的主体性"。大学生作为教育对象，具有主体性，但在文化育人过程中处于客体地位，不能承担文化育人的主要责任，不能作为文化育人的主体。因此，在文化育人过程中，要充分调动学生的积极性，要重视学生主体性的发挥。

另外，大学生具有极强的可塑性。人的思想文化观念和道德品质不是自发形成的，而是在一定的文化环境影响和思想政治教育作用下，在社会文化生活实践中逐渐形成并不断发展的。"科学教育之父"赫尔巴特在其著作《普通教育学》中明确提出人具有"可塑性"。所谓可塑性是指"思想政治教育对象的思想品德是可以经由环境的影响和教育者的作用加以塑造的"，即教育对象的思想行为通过教育能够向符合社会要求的方向发展。可塑性强调的是"人性的生成性、交互性、可教化性和内在主动性"。教育对象的可塑性是教育者实施文化育人的基本前提和内在依据。

大学生朝气蓬勃，正处在各种心理活动异常活跃、急剧变化的年龄阶段。他们缺乏社会经验，容易被引导、受外界的影响，存在着明显的不稳定、可塑性强的特点。如果受到了好的引导，会有更好的发展，但是同样也容易受到不好的影响，误入歧途。文化育人是教育者有目的、有组织、有计划实施的育人活动，在教化人、塑造人方面具有非常突出的作用。大学生在文化育人中的可塑性，主要涉及思想文化认知方面的可塑性、文化价值判断与选择能力的可塑性、文化道德内化与外化转化能力的可塑性、文化道德实践能力的可塑性等。实施文化育人，要坚持以学生发展为本，充分关注大学生的主体性和可塑性，尊重学生成长规律，对大学生的文化思想与品德塑造施加有益的影响，促使大学生全面提升自身的综合素质。

三、 文化育人的载体

高校文化育人的载体，是指在高校文化育人过程中承载和传递教育信息、能为教育主体所操作并与教育对象发生联系的一种方式和外在表现形态。常见的高校文化育人载体，包括物质载体、制度载体、精神载体、活动载体、网络载体等。高校文化育人的载体并不是固定不变的，随着社会历史条件的变化和高等教育的发展，传统的文化育人载体已经不能满足人们日益增长的精神文化需求。载体也在发生着变化，传统的育人载体被赋予了新功能，新的载体应运而生，改变了原本单调的校园生活。高校文化育人的主体应当保持清醒的头脑和敏锐的观察力，及时注意到这些变化给高校育人工作带来的影响，对教育教学工作做出适时调整，以保证育人效果。

划分高校文化育人载体类型，有利于对不同类型的文化载体加以开发与利用，从而服务于高校文化育人实践的需要。到目前为止，对高校文化育人载体的界定和分类尚无统一标准。根据不同的划分维度，可将高校文化育人载体划分为以下不同的类型：

第一，按照时间维度来划分，高校文化育人的载体可划分为传统文化载体和新兴文化载体。传统文化载体，是指在高校文化育人发展历程中早就产生并在继续发挥作用的文化载体。如，阅读文学名著、欣赏绘画、练习书法、观看爱国电影等。新兴文化载体，是指伴随科技进步和社会发展而产生的，具有时代特征的高校文化育人载体。如，移动多媒体的发展催生了红色网站、名师博客、政府微博、手机短信教育等新兴文化育人载体。高校文化育人有诸多的载体，随着网络信息技术的广泛普及和深入发展，网络载体的优势凸显，并在高校文化育人中发挥着越来越重要的作用，充分运用并创新这一载体是进行高校文化育人的有效途径，也是高校文化教育现代化发展的必然要求。

第二，按照空间的维度来划分，高校文化育人的载体可划分为校内文化载体和校外文化载体。校内文化载体是指通过利用大学内部各种资源结合师生的需要对师生进行的文化教育的载体形式，包括高校各种看得见、摸得着的物质文化形态，主要指校园环境、教学科研设备及各种文化体育生活设施等；高校的各种规章制度、道德规范、行为准则和工作守则等；学校全体成员共同认同并遵奉的价值观念、思想意识、道德规范、发展目标等校园精神因素的综合。校外文化育人载体指的是通过利用各种社会的文化资源结合高校师生的需要对师生进行文化教育的载体形式，例如教育实习基地、爱国主义教育基地、校友会等。高校的教育需要与生产劳动和社会实践相结合，大学生在学校进行了关于本专业的系统理论学习之后，需要理论联系实际，参加一些社会实践活动，这就需要借助校外的一些企业、医院、工厂等载体。爱国主义教育基地包括各类博物馆、纪念馆、展览馆、烈士陵园等。红色文化作为诸多校外文化类型中的一种，是具有特别意义的文化现象，它可以向大学生传递一种积极的精神，一种崇高的理想，一种坚定的爱国主义信念，具有积极的社会实践效应。充分利用红色文化育人，可以加强社会公民尤其是在校大学生的思想政治教育，帮助他们树立正确的世界观、人生观、价值观。校友会作为一个社会组织，可以促进母校与校友、校友与校友之间的沟通，让更多的人了解到高校的成就，是高校文化育人品牌传播的一个重要载体。

第三，按照存在形态的维度，高校文化育人的载体可划分为物质载体、制度载体、精神载体和活动载体。物质载体是指具有文化信息的，能够承载和传递文化教育的内容或信息，使文化教育主客体间相互作用的物质设施和物质环境。传统的物质载体包括校园环境、教学科研设备及各种文化体育生活设施等，主要表现在宿舍、道路、图书资料、仪器设备、校园人文景点和校史陈列室等方面。校园环境是校园文化的物质基础，是物质层面上的校园文化，具有强大的隐性教育功能，对学生产生着潜移默化的熏陶作用，具有渗透性强和长期性的特点。仪器设备是大学文化建设的重要物质基础，在某种意义上来说，它代表着一所大学办学水平的高低。校园齐全的活动设施，可以丰富大学生的课外生活，增强他们感受美、热爱美、欣赏美的能力。

制度载体，包括高校的各种规章制度、道德规范、行为准则和工作守则等。科学合理的制度文化可以对师生的行为起到规范和约束作用，使高校倡导的观念文化成为现实，可以促进师生健康成长，保障教育方针的全面贯彻和培养目标的最终实现，具有重要意义。制度载体包括显性制度载体与隐性制度载体两种。显性的制度载体指国家或高校制定的规程、条例、准则等，隐性的制度载体是由规章制度辐射出来的价值观念和生活方式。

精神载体，指能够承载和传递高校文化育人的内容或信息，促使教育主客体之间相互作用的精神文化形态。学校全体员工共同认同并遵奉的价值观念、思想意识、道德规范、发展目标等校园精神因素的综合，对人们形成社会所倡导的思想道德观和价值信念具有引导作用。高校文化育人的精神载体具有润物无声的作用，主要表现为学校的校风和校训。

活动载体指的是通过设计活动方式、活动形式，承载文化育人的内容，达到高校教育的目标。高校文化育人的活动载体的类型很多，常用的有竞赛活动、文化活动、社会活动、休闲活动等，这里所说的作为高校文化育人载体的活动主要是指可以满足人们精神生活需要的一些载体。活动是高校文化育人理论付诸实践的过程，是广大师生践行价值观念、政治观点、道德规范的过程。人们在参与文化育人活动的同时，对活动中承载的文化信息加以吸收和利用。新时期对活动载体的运用需要在继承传统的活动形式基础上进行改革和创新，要在改革的过程中赋予传统活动载体新功能。现在高校的活动形式已不再局限于文艺晚会、联谊晚会或篮球比赛，多了一些富有商业气息的商品交易会，如高校的跳蚤市场为大学生提供了更多的创业机会，让他们锻炼了自身能力，学会自力更生。富有艺术气息的书法、绘画比赛，让大学生在紧张的学习之余，放松身心，陶冶情操。

第四，按照对象范围的维度，高校文化育人的载体可划分为群体文化载体和个体文化载体。群体文化载体，是指针对全校成员或特定校园群体进行教育的文化载体。如图书馆、陈列室、科技馆、烈士陵园、文化馆、博物馆等文化服务设施和爱国主义教育示范基地建设等。群体文化载体的运用不仅能陶冶人们的情操，而且能通过集体舆论的力量对人们的行为产生约束力，扩大文化育人的受众群，有利于集体价值观的形成，进而强化文化育人功能。

个体文化载体，是指针对个人进行教育的文化载体，如开展图书馆阅读活动、名师博客、手机短信教育等。个体文化载体，是对群体文化载体的进一步细化，更具针对性和实效性，适合于不同独立个体的文化载体，有助于文化育人工作的有效实施，从而达到提升文化育人效果的目的。

第二节　文化育人的实施条件

文化育人，即以文化培育、培养人。学生在高校接受教育的过程，可以看作接受文化熏陶的过程。相对于知识育人，文化育人更强调文化整合能力的培养与提高，这种文化的整合能力往往通过内化，积淀为人的心理结构，形成一定的人格。只注重知识育人可能导致人的片面发展，而文化育人则能促进人的能力和素质的全面发展。知识育人侧重给学生传授更多的知识或技能，而文化育人不以学生获得了多少知识和技能为主，而是以育人过程要给学生一种成长的体验和让学生掌握学习的方法为主，注重培养学生的人文主义精神。文化育人的过程离不开知识育人，提倡文化育人实质上是在学校的知识育人过程中，借助校园环境、学科专业、课外活动、学风、校风等文化载体，将教育内容融入学生的思想理念中，达到文而化之的效果。

文化有先进文化与落后文化之分，文化对人的影响也根据其是否具有先进性而分为正面的或负面的影响。尽管文化对人的影响是一种必然的客观存在，但文化育人中的"育"具有鲜明的价值指向性，是指文化教化人、培育人，特指文化对人的积极影响。只有当文化对人产生正面的积极影响时，文化对人的作用才称之为育人作用。而实施文化育人，核心目标在立德树人，不能任凭文化自发、自在地影响于人，也不能脱离一定社会历史条件下人与社会文化的发展实际去育人。从总体上看，实施文化育人对社会文化的发展、对文化主体的精神文化需要、对思想政治教育自身的发展都是有一定的条件要求的。在当今文化大繁荣大发展的时代，人与社会的现代化发展基本上能够满足文化育人的条件要求，主要体现在社会文化的发展与繁荣、人对精神文化的需求的提升、思想政治教育的人文精神凸显等方面。

一、 社会文化发展繁荣

文化的功能是"化人"，即影响人、塑造人。文化对人影响力的大小，取决于它所具有的文化势能和文化引导力，取决于它的先进程度。一个社会的文化发展进步成果，是这一社会文化的时代先进性的体现，也是这一社会文化的成熟程度的体现。一个社会的文化越先进，其文化发展就越成熟，其文化影响力就越强。

正确的文化发展道路是一个国家、一个民族文化繁荣发展的根本保证。改革开放以来，在推进中国特色社会主义事业的伟大进程中，中国共产党坚持马克思主义文化发展理论，逐步探索出了一条适合中国国情的文化发展道路。十月革命一声炮响，给中国送来了马克思列宁主义，中国共产党带领中国人民走上了社会主义革命和建设道路。在长期的革命斗争和建设实践中，中国共产党人一贯重视社会主义文化发展，在理论和思想上继承与发展马克思主义文化发展观，在实践中进行了长期不懈的探索和检验，最终确立了中国特色社会主义发展道路。

中国共产党是具有高度文化自觉和文化自信的马克思主义政党，它以马克思主义文化理论为指导，结合我国社会主义革命与建设实践，大力倡导和发展社会主义先进文化，积极建构中国化马克思主义文化的立场、观点和方法。它结合新民主主义革命、社会主义建设和改革开放各个历史时期的文化建设，创造了中国新民主主义文化和中国特色社会主义文化这两大先进的文化理论成果。中国新民主主义文化是"以毛泽东为代表的中国共产党人把马克思主义文化理论与中国新民主主义文化建设实践相结合而提出的一种新型文化"，它代表了当时中国文化发展的方向，为中国特色社会主义文化的发展奠定了基础。中国特色社会主义文化是以马克思主义为指导的，面向现代化、面向世界、面向未来的，民族的、科学的、大众的文化。它是中国共产党建党100年来积极建设和发展的成果，是当代中国的主导文化，是中国先进文化的灵魂和发展根基。

中国特色社会主义文化是党领导中国人民进行社会主义伟大实践中，党和人民所表现出来的社会主义共同理想、忠心爱国的民族精神、改革创新的时代精神和社会主义荣辱观的丰富展现。党领导中国人民在几十年的社会主义伟大实践中创造了具有中国特色的社会主义道路、发展模式，实现了快速崛起的目标，充分展现了社会主义先进文化的强大生命力，体现了人类文化发展进步的方向。在中国文化走出去的实践中，致力于展示中华文化魅力的孔子学院，在世界各国广泛开办。实践证明，中华文化已借孔子学院及其他诸多实践活动传向全世界。

在中国先进文化的建设和发展过程中，中国共产党先后提出了"为人民服务，为社会主义服务""百花齐放，百家争鸣""洋为中用，古为今用""三个面向""社会主义先进文化建设""文化强国""构建社会主义核心价值体系"等文化发展理念，并最终凝练形成了社会主义核心价值观这一中国先进文化的精髓。

走中国特色社会主义文化发展道路，要坚持文化一元性与多样性相统一，即在承认文化多元性的前提下，坚持中国特色社会主义文化发展指导思想的一元性；要坚持主体性与开放性相统一，既坚持文化的人民性、民族性，又不断推动文化走出去、引进来；要坚持公益性与市场性相统一，大力发展文化事业和文化产业，实现社会效益和经济效益的有机统一；要坚持核心价值与共同价值相统一，积极培育和践行社会主义核心价值观；要坚持传统性与创新性相统一，大力弘扬和传承中华优秀传统文化，推动传统文化的创造性转换；要坚持道路开辟与制度支撑相统一，深化文化体制改革，加强文化制度建设，完善配套政策措施。

随着社会主义先进文化思想体系的不断丰富与完善，中国共产党同时也领导人民开展了大量的社会主义先进文化建设实践，如在"三个面向"原则指导下建设社会主义精神文明、发展社会主义先进文化、构建社会主义核心价值体系、培育社会主义核心价值观等，有力地促进了中国先进文化的发展。其中，培育和践行社会主义核心价值观在当代中国文化建设中居于首要地位。习近平总书记指出，我们要"把培育和弘扬社会主义核心价值观作为凝魂聚气、强基固本的基础工程"，要"把社会主义核心价值观贯穿于社会生活方方面面"，"要弘扬社会主义核心价值观，不断增强全党全国各族人民的精神力量"，"要坚定道路自信、理论自信、制度自信、文化自信"等，这些都充分表明当代中国先进文化的发展已经走向成熟。

在当代中国，从本质上讲，文化育人就是以社会主义先进文化影响人、塑造人和提升人，它更强调发挥社会主义先进文化的意识形态功能。中国先进文化发展的越成熟，它所具有的文化势能就越高，所具有的文化引导力就越强，它的意识形态功能也越容易得到发挥。从这个意义上讲，社会主义先进文化自身的发展与成熟是文化育人必要的前提条件。

二、 精神文化需求提升

新时代下我国科学技术和经济实力显著增强，整个国家慢慢地强大起来，人们的物质需求得到基本满足，在物质需求得到基本满足后，人们就会去追求更高层次的需求，即精神文化需求。努力推动文化事业和文化产业的繁荣发展，切实满足人民群众精神文化需求，必将极大地推动我国社会主义物质文明、政治文明和精神文明的共同发展，必将极大地推动构建社会主义和谐社会这一伟大事业的发展。改革开放以来，我国的社会主义现代化建设取得了举世瞩目的成就，社会物质财富迅速增加，人民群众的物质生活得到很大改善，精神生活也在不断丰富。随着物质生活的日益改善和精神生活的日益丰富，人民群众对精神文化消费提出了更高的要求，这种要求不仅是数量上的增加，更是质量上的提高。人民群众精神文化消费日益增长的需求，为我国文化事业和文化产业提供了广阔的发展空间，同时也带来了越来越多的挑战。

在当今世界，随着文化与政治、经济相互交融的不断深入，文化越来越成为民族凝聚力和创造力的重要源泉，越来越成为综合国力竞争的重要因素，丰富精神文化生活越来越成为我国人民的热切愿望。精神文化需要是人的文化主体性的体现，是人对物质生活条件和精神生活条件依赖关系的自觉反映。人作为一种物的存在和文化存在，既有物质需要，也有精神文化需要。精神文化需要是人类特有的需要，它的内容十分丰富，如求知、审美、娱乐、道德、情感、尊重、自我实现需要等，它的形式更是多种多样，不胜枚举。精神文化需要以丰富人的精神世界为目的，是人类对精神文化生活的能动追求与自觉反应，是人类追求自我主体价值的体现。马克思指出，"人以其需要的无限性和广泛性区别于其他一切动物"，这表明人的需要具有无限丰富性和无限发展性。人在满足衣食住行等物质需求的过程中，也会产生审美爱好、社会交往、感情归属、获得尊重、自我实现等丰富的精神文化需要。而且，人们对精神文化生活的需要也会随着物质生活条件的不断改善而不断提升。精神文化需求的满足以物质需求的满足为基础，对物质需求的实现与发展又有着重大的推动作用，物质需求与精神文化需求相互影响、相互促进。

人的精神文化需要由低到高大致可划分为三个层级：第三层级是最基本的精神适存需要，一般表现为在社会与精神交往中产生的爱情、友谊、尊重、归属等；第二层级的精神发展需要，表现为人们对科学的思想理论、正确的价值观念、高尚的道德情操、坚强的意志品质的追求；最高层级的精神完善需要，表现为对理想人格的追求、对人生最高价值的追求、对自我实现的追求、对理想社会的追求等。

当代中国人的精神文化需求有所提升。随着我国人民物质生活水平的不断提高，以及人们物质需求的不断发展和满足，人们对精神文化生活也有了更多更高的追求，精神文化需求在人们生活中的地位日益凸显。人们开始高度重视自身的精神文化生活品质，求知求美求乐的愿望十分迫切，精神文化需求也空前强烈。目前，我国已经进入消费需求转型、文化消费加速增长、文化消费结构优化、文化需求呈多元化发展的阶段，具体表现在：

第一，人们的消费需求转型。随着人们物质生活水平的提高，他们的文化需要得到了激发和释放，文化消费观念也随之转型。尤其是随着新型文化消费观念的兴起，人们的消费需求逐渐从生存型转向发展型、享受型，在基本的衣食住行等"刚性"物质需要得到满足后，人们开始注重与自身发展、生活享乐相关的教育、旅游、健美、娱乐等一些"软性"的消费，比如：为了谋求更好的发展，更大地实现自我价值，人们要参加各类学习培训，不断增加自己的文化资本；为了维护自己的形象尊严，不惜重金进行美容保健，购买时尚服饰、用品，对各种文化产品与服务追求品牌消费；为了享受生活，人们开始热衷参加各种文化休闲娱乐活动，如旅游、听音乐会、现场观看运动比赛、参加文体活动等，以使自己的生活更有质量、有品位、有尊严。在人们消费需求转型的过程中，人们物质生活水平的提高和思想观念的解放起到了重要的促进作用。

第二，人们对文化消费的需要加速增长。随着人们生活水平的不断提高和消费需求不断向自我发展与享乐方面转型，人们的文化消费需要明显呈现出强速增长的态势。有学者研究表明，文化消费的增长速度和居民收入的增长速度具有高度的一致性，居民收入稳步增长强力拉动着文化需要的增长。近几年，人们对精神文化生活更是空前重视，人均文化消费每年都有所增长，与物质需要相比，人们对精神文化需要的增速更快，而且呈加速增长趋势。

第三，人们的消费结构优化。随着文化素质的提高，人们的文化品位也在不断提升。人们的精神文化需要，从满足基本的精神适存需要，到满足追求价值观念、思想道德品质的精神发展需要，再到最高层级的追求理想人格和自我价值实现的精神完善需要，由低向高，逐渐提升。为满足自己的精神文化需要，人们更加注重提高自身素质，开始学习现代化的新媒体应用技术、接受高层次教育，开始享用较高层次的文化产品及服务。高雅的精英文化不再是知识分子、专家、学者等少数精英分子专享的文化，而是日趋面向广大群众，成为更多人共享的文化。同时，大众文化也迅猛发展，成为人们不可或缺的精神文化食粮。总之，在精神文化消费上，人们张弛有度，既要理想追求谋发展，又要享受生活乐当下，既追求着享受高雅文化的生活品质，又感受着走近大众文化的快乐，保持合理的消费结构。

第四，人们的精神文化需求向多元化发展。当今时代新媒体技术日新月异、社会主义市场经济不断发展、马克思主义大众化深入发展、大众文化广泛兴起，社会能够提供给人们消费的文化产品和文化服务，内容无比丰富，既有精英的、高雅的，也有大众的、通俗的，涉及社会科学、自然科学、文学、艺术等一切领域；形式无比丰富，既有传统的，也有新兴的，通过各种各样的文化载体广泛融入人们的日常生活之中，人们消费十分便捷。随着可选择的文化消费项目和文化载体日益增多，人们文化需要的内容和形式也更加丰富多样，而且越来越多地利用现代化的科技手段来满足自身文化需要。随着文化生活品质的提升，人们的精神文化需要层次也在不断提升，呈多样化发展，如今培训教育、旅游、网络平台、数字娱乐日益升温，为进一步发展社会主义文化奠定了基础。

人对精神文化需求的提升，作为人的文化主体性发展的一个重要标志，是文化育人中不可或缺的人的能动性的体现，是实施文化育人的一个必要条件，而且人的精神文化需求层次越高，越有利于文化育人的有效实施。

三、 思想政治教育重要性凸显

新时代，是实现社会主义现代化强国的重要阶段。面对新形势、新环境、新问题，加强思想政治教育，对建设社会主义现代化国家、培育时代新人意义重大。

党的十九大报告提出的新时代中国特色社会主义思想，为如何建设中国特色社会主义、如何更好地促进中国各方面发展提供了指导思想，也为新时代如何加强思想政治教育提供了指导思想。新时代中国特色社会主义思想是对如何发展中国特色社会主义这一重大课题不断进行研究探索而形成的，是马克思主义中国化的最新理论成果。主要体现"八个明确"的内容，即从坚持发展中国特色社会主义、新时代主要矛盾、总体布局、全面深化改革、全面依法治国、新时代强军目标、大国外交及中国特色社会主义的本质等方面体现出来。其中，实现中华民族伟大复兴是加强思想政治教育的最重要的任务。民族兴、国家兴，发扬以爱国主义为核心的民族精神和以改革创新为核心的时代精神，加强思想政治教育尤为重要。尤其是青年们，青年是整个社会中最积极、最有生气的社会力量。中国的昌盛、繁荣与每个青年密切相关。新时代青年们是民族发展的未来，肩负巨大的历史使命。加强思想政治教育，有利于青年们更好地发挥自己的使命，承担社会责任，贡献一分力量。同时，中国特色社会主义思想明确了我国社会发展的主要矛盾，强调我国各方面的发展要以人为中心，促进人的全面发展。以人为中心，是加强思想政治教育的最根本目标要求，也是核心所在。

实现社会主义现代化强国需要加强思想政治教育。中国特色社会主义进入新时代，为了实现政治、经济、文化、社会、生态等建设方面的全面发展，要大力发展生产力，解决发展不平衡、不充分的矛盾。而加强劳动者的思想政治教育，提高劳动者的思想道德意识，更有利于激发广大群众的积极性、创造性。正如马克思主义哲学提到的，意识对人的发展具有能动的作用。加强对人民群众的思想政治教育，解放思想，为社会各个方面的发展创造活力，努力为实现"五位一体""四个全面"创造更好的条件。实现社会主义现代化强国需要正确处理好素质教育与思想政治教育的关系。当今社会，科学技术的发展越来越重要，科学技术的发展在综合国力中发挥着重要的作用，对于建设社会主义现代化强国具有重要意义。改革开放四十多年来，国家十分重视处理好人们的思想教育和素质教育的关系。素质教育中"素质"是指科学文化素质、思想政治道德素质、身体和心灵素质等。而思想政治教育对人的培养担负着重要的责任，对素质教育的发展起着促进作用，在素质教育中发挥着核心作用，素质教育离不开思想政治教育。同样，素质教育的发展，对更好地建设社会主义现代化，实现社会主义现代化强国具有重要的意义。

在全球化影响不断扩大的新时代中，多元文化与思想借助新时代的互联网技术等在我国社会中广泛传播。当代学生是在互联网的陪伴下成长的，他们所受到的不良思想与文化影响较大。同时，学生的社会经验有限，分辨能力、自制力、认知水平等都有所欠缺，在纷繁复杂的多元思想及文化环境中，无法确保他们能够不受不良思想及文化的影响。只有通过良好的思想政治教育才能提高学生的心理素质、辨别能力、认知水平，才能确保其思想、观念等不会受不良思想与文化的侵蚀，保障学生的身心健康成长与持续发展。

学生是建设国家和社会的储备力量，是国家未来发展的希望。教育是帮助学生培养能力、提高素质的重要手段，学科教育及专业教育是促进学生综合知识与技能提升的重要手段，思想政治教育则是保障学生人生观、价值观、世界观等重要思想观念正确性的关键教育手段。思想政治教育是否能够有效开展，决定了学生是否能够将在学科教育及专业教育中所学的知识与技能正确运用于国家及社会的建设中，也决定了学生是否愿意使用所学知识与技能建设自己的国家。因此，思想政治教育在新时代的有效开展，是关系到国家与社会发展前途的重要教学内容，必须高度重视。

民族兴，国家兴，加强思想政治教育有利于增强民族凝聚力、创造力。无论是过去还是现在，青年们是国家发展中最积极、最有活力的力量。国家的繁荣昌盛需要青年们发挥自己的力量，更需要国家对青年们的积极引导。因而，加强对青年们的思想政治教育具有重要意义。中国青年是具有远大理想的青年，是具有丰富创造力的青年，无论是在革命、建设还是改革时期，青年们均推动着中国发展的进程。五四运动至今 100 多年来的实践证明，青年对中国的建设发展起着推动作用。新时代，在中国共产党的领导下，在中国特色社会主义思想的指引下，坚持道路自信、理论自信、制度自信、文化自信，实现中华民族伟大复兴，对青年们加强思想政治教育意义重大。

学生思想政治教育是学生成长和发展的重要基础。对于学校而言，思想政治教育的有效开展是促进学校教育改革的重要方式；对于国家及社会的发展而言，思想政治教育有利于保障人才培养的质量，是培养德才兼具型人才的重要教育内容；对于学生自身而言，思想政治教育是保障其符合新时代社会发展需求的重要方式，是促进其身心健康、持续发展的重要因素。具体而言，学校作为人才培养的重要阵地，必须结合时代发展对人才的需求合理开展教育工作。在新时代中，社会发展不仅在技能、知识等方面提出了更高的要求，而且对学生的品德修养等综合素质提出了更高的要求。在新时代中，教育的本质及目的都发生了变化，要提升学校教育效果，必须重视对教学内容的调整与改革，在满足社会的人才培养需求的同时，也实现学校教育的改革，有利于推动学校教学水平的整体提升。

第三节　文化育人的内在机制

文化育人作为一个文化价值的客体主体化过程，实现文化价值客体主体化的内在机制主要有人化与化人互动机制、文化认同机制、文化内化与外化机制、感染与模仿机制。主要表现在：其一，文化是在"人化"与"化人"的双向历程中生成的结果；其二，个体思想的形成是文化认同机制发生作用的结果；其三，文化育人强调文化知识内化为个体自身的思想、情感及行动中的文化自觉；其四，模仿与感染相伴而生，受教育者在一定文化情境感染下会做出一种类似反应性行为。

一、人化与化人互动机制

从文化生成的基础看，文化总是以人的主体性实践为基础，是人依照自己的目的和意愿"向文而化"（即"人化"）。离开文化主体人的"向文而化"，文化便失去了可以生成的基础。人"向文而化"有两个向度：一是向外扩张，即按照"人"的发展需要和理想不断改变人的外部世界，使外部世界"人化"。二是向内完善，即按照"人"的发展需要和理想不断提升和完善自我，实现人自身的"人化"。其中，人自身的"人化"离不开文化的参与。无论是因为人作为一种历史性的文化存在，还是因为人作为世界不可分割的一个重要组成部分，人的提升与完善都离不开外部世界文化的孕育和影响，都要经历文化"化人"的历程。文化像人的血脉一样，贯穿在特定时代、特定民族、特定地域的总体性文明的各个层面中，以自发的、内在的方式左右着人类的生存活动。从这个意义上讲，"人化"与"化人"共同构成文化生成的基础，二者均不可或缺。

从文化生成的历程看，文化是在"人化"与"化人"的双向历程中生成的。人创造文化，文化也塑造人。人与文化是一种双向构建的关系，这种关系主要体现在两个方面：一方面，是人"向文而化"，简称"人化"，即人通过社会实践，将外部世界对象化，创造出丰富多彩的文化。人将外部世界对象化的过程，实际上就是人"向文而化"的过程。人在"向文而化"的过程中创造文化，发展文化。另一方面，是文化"化人"，即人在外部世界文化的孕育下不断发展、提升。在文化化人的过程中，看似没有直接创造新的文化，但是促进了新的文化主体的生成，为进一步的文化创新发展奠定了基础。从这个意义上讲，文化生成于"人化"与"化人"的双向历程中，是人与文化相互构建的结果。

文化生成的内在机制体现在"人化"与"化人"的互动过程之中，这一互动过程就是"人类文化的原初生成和当代生成的共同规律"。"人化"与"化人"，作为文化生成的双向历程，二者彼此交融、循环往复、互生互动，文化就是在二者永不停息的双向互动中不断地生成着、发展着。

高校校园文化与文化主体在高校校园文化育人功能发挥中存在相互作用的关系。从高校校园文化的形成与发展来看，它是高校师生员工在办学实践中共同创造的。而高校校园文化一经形成，便会以文化的方式作用于人自身，对人产生正面或负面的影响。因此，高校校园文化育人功能发挥遵循着"人化"与"化人"的互动机制。

高校校园文化育人功能发挥的实践过程中，一方面，高校人作为实践活动的主体，在实践过程中以育人目的为指引，将外部世界对象化，创造出丰富多样的文化成果。在这一过程中丰富和发展了高校校园文化，有意识地创建了有利于育人实践开展的文化环境，实现了"人化"过程。另一方面，文化育人包含着以文化人的含义，人们创造了文化，文化也在塑造人。从高校校园文化育人功能发挥的内容来看，高校精神文化作为其重要内容也发挥着价值涵养和文化熏陶的重要作用。高校精神文化体现了高校的办学理念与价值追求，是高校在长期的办学实践中多重因素相互融合的结果，是高校校园文化的精髓，也是高校赖以生存和发展的精神动力。高校精神文化所包含的以学术创新精神、学术诚信意识、学术责任意识、学术合作精神为内容的高校学术精神，以及以人为本的教育理念，在很大程度上体现了高校的人才培养理念和文化价值取向，是高校营造校园氛围、塑造价值理念的集合体，也是高校规范师生言行，引导大学生在学术生活中进行正确的价值选择和价值判断的重要力量。

高校校园文化具有"在而无在"的特征。大学生受到高校校园文化氛围的长期熏染，能够在不知不觉中受到影响，潜移默化地完成自身思想观念的转化。而高校校园文化育人功能发挥的前提是良好校园文化环境的建设。从这个意义上讲，高校校园文化育人功能发挥实质上是"人化"与"化人"双向建构的过程，文化育人的价值，就是在"人化"与"化人"的互动机制中得以实现。

从"人化"与"化人"的互动机制可知，实施文化育人，要着重从两个方面下功夫：一是加强社会主义先进文化建设，在具体的文化育人活动中，就是加强承载社会主义先进文化的文化载体建设，以增强文化化人功能。二是加强人的主体性建设，促进人的全面发展，以增强人在发展社会主义先进文化过程中的本质力量，即提升"人化"水平。

二、 文化认同机制

文化认同，就是指对人们之间或个人同群体之间的共同文化的确认。使用相同的文化符号、遵循共同的文化理念、秉承共有的思维模式和行为规范，是文化认同的依据。第一，文化认同区别于国家认同、民族认同，是对自身文化身份的确认，三者之间虽然有重合，但立足点不同，国家认同和民族认同在一定程度上是对国家和民族文化的认同，但文化认同并非局限于国家和民族范围内。第二，作为认同概念在文化上的扩展，文化认同一方面是对自我文化身份的确认，是由"我"向"我们"的转变，另一方面，也是对"我"及"我们"与"他者"文化的区分。第三，在文化认同的强大驱动力下，归属于某一文化团体的人往往对自身文化具有强烈的认同感、自豪感及归属感。大学文化认同是指大学师生对高深知识传承、发展、创造过程实践中形成的、共同享有的思想观念、行为规范和生活方式实现确认、认同的过程。

文化育人强调以文化人，强调文化知识内化为个体自身的思想、情感及行动中的文化自觉。在这一过程中，起至关重要作用的是主体的文化认同。所谓认同是指个体人对个体之外的社会意识的价值和意义在认知和情感上的趋同，并促使个体自觉行为的一种心理倾向。认同可有多种指向，如民族认同、国家认同、文化认同等，其中，文化认同是最深沉、最持久的力量，处于最核心的地位。文化认同是指对一个群体、一个民族、一个国家文化身份的认同感，它是一种肯定的文化价值判断，"文化认同中的文化理念、思维模式和行为规范，都体现着一定的价值取向和价值观"。文化认同，对个体人而言，是个体人进行文化内化并形成自身文化价值观的重要前提；对于国家和民族而言，是增强民族凝聚力的精神纽带，是民族共同体生命延续的精神基因。

文化认同在先进文化和受教育主体——人之间扮演着非常重要的角色，它是文化价值由先进文化客体向文化主体人转移的中转站，是实现文化价值客体主体化的必要条件，也是文化育人功能得以实现的前提和基础。

文化认同分为外显认同和内隐认同，二者之间既相对独立，又紧密联系、相互促进。外显认同能够促进内隐认同的发展，反之内隐认同也能促进外显认同的发展。一般而言，文化在人的心理内化过程中，是遵循从外显认同到内隐认同的秩序构建的。作为文化内化的前提，文化认同是个体思想形成的重要基础。

文化认同机制，蕴含于个体对文化的外显认同和内隐认同过程之中。外显认同是个体对一种文化价值的明确认定与选择，它是个体态度转变中一个至关重要的环节。按照社会心理学的观点，个体态度的转变分为"服从""认同""内化"三个阶段。其中，"服从"是迫于外在压力或权威而表现出来的短暂性顺从。服从并不意味着认同，它只是表面上的顺从并且很容易改变。"服从"是个体在外部压力下对"你要我怎样做"的一种形式上的配合。"认同"是"服从"的进一步深化，表示个体不再是被动地服从，而是从内心开始主动地认可和接受一种文化价值，体现出个体自我的价值判断和价值选择，但这种价值判断和选择只是发生在思想观念层面，还没有内化为自己的行为习惯，也较易因外界影响而发生变化。"认同"为"内化"奠定了基础，使"内化"具有了发生的可能。"内化"是认同的进一步深化，是个体对某种文化价值认同的固化性结果。所谓固化性，主要是指一种文化价值经个体内化之后，转化为个体相对稳定的行为、信念，并在实践中以持续一致的方式得以显现，表现为个体相对固定的思想行为习惯。"内化"是个体心理态度转变的最终体现，它不再是"你要我怎样做""我接受你的观点"，而是"我要怎样做"，是个体主体性的体现。

总之，个体态度转变的过程，是一个从"你要我怎样做"向"我要怎样做"转变的过程，是一个由被动服从向主动践行转变的过程。在这一过程中，外显认同强调个体明确而自主的价值判断和选择，强调对社会主导文化价值观念的积极认同。它是个体态度转变的关键性环节，既为改变个体被动"服从"的状态提供了心理基础，也为接下来的文化"内化"提供了心理上的驱动力，并使三个环节由前至后逐步深化，有效承接，形成联动，在促进个体态度转变的过程中发挥着至关重要的机制性作用。

内隐认同是个体对外在观念影响的一种接纳方式，也是个体认知与学习的一种重要方式。多数情况下，个体对外部的影响是在不知不觉、潜移默化中自然接受的，具有影响发生的内隐性，即内隐认同。内隐认同的内隐性在于个体思想观念的更新、发展变化都是以潜隐不显的、个体不知不觉的方式进行的。通常情况下，外在观念在个体身上发生的影响作用，以及个体文化价值观念的习得与养成，大多是以内隐认同的方式进行的。可以说，个体思想形成的过程在很大程度上是个体对发生影响的文化之内隐认同的过程。内隐认同作为个体思想形成的重要机制，在个体接受外部文化影响的过程中发挥着重要的作用，对个体行为的选择也起着决定性的作用。

个体对外部文化价值的判断和选择，是文化认同的重要结果。作为个体思想形成的重要机制，文化认同是外显认同和内隐认同的综合体现。虽然说个体对外部文化的接受，以及个人思想的形成，多数情况下是潜移默化、非自觉的，是内隐认同的结果，但外显认同作为个体认知和学习的一种重要方式，在人的思想形成过程中不可或缺。个体对外部文化影响的接受，不是仅凭单一的外显认同或内隐认同就能实现的，而是两种认同机制共同发生作用的过程。从这个意义上讲，无论是文化外显认同，还是内隐认同，都是个体思想形成的重要机制，都在文化育人过程中发挥着不可或缺的作用。实施文化育人时对外显认同和内隐认同应该予以同样的重视。

三、 文化内化与外化机制

内化是将看、听、想等思维观点经过内证实践所领悟出的具有客观价值的认知体系。内化通过"同化"和"顺应"两种机制来完成。校园文化的内化是校园文化向内传递价值观和精神理念的过程，包括组织层面的内化、群体层面的内化等。外化是一种个人体会到他一生中的重大影响来自外部作用的感觉，个人不再为自己担负任何责任，因为"它"或"它们"引起了这个人的行动。外化是指将发生在个人身上的一切事情的原因均归于"外部"，而不归于他们自身，这种人就被称为外化的个体。内化，是将教育者传授的思想政治教育的内容（社会发展所需要的思想品德）转化为受教育者自己的个体意识（认识）的过程，是由外（社会发展需要）向内（个人精神世界）转化的过程。外化，是受教育者将内在的个体意识（新思想道德认识）转化为外在的实践行为的过程，是由内（思想道德认识）向外（行为实践）发展的过程。

人的文化价值观不是与生俱来的，而是在后天的学习生活中逐渐习得的，它有一个文化内化与外化的过程。文化育人作为一种思想政治教育实践，其受教育者对文化的习得也有一个过程。其中，文化内化与外化是不可或缺的两个基本环节。

文化育人的过程实质上是文化的思想政治教育价值"客体主体化"的过程。文化育人的核心目的是利用文化的思想政治教育功能培养人、塑造人，重在追求文化的思想政治教育功能的实现。这一功能实现的过程，实际上就是文化价值的"客体作用于主体，对主体产生实际的效应，这个过程是主客体相互作用中的客体主体化过程"。它不是价值从无到有的过程，而是从"可能"到"实现"、从"潜"到"显"、从"客体"到"主体"的过程，归根结底是文化价值"客体主体化"的过程。

文化育人中文化价值"客体主体化"的过程，不是简单的客体作用于主体的过程，而是主客体相互作用的过程。这一过程由文化内化与文化外化两个基本环节构成，是一个从文化内化，到文化外化，再到更高层次的文化内化和文化外化的周而复始的发展过程。文化内化，是文化中所蕴含的思想政治教育相关的思想、认识、政治、道德等内容，为受教育个体所接受，并转化为个体相对稳定的思想价值认知、情感、信念等内在意识的过程。文化外化是受教育个体将内化形成的思想价值意识和动机转化为外在的思想品德行为，并养成良好行为习惯的过程。

经过文化内化与文化外化两个环节，文化中所蕴含的思想政治教育价值，从受教育个体之外的价值客体，到被个体接纳吸收成为其自身的价值观念，再到经个体价值观趋动转化为外显的思想品德行为，实现了从客体到主体的转移。这一过程就是文化的思想政治教育价值"客体主体化"的过程，也是受教育个体思想政治品德形成发展的过程。

文化内化与外化二者辩证统一，关系十分密切。首先，二者是内在统一的。它们都以思想政治教育实践活动为基础，以良好的育人实效（即塑造人的良好素质，使人养成良好的行为习惯）为目的。其次，二者是相互依存、互为条件的。文化内化是文化价值输入，即将外在的文化思想意识转化为个体内在的文化思想意识，使人形成新的思想，它是文化外化得以发生的前提和基础。而文化外化是文化价值输出，即将个体的文化思想及动机转变为外在的文化行为，使人产生新的行为，它是文化内化成果的外在体现，是内化的目的和归宿。没有外化，内化也就失去了存在的意义。最后，内化与外化之间是相互渗透、相互贯通的。在内化过程中，思想认识离不开行为实践；在外化过程中，行为实践也离不开思想认识的驱动和指导。二者不是凝固僵死的，而是在一定条件下互融互动、相互贯通、相互转化的。

文化内化与外化是思想政治教育过程中实施教育的两个重要阶段。在文化内化阶段，教育者要运用一定的文化载体，将特定的思想政治教育内容传递给受教育者，使受教育者从中自主选择和汲取其文化思想价值，并形成个体内在的文化思想意识。在文化外化阶段，教育者要帮助和促进受教育者把自己内化形成的文化思想意识自觉地转化为外在的思想品德行为，并养成相应的行为习惯。在这两个教育阶段，教育者的教育主体作用十分重要，没有教育者的教育设计、安排与推动，思想政治教育意义上的文化价值内化和外化将无从实现，文化育人也无从谈起。因为只有经过内化与外化，文化育人的成效才能得以展现。从这个意义上讲，文化内化与外化也是文化育人的两个基本环节，在文化育人中不可或缺。

高校校园文化育人功能发挥是教育者的文化引导与大学生的自我教育共同作用的实践过程。一方面，教育者将教育内容融入高校校园文化建设，利用高校校园文化的育人功能对大学生进行文化价值观引导。教育者能够利用其主导地位，将时代内涵与时代精神融入高校校园文化，从而达到培养大学生正确价值观念与思想品质的育人目的。教育者是高校校园文化育人过程中的主导者，对文化载体的选择、文化环境的优化起着主导、引领的作用。另一方面，大学生具有主体意识，能够在高校校园文化育人功能发挥的过程中主动学习，自觉接受文化影响，进行自我教育。高校校园文化育人功能的发挥，必须充分考虑大学生在其中的主体地位与能动作用。首先，在高校校园文化育人功能发挥的过程中，只有当教育者通过文化载体传导的教育信息被大学生个体选择接受并内化为个人意识，其育人功能才得以真正实现。所以，大学生在高校校园文化育人过程中发挥主动性，形成文化自觉，是这一过程的关键环节。其次，大学生知识丰富、思维活跃、富有朝气、接受能力和创造能力强，是进行高校校园文化创新的主要力量。调动大学生的创造力和创新思维，对于提高各种文化活动的新颖性与吸引力有着重要作用。所以，高校校园文化育人功能的有效发挥，需要充分培养大学生的主体自觉与创新意识。

四、 感染与模仿机制

感染是人的情绪情感被唤起和强化，从而对某种心理状态产生无意识的、不由自主的服从的心理过程。人与人之间、人与群体之间、人与文艺作品及环境之间等，都可以产生感染作用。在校园文化活动中，常常有各种演讲会、音乐会、文艺会演、体育比赛、舞蹈比赛、各种技能比赛、图片与美术展览等，这些活动所造成的群体心理状态，尽管没有任何组织的压力，也会使学生的情绪情感自然地受到影响，并不知不觉地产生相应的行为表现。受到感染的学生个体所表现出来的情绪情感状态，反过来又会影响其他学生的心理，从而使某种情绪情感状态获得扩散和强化。这样多次反复感染的结果，使每一位学生无形中受到一定强度的心理影响。

由于校园中师生所处的情境相似，态度与价值观比较接近，因而相互感染的作用较大。若校园文化活动的性质是积极、健康向上的，往往易于在校园内造就愉快、相互信任、和谐、奋发向上的心理气氛，而消除浮躁、忧虑、猜疑等消极的心理状态，这样，校园文化通过感染机制而对学生发挥的教育作用是十分明显的。在校园中，人与人之间相互交往的方式及生活环境对人产生的感染也是值得注意的。比如，学生在相互交往中，友善、诚挚、信任的态度，可以满足对方的心理需要，使其产生愉快、亲近的反应；而冷漠、高傲、怀疑、憎恨的表情，则易使对方产生烦恼、气愤的情感体验，结果对方受到感染也以类似的态度回敬，进而影响了相互间的关系。此外，整洁、宁静的生活与学习环境，可以令人心绪安宁、身心愉快，而杂乱脏臭的环境则令人心烦意乱。无论是良好的心境还是消极的情绪状态，都会因相互感染而在学生中产生类似的心理反应。所以，在校园中培养团结和谐、相互尊重与信任的人际关系，创造整洁、优雅的校园环境，能够使校园心理文化中的感染机制产生更积极的效果。

模仿是个体在无外在压力的条件下，受他人的影响，并仿照他人，再现他人的一些外部特征、行为方式及姿态、动作、行为等的一种社会心理行为。模仿是个体适应社会生活的重要途径，是学习的基础。模仿的发生是自觉自愿的，有时是无意识的，个体没有任何受迫感。通过模仿不仅可以形成活动的一些技能、方式，形成精神价值（思想、兴趣、风格），还会使群体成员在态度、情感和行为上的一致性得到提高，从而增强群体凝聚力。

模仿者一开始可能不具有被模仿者的特点，但随着模仿过程的持续，模仿者身上会出现越来越多的被模仿者的特征。被模仿的对象能够感动模仿者，是受模仿者尊敬的人，或具有模仿者所喜爱的行为特征，从而为模仿者所认同，并产生归属于其中的心理愿望，模仿随之而来。模仿者通过模仿感觉到人格或才华的提升，体验到分享他人成功的快乐。名师出高徒是模仿这种心理机制结出的硕果。在校园中各种英雄模范人物、教师、干部、榜样群体及周围学生的行为，均可引起学生的模仿，而且越是有影响、有地位的人，越容易引起学生的模仿。首先，教师容易成为学生的模仿对象，教师的道德品质、文明修养、治学态度、生活方式及对日常社会现象的态度，都会通过学生的模仿而对学生产生潜移默化的影响，有的甚至影响终生。其次，学校的领导管理者、各类职工的一言一行也可能成为学生的模仿对象。最后，同寝室生活的同学，同班学习的同学，参加社团活动的同学，由于经常接触，相互模仿的机会更多，因而同学之间的模仿是校园内模仿的重要方面。在校园文化建设中，学校社团活动为学生提供了无意识地向优秀者学习的平台，其所产生的影响也更为广泛。

在文化育人实践中，教育者不明言施教，而是借助于各种文化实践活动，间接地传递思想政治教育信息，感染教化受教育者。文化育人强调利用先进文化育人，而先进文化不是独立、抽象地存在的，它总是以丰富多样的形式具体地存在于某些特定的文化载体之中，融于个体所处的文化环境之中。个体对先进文化的感知和接受也多是发生在某些特定的文化情境之中，是在特定文化情境中受到文化熏陶和感染的结果。

感染是个体对特定文化情境中的思想政治教育信息自觉地产生共鸣，并受到心灵上的洗礼与触动，其实质上是一种情绪、情感及认识上的交流和传递。感染是教育者通过一定的文化情境来影响受教育者的方式，它作为一种教育教化机制，在文化育人实践中发挥着重要的作用。通过感染的教育机制，教育者能够"通过某种方式引起与受教育者相同的、符合思想政治教育要求的情感、认识和行动"，受教育者能够"无意识、不自觉地接受一定的思想政治教育施教"。

教育者运用感染机制的目的是要使受教育者的思想认识得到提升，行动得到优化。而这一目的的实现，还需要受教育者能动地参与。模仿是人类社会学习的重要形式，是受教育者接受"感染"刺激所做出的一种类似反应的行为方式。"模仿"与"感染"相伴而生，二者都是文化育人实践中的重要教育机制。

在文化育人过程中，模仿是受教育者政治思想品德习得的一种重要方式，也是一个观察性学习的过程。班杜拉提出模仿或观察性学习是一个过程，即"一个人观察他人的行为，形成所观察到的行为的运作及其结果的观念，并运用这观念作为已经编码的信息以指导他将来的行为"的过程。从社会学习理论的角度，模仿作为受教育者对某些刺激有意无意的行为反应，它不是通过教育者的命令而强制发生的，也不受教育者所控制，受教育者所表现出来的行为，大多数是通过有意识或无意识的模仿而习得的。模仿的内容也非常广泛，它"不仅限于行为举止，而且包括思维方式、情感倾向、风俗习惯及个性品格等"。但在以思想政治教育为目的的文化育人实践中，教育者通过对施教"文化情境"的选定或创设，使对受教育者的"感染"有目标、有方向，进而间接地掌控着受教育者对"感染"刺激所做出的模仿性行为。从这个意义上讲，在文化育人过程中，受教育者的模仿行为是无意识的，但其模仿内容是经教育者特定的，模仿的过程也是受教育者间接地控制调节的。

从总体上看，文化育人的过程，是教育者借助文化的载体对受教育者施以思想政治教育的过程。在这一过程中，教育者通过特定的文化情境"感染"受教育者，受教育者接受"感染"刺激后，经过观察学习和模仿，习得相应的政治思想品德，进而实现教育者施教的目的。文化育人是以润物细无声的方式进行的，是教育者通过有目的的文化"感染"，引发受教育者有意无意的文化"模仿"，并对受教育者产生潜移默化的影响。在文化育人过程中，"感染"与"模仿"二者前后承接，相互贯通，共同为思想政治教育的"文化价值客体"与"受教育者"建立起有效的文化交流与传递渠道，对实现文化价值"客体主体化"起着重要的机制性作用。

由"感染"和"模仿"机制可知，实施文化育人，既要发挥教育者的主导性作用，增强他们对文化育人活动的整体安排及调控能力，如选择运用文化载体的能力、创设文化情境的能力、预判受教育者文化模仿的能力等，又要发挥受教育者的主体性作用，为促进受教育者的模仿创造有利条件。

第三章　新时代高校文化育人的路径选择

　　文化育人是大学第一要义，是加强高校思想政治教育工作的重要方面，也是办好中国特色社会主义大学的内在要求。2016 年 12 月，习近平总书记在全国高校思想政治工作会议上强调："要更加注重以文化人以文育人，广泛开展文明校园创建活动，开展形式多样、健康向上、格调高雅的校园文化活动，广泛开展各类社会实践。"新时代高校思想政治教育发展面临新形势新任务，给高校文化育人带来了新问题，提出了新要求。在现有文化育人条件下，要增强思想政治教育实效，必须针对现存的问题，全面优化文化育人实践，既要坚持文化育人的基本原则，完善文化育人方法，还要创新文化育人的育人模式，构建协同育人体系。

第一节　文化育人的现状探析

　　高校的文化育人，旨在用文化对学生进行价值引导、情感激励和精神陶冶，旨在用文化塑造学生品格，使其在文化的熏陶中完善品德修养，升华人生价值与精神。然而，任何事物的发展都要受到特定历史条件的限制，都有一个逐步完善的过程，高校文化育人思想与实践的发展也是如此。自改革开放以来，尤其是党的十八大以后，随着对文化重要性认识的不断加深，我国高校在人才培养中越来越重视运用文化的手段，使文化育人工作得到长足发展。但受各种因素的影响，也存在一些不容忽视的问题。

一、　文化育人工作成效

　　党的十八大以来，用马克思主义理论武装大学生的头脑、用社会主义核心价值观引领大学生的思想道德实践、用丰富多彩的校园文化活动提升大学生的综合素质越来越成为高校文化育人的主旋律。这不仅使文化育人理念与实践进一步深化，使文化育人成为思想政治教育的重要手段，也使大学文化的功能得到全面的发挥。

（一）文化育人理念与实践进一步深化

文化育人是大学教育的"应然"诉求，旨在运用广泛的文化因素达到育人目的，其育人功能体现在对学生的价值引导、行为规范、文化熏陶和精神激励等方面。但"应然"不等于"实然"。文化育人既是一种育人理念，也是一种育人实践。由于"文化"内涵的丰富性和外延的广泛性，加之"育"在实践形式上具有多样性，如它既包括各种"有形的教育"，也包括精神激励、文化熏陶等"无形的教育"，因此"文化育人"在教育载体、内容和方式方法上更宽泛和丰富，需要深刻理解和灵活掌握。这需要有一个不断深化认识和实践的过程。我国高校文化育人理念及实践是随着我国大学文化的发展建设而逐步发展起来的。

大学文化建设旨在更好地发挥文化育人的作用。改革开放以来，我国的大学文化从初期的注重校园文化建设，到转型时期的注重文化素质教育，再到发展时期的注重大学文化建设，每个阶段的大学文化建设都贯穿着文化育人的理念与实践。20世纪80年代初期，我国大学开始注重校园文化建设，以发展大学生的文化兴趣、丰富其校园文化生活为主。随着全国大学校园文化建设的迅速发展，学术界也掀起了校园文化研究热潮，研究成果层出不穷。其间，一些由当时的国家教委、地方教育主管部门、高教学会及大学牵头举办的学术研讨会，在推广校园文化建设经验和学术研究成果的同时，营造了浓郁的大学校园文化建设氛围，大学逐渐将大学生社团活动纳入大学育人体系。应该说，这就是高校文化育人思想及实践的萌芽。

我国高校强调文化育人是随着国家强调文化素质教育开始的，并越来越得到重视、强化和凸显。文化素质教育的核心目的是在文化传承创新中进行人才培养，实现文化育人。文化素质教育践行了文化育人之理念，将文化育人思想贯穿于整个教育活动之中。早在2008年就有学者提出文化育人是素质教育的应有模式，是在知识教育中，通过文化价值等因素的介入，以文化的有机整体，实现"文而化之"。

为扭转各高校"重理轻文""重专业，轻通识""执着于知识技能的养成而荒疏了人格素养培育"的局面,国家强调文化素质教育。在教育实践中我国高校文化素质教育主要经历了三个阶段:一是注重学生素质教育、创新能力培养和个性发展的阶段;二是提高师生文化素质和大学文化品位的阶段;三是促进文化素质教育与提升教师文化素养相结合、与思想政治教育相结合、与科学教育相结合的阶段。

无论是在哪一发展阶段,高校开展文化素质教育都是借助各种各样的文化载体进行育人,并取得大量可见的成果,如开发教材、开设课程、建立基地、创设活动载体、开展教育实践等。在育人实践中,高校结合各自工作实际,充分利用传统载体(如主题活动、重要事件等)和现代载体(如思想政治课教师和辅导员博客、名师博客、QQ党校、微信微博平台等)多渠道开展育人工作,并重视发挥校园文化感染作用,以丰富的校园文化活动为载体促进学生思想品德和行为习惯的养成。文化素质教育在促进高校教育教学改革、提高人才培养质量,在促进大学文化建设、提升大学文化品位,在促进大学生全面发展、培养德智体美劳全面发展的社会主义建设者和接班人等方面发挥了不可替代的重要作用。我国大学文化素质教育经过多年实践,取得了十分丰硕的理论与实践成果,主要体现在素质教育的思想理念普及、课程建设、教材开发、活动载体创设、基地创建等方面。目前,大学文化建设重在人才培养、大学文化建设重在文化育人已经成为学术界和高等教育界的普遍共识。

(二)文化育人成为思想政治教育的重要手段

大学作为一种独特的文化存在,常常通过文化环境的营造,以潜移默化、润物无声的隐性教育方式参与育人的全过程,进而实现大学育人的目标。大学育人目标的实现离不开教育手段的正确运用,离不开科学方法论的指导。以文化手段育人是教育本质及规律的具体体现。它视教育为文化的过程,注重知识的内化和升华,重视文化的整合和化成,强调通过知识升华和文化整合来健全人格,提升文化自觉,唤醒生命的创造力。而大学的文化价值就在于它以环境浸染的方式实现其价值传导与人文教化的功能,其核心价值体现在文化育人的功能上。

就培养中国特色社会主义建设者和接班人而言,文化育人既是一种教育理念,也是一种教育手段,并在党的教育方针中有所体现。习近平总书记在全国高校思想政治工作会议讲话中强调,要把思想政治工作贯穿教育教学全过程,要更加注重以文化人、以文育人等。这些教育方针对高校深化文化育人的思想认识和实践具有重要的推进作用。高校在贯彻党的教育方针的过程中逐步深化对文化育人的认识，进而在人才培养实践中越来越注重运用文化育人的手段。

大学在进行文化建设时会自觉地以育人为本，不断将思想政治教育内容融入其中，并借助各种文化活动的载体，传播先进的思想和文化。改革开放以来，我国大学文化发展大体经历了三个阶段，即"校园文化建设"阶段、"文化素质教育"阶段和21世纪以来的"大学文化建设"阶段。无论是校园文化建设、文化素质教育还是大学文化建设，都与思想政治教育的核心使命具有辩证统一性，并且无一例外都反映了大学对于"文化育人"理念的践行。文化育人已然融入大学教育的全过程和大学文化建设的全过程，并越来越成为思想政治教育的重要手段。

（三）高校文化育人基础条件改善

物质文化建设相对日渐完备。高校校园物质文化是所有的文化形态都以实物表现的总称，学校的各种物质实体比如教师授课的教学场所、学生和教职工日常活动和休息的生活场所，还有学校其他的一些硬件设施等都可以称之为高校校园物质文化。所谓的物质文化就是能让人摸、能让人看的校园文化形态。有了物质文化后，就会逐渐出现与物质文化相对应的校园的精神文化，而这些精神文化的物质载体往往就是校园能够实时触摸到的建筑设施和硬件设施等。校园物质文化和校园精神文化共同构成了丰富多彩的校园的人文环境。因为校园物质文化不仅在校园文化育人的过程中发挥着重要的作用，而且能够作为精神文化的体现途径和载体平台，所以，校园物质文化建设的顺利与否，在一定意义上会对高校文化育人的效果产生影响。

改革开放以来，我国的经济发展速度明显加快，大多数高校的发展速度也加快了。首先表现在物质环境的变化上。以前的教学环境很简陋，甚至有些破败，但是随着经济的飞速发展，高校物质文化急速发展，各大高校对物质文化环境的投入比例增大，各大高校逐渐有了属于自己的整体规划，根据学校的自然环境因地制宜地设计出与自然风景相得益彰的人文景观。学生和老师们在风景优美的环境中学习和工作，感受校园环境文化带来的文化底蕴，有助于文化育人的积极开展。除了在校园建筑设施上有改变之外，高校同时很重视其他硬件设施的换代与更新。现阶段，我国很多高校都有一个品质到位的物质文化环境，能够满足正常的教学活动需求，有的高校的校园环境更是美不胜收。

精神文化建设也有了很大的进展。现阶段，中国高校校园精神文化的建设现状普遍不错。首先，大学里的全体学生和教职员工的人生观、价值观、待人接物的方式、行为举止都受到大学文化的影响。校园精神文化使每一个在校园里的人都受到校园精神文化的熏陶。校园精神文化并不是校长和教师们规定的，而是经过几代人的教育教学实践积淀而成的文化内化升华而形成的。校园精神文化无处不在，无时不在，它是校园人的精神支柱，影响着每一个人。例如每一所高校都会有属于自己的校训，校训体现的是这所高校的校园精神，体现着这所高校的办学特色和治学方向。校园精神是校园的灵魂，国内很多高校在近几年都特别注重校园精神的培养。其次，高校的学术文化氛围好的话，会为学校的名声锦上添花；高校的学术氛围差的话，就会给学校的声誉抹黑。与此同时，学校的声誉好，学生进入社会时会有好的资源，反之则相反。高校的学术文化氛围是由高校平时的教学课程和科研项目这两部分决定的。教学课程和科研项目对于学术氛围有决定性作用，二者哪一个也不能缺少，都体现了高校在当代的价值。再次，在校园内每开展一次校园文化活动，都是对校园精神的继承传播和弘扬，同时又进一步形成新的文化沉淀。校园里的学生态度积极地参加这些文化活动，在参与的过程中，学生的精神需求得到了满足，同时又受到了校园文化的熏陶和校园精神的灌输。除此之外，积极地参加校园开展的文化活动还可以激发学生对校园文化的兴趣，促进学生形成高尚的思想素质，帮助学生塑造健康人格。当前，我国好多高校都在积极开展各种文化活动，这些活动在一定程度上发挥了积极的作用。

二、 文化育人中的现实问题

（一）对文化育人的认识不足

科学革命成就了近代科学的繁荣与辉煌。随着社会工业化与信息化发展进程的不断加快，科学服务于人类认识世界、改造世界的巨大效用也使实证主义和功利主义科学观日益深入人心。实证主义科学观认为科学即知识，知识即真理，为科学知识逐步占据知识领域的主导地位奠定了理论基础。而培根提出的知识就是力量的口号则明确地表达了功利主义科学观主张科学应致力于增进人类福祉的思想；此后马克思强调科学知识不是一般的力量，而是具有社会生产功能的强大力量，又为科学知识教育培养熟练掌握专业知识的能够为社会生产服务的有用之人提供了合理性。但重科学轻人文的现象因此也表现得愈加明显，即科学在作为社会文明进步的主要推动力的同时却使人们忽略了生命体验与道德感悟等人文层面的内容而逐渐沦为了科学的工具，也使重科学知识教育、轻人文学科教育的问题凸显出来。

在这一背景下，学校开始用文、史、哲等学科的基本知识教育和自然科学知识教育相结合的方式，来探索既能提高学生科学素质、又能提升他们文化素养的有效途径，而通识教育理念的提出便是一种尝试。19 世纪中后期，针对必修制所带来的知识过分专业的现象，哈佛大学校长埃利奥特首倡自由选修制，开始通过通识教育课程的设置解决学生知识的专与博的关系问题。1909 年与1933 年，洛厄尔与康南特先后继任哈佛校长，分别以必修课和核心课程的模式对选修制进行改革，既克服了传统必修制的刻板缺陷，又摆脱了自由选修制的随意性。2000 年，杜克大学制定《课程 2000》，建立跨学科的通识教育课程体系，并成为开展跨学科通识教育的典型学府。在该课程体系中，不乏跨自然科学学科和人文社会科学学科的课程，如 FOCUS 课程秋季学期的学习系列"基因组革命及其对社会的影响"便是涉及生物学与社会学知识的典型的学科课程。另外，针对应试教育重知识轻文化的人才培养模式，20 世纪 90 年代我国开始全面开展文化素质教育工作，旨在提高学生的综合素质。在十几年的教育实践过程中，社会实践活动与校园文化等作为第二课堂在其中发挥着重要作用，但是文化素质教育的核心载体仍是课程，内容也还主要局限于学科专业知识领域，并且对于思想政治教育、哲学、文学与历史等旨在丰富人性内涵，增强人文涵养的学科教育，同样多采用机械的知识灌输的方式开展，潜藏在知识深处的学科精神与文化却没有被充分挖掘。可以说，这些尝试引导了大学学科教育从片面强调科学知识的教育模式向"科学知识 + 人文知识"的教育模式转变，为学生建立完整的知识体系创造了条件，为学生综合素质的提高奠定了基础，但却并没有脱离实证主义和功利主义科学观的束缚，具体实践的过程中还在一定程度上忽略了知识获取与素质养成之间的差异，抹杀了教书和育人的不同之处，使大学学科的育人功能无法得到充分发挥。

可以说，以课程为主要载体的学科知识教育本身并没有问题，而且从知识体系作为学科文化最基本的核心要素的角度来说，学科知识教育是学科文化育人的重要层面，而课程也是发挥学科文化育人功能不可或缺的文化载体与实现途径。但是如果将学科知识教育作为育人的唯一手段，并且在知识教育的过程中，使知识本身与人的内心感受和生命体验相脱离，那么，这种教育便是不完善的。换言之，在实证主义和功利主义科学观的视野下，学科教育关注的主要是人们运用科学的能力和人文知识素养的形成，却忽略了蕴含在知识之中或升华于知识之外深层的科学精神与人文文化，造成学科教育重知识轻文化的育人状态，而这也正是对文化育人功能认识不足的思想根源。

（二）文化育人实践较难落到实处

受市场经济竞争与整个社会大环境的影响，一些大学里充斥着一种功利和实用化的导向，如片面追求办学规模大而全、科研经费和成果数量多、硬件设施好、工作形式新，片面强调大学为经济服务，以学术谋利，片面追随市场需求，开设实用型专业和时髦专业等。种种功利的、实用主义行为消解了大学应有的文化品质，遮蔽了大学精神的光芒，对大学教育、大学文化素质教育乃至文化育人都造成了负面的影响。

随着世界经济一体化发展和创新在现代综合国力竞争中主导地位的凸显，国家对创新型人才培养空前重视。教育部在《面向 21 世纪教育振兴行动计划》中指出，高等教育要跟踪国际学术发展前沿，成为知识创新和高层次创造性人才培养的基地。但是伴随以创新为宗旨的素质教育在高校的广泛兴起，从追求立竿见影的科技成果转化，到追求速成的创新型人才培养，都不同程度地染上了功利主义色彩。在这种功利主义盛行、学风浮夸的教育形势下，高校的文化育人活动也不自觉地受到功利主义教育理念的影响，教育者很难有足够的耐心真正将文化育人落到实处，在周围一片喧嚣与浮躁中守护"人文化成"这一潜移默化的、漫长地发生于人脑和心灵中的隐性作用。

在具体工作中，文化育人实践很难落到实处，教育者所组织的文化育人活动往往是为标榜文化育人理念而活动，为彰显活动形式而活动，为追求活动效应而活动，很多都是短期的形式性的，并没有从"人文化成"的素质发展规律出发，立足长远，系统性地实施文化育人。这样功利化的育人活动，其效果主要体现在各种报表材料和工作汇报上，停留于纸面上。对于学生而言，不能真正从心灵上得到陶冶、启迪和教化，反而受其功利主义的负面影响，形成浮躁心理，养成片面追求功利和实用的行为习惯，如参加活动不是为了成长而是为了修学分，当学生干部不是为了成长和服务他人与社会，而是为了增加就业砝码等。对于高校而言，不但没有达到应有的人才培养实效，反而成为大学生人才培养工作的严重障碍。

（三）整体育人的合力不足

文化对人的影响力是潜移默化的，是沁人心脾的，是整体性的。文化育人强调文化的隐性渗透，强调文化价值的个体内化，强调各种文化因素的合力作用。从育人模式看，它是大学生素质教育应有的模式。它强调各门科学知识的综合，各门科学理论和方法的相互联系与作用，强调通过打破各种知识之间人为的界限，整合科学与人文的关系，让教育搭起知识、文化与人格完善的桥梁。从育人过程看，它强调把客体的文化内化为个体的精神。这就要求高校文化育人要把着力点放在科学与人文的融合上，放在文化知识内化上。这是一项系统工程，需要全面协同的文化育人实践，需要合力共振的文化育人实践。

大学文化是校园里的一种精神氛围，是大学生健康成长的精神家园。要建设好这一精神家园，对于学校而言，一是要充分发挥学校与家庭、社会之间的协同作用，通过教育合力，给予学生健康、积极、向上的精神感染，培育良好的文化氛围。二是要充分发挥学校教学、科研、管理、服务的协同作用，把校园文化环境建设贯穿于教学、科研、管理和服务工作之中，形成教书育人、管理育人、服务育人的合力。只有对外充分发挥学校、家庭、社会的文化协同作用，对内充分发挥教书、管理、服务的文化协同作用，才能真正形成文化合力，产生文化共振的效果。

文化是一个大概念，涉及学校工作的方方面面。在大学校园里，没有哪一个人或组织能够脱离文化而存在，也没有哪一个人或组织与文化育人毫不相干。在文化育人实践中，虽然各高校都在积极开展校园文化建设，开展大学生文化素质教育，乃至进行大学文化建设，但限于学校领导之间、各部门之间界限分明的职责分工，还很难从顶层设计的角度，有一个领导或组织来统筹抓、系统抓文化建设，抓文化育人。这就难免会出现各个部门、各个岗位的教育者，按各自分内工作职责在自己的工作"面"上和工作"点"上各自为阵地、发散性地开展文化建设及育人活动，从而致使大学文化合力缺失，以致学生文化内化不足的现象都不同程度地存在，如第一课堂理论与第二课堂实践相脱节，文化知识教育与文化环境濡染相脱节，科学教育与人文教育相脱节，学校教育与家庭教育、社会影响相脱节等。

（四）理论与实践存在差异性

当今时代，弘扬社会主义先进文化，就是对社会主义核心价值观的弘扬。说到底，文化育人就是将社会主义先进文化融入思想政治教育的全过程，使学生在接受思想政治教育的过程中反思自己，提高自己。但是，在思想政治教育的文化育人活动中，并不是所有的课堂理论知识都能在课下转化为实践活动。于是高校文化育人中存在的第四个问题就出现了，那就是在具体高校文化育人实践活动中，文化育人的理论和文化育人的实践存在差异性。这种差异性具体表现在以下三方面：

第一，大学文化建设与实践活动的差异性。现在的一些大学在文化建设方面还停留在学校主办文化活动、学生参与文化活动的阶段。学校定期举办具有纪念意义的文化节等活动，在参加完活动之后，学生只记得参加了一次活动，还有可能得到纪念品，而活动的最后也只是在纸上总结一些有关的道理，仅此而已，并不能把参加校园活动中所得到的精神带入日常生活中。

第二，在高校文化育人中还存在育人标准高和实践效果较差的状况。高校在进行文化育人的时候，往往要达到的育人预期很高，有一些预期甚至比形成社会理想人格这样的要求还要高；有的时候并没有考虑到学生的接受能力，理论上是行得通的，在真实生活中就很难实现；有的老师在进行育人活动时，所运用的方法不是那么容易被学生接受，所以在育人活动后，学生在实践中并不会有所改变。

第三，高校文化育人活动所推出的价值观念和思想信仰仅仅只能存在于学校活动中。学生是在当下社会中成长起来的学生，在校园内部学习了正确的人生价值观，但是进入社会后，社会上的一些不良风气依然存在，使得学生的正确价值观受到一定的冲击和挑战，所以，学生会形成学与行是不需要统一的扭曲价值观，也会让学生对学校进行的文化育人活动产生排斥感，最终不利于学生的身心健康发展。

（五）"大思政"背景下相关教师队伍的文化素养尚需提升

高校教师群体是思想政治教育以文化人功能发挥的重要引导者、参与者和协调者。习近平总书记强调"高校教师要坚持教育者先受教育，努力成为先进思想文化的传播者、党执政的坚定支持者，更好担起学生健康成长指导者和引路人的责任"。然而，从现实来看，一些教师却由于种种原因而在践行文化育人方面正面临着"不想不愿、不能不会"的尴尬局面。

第一，教师评价体系导致高校教师不想、不愿投身"以文化人"。当前，教师科研压力和教学压力繁重，实在难以分心在现已成型的教学体系中加入优秀文化，践行思想政治教育以文化人的理念。由于对高校教师的评价指标大部分或者全部是量化评价指标，因此，部分教师不得不把工作重心放在报课题、评职称、发论文上。目前，高校对教师的评价体系中少有"教授学生的理想信念情况"这一评价维度。教师队伍一方面承受着量化指标体系带来的较大科研教学压力，另一方面由于文化育人工作培养学生理想信念需占用时间、精力，又难以量化评价，转换到现有评价体系当中。因此这种表面上"吃力不讨好"的事，实在很难调动广大教师发挥思想政治教育"以文化人"的积极性。从对思想政治理论课教师的访谈中发现，有的教师认为大学生思想政治教育自然有马列课的老师负责，表示和自己没有什么关系，认为讲好自己的课就完全可以。正是这种思想产生"重教书、轻育人""重智育、轻德育""重科研、轻教学""重指标、轻实效"等诸多问题。全国教育大会上，习近平总书记明确指出，要扭转不科学的教育评价导向，坚决克服"五唯"顽瘴痼疾，这是一个福音。高校应出台对相关人员的激励措施，加强培训和扶持，为文化育人提供基础与保障。

第二，缺少相应的引导和培训，教师不知如何践行文化育人。在谈及"文化育人如何融入课堂教学时"时，除极少几位思想政治理论课教师外，所有老师均表示"不知道或者还没有想好以文化人该怎么结合自己的课堂教学"。在"大思政"的背景下，思想政治理论课教师作为党和国家重要理论、路线方针、战略政策的主要宣传者和传播者，有必要在文化育人的新形势下，在日常教学过程中融入优秀文化；而其他教师，如专业课教师、学工辅导员等也应在大学生的各个学段、各种场合尽到育人责任，做到守土有责、守土尽责。当前，部分教师由于学科原因和课程设置原因，确实难以在课堂上融入优秀文化要素。因此，即使一些教师有思想政治教育的热情，也意识到文化育人的作用，但是不知如何将优秀文化和自己的本职工作相结合，导致"有心乏术""心有余而力不足"的情况出现。这种情况产生的原因归根结底主要有两点。一是"缺引导"。思想政治教育功能的发挥不能脱离文化语境，而教师作为这一教育实践活动的主力军，其自身文化素质、文化表达、文化传递等方面在很大程度上影响了文化育人的实际效果。很多教师尚未意识到言传身教也是一种"以文化人"，尤其是对那些在课程设置中难以融入优秀文化的教师来讲，教姿教态、师德师风是教师在课堂环节"以文化人"的外在表象，是知识水平、道德素养的集中体现，这是广大教师"以文化人"的第一途径。二是"缺培训"。当前一些教师的教学内容和教学方法确实落后于思想政治教育以文化人的时代要求。主要表现在教学内容陈旧不堪，"千人一课""十年没变过教案"的大有人在，教学方法上"自说自话"，毫无艺术方法可言。要想将文化育人融入思想政治教育、融入每个教师的实际教学和工作，必须对这些教师的教学内容和教学方法进行升级。尤其是在统筹推进马克思主义理论人才队伍、思想政治理论课教师队伍、辅导员队伍、专业教师队伍和网络宣传队伍等的后续培训、扶持方面，经验和理论传递上还需进一步加强。

第二节　文化育人的影响因素

文化育人涉及文化、教育、人这三大领域，是一个十分复杂的系统工程，其育人实效性也会受到来自各个领域诸多因素的影响，其中最主要的影响因素来自于社会文化大环境、校园文化环境、教育者、教育机制几个方面。

一、社会转型中国家主导文化受到冲击

随着改革开放和社会主义市场经济的深入发展，我国社会进入转型时期，社会经济成分和经济利益、社会生产方式、社会组织形式等都朝着多样化的方向发展。社会转型不是一个单纯自然的过程，而是与观念的力量、制度的力量联系在一起，与来自外部世界各种物质的、思想文化的冲击联系在一起。无论是社会体制结构的转变还是人们生活方式的转变都有力地推动人们思想观念的变革，人们的思想从传统走向现代，从重集体、轻个体走向重个体发展、强调个性解放，人们的价值观念朝多元化方向发展。人们多样化的文化价值取向对马克思主义文化提出巨大挑战。尤其是西方国家利用全球化之机，凭借其强大的经济技术实力，将资本主义意识形态通过政治、经济、文化等各个领域强势向中国渗透，加之市场经济条件下一些庸俗文化的蔓延，使国家主导文化的影

响力受到冲击，使一些人的思想观念受到严重的影响，以致人们思想中的深层次问题不断地显露。虽然在主流思想上，大多数人仍然坚信马克思主义，坚信中国特色社会主义，但也有各种各样的异质思想出现。例如，有些人否定改革开放，有些人对马克思主义、社会主义产生怀疑，有些人信仰淡化，有些人受资本主义腐朽思想的侵蚀和市场经济中庸俗文化的影响，在价值观念上出现严重偏差，如拜金主义、拜权主义、利己主义、享乐主义思想盛行，不仅扭曲了个人的价值观念，败坏了社会道德风尚，有的甚至是从坚定的马克思主义者沦为极端个人主义者和利己主义者，成为不折不扣的思想腐败分子。

在这一宏观社会背景下，一些大学生的思想观念和心理健康也受到很大的负面影响，主要表现在三个方面：一是对国家主流文化的认同弱化。有些大学生失去了价值选择上的方向感，价值观念模糊不清，对主流文化疏离，对民族优秀文化传统漠视，民族自信心和自豪感有所减退，民族归属感淡化。二是文化价值取向低俗化。有些大学生认为人生的全部价值就是物欲的充分满足，认为利益就是价值的评价原则，有用即为价值的评价标准。在这一价值标准指导下，一些大学生在消费、恋爱、择业观等方面都与中华民族优秀文化传统相去甚远，正在走向低俗化。三是自我意识强烈，个人行为自由化。一些大学生通过玩世不恭、离经叛道、追求当下现实生活的放纵和快感等方式来彰显自我意识和叛逆精神。在追求个人的"潇洒脱俗""个性张扬"中表现为生活上作风上的随意、随性，无视组织纪律，以及违反社会公序良俗等不文明、不道德行为，以至于出现思想道德观念淡薄、个人行为自由化、生活行为失范等问题。

总之，大量实践证明，社会转型时期人们各方面的思想观念都发生了巨大的变化，从总体上看呈现出思想观念的复杂性和价值取向的多元性，而且良莠不齐。大学生也是如此，这无形中使国家主导文化的影响力受到冲击，增加了高校文化育人的难度，影响了高校文化育人的实效。

二、 不良的校园亚文化环境的影响

在现代大众传媒条件下，由于文化信息的多向贯通和舆论的多元表达，大学生处于中西文化交锋碰撞、先进文化与落后文化并存的复杂文化环境之中，多样性的文化存在必然会产生多样性的文化选择。"当代大学生文化观现状"调查研究表明，当代大学生的文化价值观虽然在主流上是好的，基本上与国家主流文化保持一致，但也有一些大学生对本民族文化缺乏认同感和自豪感，盲目崇拜西方文化，文化价值观念模糊，良莠不分。

有什么样的文化价值观念就会形成什么样的文化。大学生作为校园文化生活的主体，他们在接受校园文化影响的同时，也时时创造着校园文化。大学生具有不良的文化价值观就会创造不良的校园亚文化。校园亚文化作为与校园主文化相对应的次属文化，它与校园主文化既有吻合的部分，也有不一致的部分，相吻合的称为"同一亚文化"，不相吻合的称为"不良亚文化"。以大学生为主体的不良校园亚文化是指"由大学生群体创造并信奉推行的，在某些方面与社会主流文化的思维习惯、生活方式与价值观念等有所不同的文化体系"。它是与主流文化相悖、不利于大学生身心健康成长、败坏校园风气、阻碍社会进步的文化。不良的校园亚文化对学习生活在校园之中的大学生具有重要的影响，主要体现在对他们的价值取向、文化修养、知识结构和兴趣追求等方面的影响上，严重消解着大学文化育人的功能。

当代大学生群体中的不良亚文化具有各种各样的表现形式，如：热衷时尚名牌、过洋节、相互攀比等拜金享乐亚文化；发低俗短信、课桌留言、不文明口头禅等不雅信息亚文化，热衷网络游戏、网络聊天等虚幻亚文化，违反社会公德、破坏校规校纪、无视法纪法规等越轨亚文化；毕业离校前向楼外集体扔纸、抛物等情绪释放文化；作业抄袭、汇报浮夸、考试作弊等诚信缺失亚文化；评优拉票等校园腐败亚文化；非高富帅不嫁、非白富美不娶等不良恋爱亚文化；等等。这些来自于大学生群体的不良校园亚文化具有极强的传播性和感染性，很容易在大学生群体中传播和扩散，并被大学生当成社会生活经验或个性化标签来追捧效仿。这不仅严重影响着他们身心健康的发展，还会使大学生对主流校园文化的价值引导产生心理上的抵触和排斥，进而影响高校文化育人的实效。

大学生是我国社会主义事业的建设者和接班人，不良的校园亚文化对大学生产生的负面影响不容忽视，必须从转变大学生文化价值观念入手，加强校园文化建设，以增强校园文化育人实效。

三、 教育者育人理念不坚定

文化育人从本质上看就是教育者按照国家的教育方针和任务要求，用社会主导的文化去建构人们的思想、意识和行为。教育者作为文化育人的主体，作为文化育人活动的设计者、组织者和实施者，首先必须深刻理解文化育人的价值意义、任务、要求、运行规律及自身任务、使命等，并牢固树立文化育人思想，做坚定的文化育人工作推进者。思想是行动的先导，在文化育人实践中教育者行动力的强弱取决于其文化育人思想的坚定性。教育者的文化育人思想越坚定，说明他对文化育人的理论认识越深入、越全面，并且贯彻其育人思想的行动力就越强，对育人工作方法和规律的把握就越准确。

随着我国思想政治教育现代化的发展，文化育人理念在各个层面都有所体现，对推动文化育人起到一定的促进作用。但文化育人理念的全面普及和深入贯彻不是一蹴而就的。在当前的文化育人实践中，有些教育者虽然对文化育人的价值意义、自身的责任使命等都有明确的认识，但受传统的思想政治教育理念及市场化、功利化思想的影响，还没有彻底转变思想、更新观念，一些落后的教育理念还没有被彻底摒弃，以致在实施文化育人的过程中常常表现出文化育人思想上的不坚定性。而育人思想的不坚定，必然导致育人行动力的弱化。

在教育实践中，教育者不能彻底坚持文化育人理念的现象屡见不鲜。例如，有些教育者明明知道要克服传统的社会本位，要克服人的工具价值导向，但在具体的育人实践中，基本上还是遵循传统的思想政治教育理念，只为满足社会发展需要，甚至是市场需要，进行定向式培养；有些教育者明明知道教育要坚持以人为本，要尊重学生的主体地位，要增强教育的人文性等，但在具体的育人实践中对学生个性化的成长需求并没有给予充分的关注，基于人文关怀的教育还没有得到充分的彰显；有些教育者明明知道传统的说教、灌输式思想政治教育具有教育内容的空泛性、思想传递的单向性、教育过程的非人文性，但为保证完成工作任务，还是习惯于按照上级要求，把自己该说的该讲的都通过一些正式的说教、灌输的方式向学生宣讲，以免除自身的工作责任；有些教育者明明知道文化育人是努力在当下、见成效在未来的事情，是非功利化的，但还是以一种功利化的方式去开展文化育人活动，活动不是真正以人为本，更多的是为追求一种工作形式上的"创新"并达到一些功利化的效果等。所有这些都导致教育者思想认知与实际行动相脱节、使育人理念无法真正指导育人实践。因为文化育人思想不坚定，教育者文化育人的行动力、价值引力都受到了影响。

四、 文化育人实践机制不完善

人类任何一项实践活动都是关于对象的指向性活动，文化育人是有目的的实践活动，要在实践的过程中追求文化育人价值的实现，实施文化育人必须要重视实践过程。此外，任何教育都离不开教育方法的正确运用。文化育人作为一项系统工程，是由既相互联系又互相影响的各个要素按照一定的结构、层次、规则和内部联系而形成的有机整体，更要遵循文化育人的实践规律，讲究育人方法，建立切实可行的实践育人机制，最大限度地发挥文化育人工作的效能。

从整体上看，虽然近年来人们逐渐认识到文化育人的重要性，并在文化育人实践中取得了一些成效，但受当前存在的大学功利化和实用化办学行为的影响，大学更重视办学的硬指标建设，对那些需要长期建设、系统建设又很难在短期内见成效的工作，如教师价值引导力提升、促进学生自主发展、优化文化环境、构建要素协同育人体系等工作难免会受到冲击，建设系统而长效的实践机制的难度也更大。

当前高校文化育人的长效机制建设还比较薄弱，育人实践机制面临着严峻的挑战。例如，在教师综合素质提升方面，学校多注重对教师进行技术层面的教学能力培养，而对教师的理想信念教育、核心价值观教育、文化自信培养、师德建设等并没有给予足够的重视或采取足够得力的举措，使教师仅停留在"教书匠"的水平，而并不是成为大学生的人生导师。在大学校园文化建设中，相比较而言，大学更多注重物质文化轻精神文化、注重现代文化轻传统文化、注重科学精神轻人文精神、注重教育理论研究轻教育实践研究、注重单一文化活动的创新轻系统性长期性文化活动的开展等，使大学文化建设效果不佳，弱化了文化育人功能。在大学生文化自信培养中，高校在以社会主义核心价值观为统领，挖掘中华民族优秀传统文化资源、创新传统文化教育载体、探索传统文化与思想政治教育融合路径等方面还不是很深入，缺少目的明确而系统化的设计，而且是理论宣讲得多，实践中务实做得少。即便是在思想政治教育理论课教学中也没有有效地融入传统文化，充分发挥传统文化的作用，致使教育没有充实的内涵，苍白空洞，不能激发学生的兴趣，也很难得到学生认同。这在很大程度上影响了大学生对中华民族传统文化的自信。

这些问题的存在，归根结底都是因为缺少文化育人工作的长效实践机制。文化育人具有建设周期长、涉及面广、见效慢的特点，需要经过长期的、全方位的努力才能收到实效。因此，高校要从战略高度去认识文化育人，认识实践的重要性，把文化育人的实践目标列入学校发展规划，加强顶层设计，完善文化育人实践机制，使文化育人成为大学实实在在的规范而有序的各方面工作实践，使大学文化在持之以恒的建设实践中不断升华，形成浓郁的校园文化氛围和向上的育人环境；使教育者在充分的育人激励和保障中养成时时育人、处处育人的行为习惯，包括在教育教学和管理服务各个工作环节的价值引导、价值渗透乃至以身立教，通过自身高尚的人格和优秀的品质进行激励和感召；使大学生在日常学习生活实践中接受良好的文化行为养成教育，实现思想认同、行为规约和品格养成。

第三节　文化育人的基本原则

作为思想政治教育的一种手段，文化育人要以社会主义先进文化育人，必须始终坚持以马克思主义为指导；要紧密结合大学生成长成才和教育工作的实际，尊重学生发展与教育规律；要整合校内各种教育资源，凝聚校内外各种教育力量，实现合力育人；要合乎促进人的全面自由发展和人类社会进步的目的，体现出合规律性与合目的性的统一，即实现真、善、美的统一。

一、　坚持马克思主义指导原则

马克思主义是 19 世纪中叶马克思、恩格斯创立的革命学说，包括马克思主义哲学、政治经济学和科学社会主义三方面基本内容。它立足于无产阶级的立场，客观阐述了人、自然和社会发展的一般规律，深刻地剖析了资本主义社会的根源性问题，并科学地预测了资本主义必然灭亡、社会主义必然胜利的历史发展趋势。马克思主义产生以来，为广大无产阶级认识社会、改造社会提供了强大的思想武器和理论指导，成为无产阶级认识世界和改造世界的世界观、方法论。

马克思主义是马克思、恩格斯在针对 19 世纪科技发展水平和社会现状的研究基础上得出的理论成果。它提供的是事物发展的最一般的规律，是认识世界和改造世界的一般立场、观点和方法。恩格斯指出："马克思的整个世界观不是教义，而是方法。它提供的不是现成的教条，而是进一步研究的出发点和供这种研究使用的方法。"因此，马克思主义不是僵化的、现成的教条，它是一个开放的理论体系。

马克思主义是对客观存在的事物本质及其规律的正确反映，以实践论和历史唯物论为基础。马克思主义的生命力在于它与具体的社会实践相结合，指导人们利用新技术，掌握新理论，解决新矛盾和新问题，并随着社会历史实践的不断发展而不断丰富和完善，具有与时俱进的理论品质。随着时代的变迁和科学技术的迅猛发展，自然条件、人类社会面貌、人的思维水平发生了翻天覆地的变化，马克思主义需要与具体的现实情况和科学发展状况相结合，坚持与时俱进、与人俱进、与科技发展俱进的基本原则，也只有与时代发展相契合，与人们的思维水平和科技发展状况相融合，马克思主义才能为人们的社会实践提供理论指南。

马克思主义一经传入中国便开始与中国实际相结合。毛泽东最早提出马克思主义中国化思想，指出要"学会把马克思列宁主义的理论应用于中国的具体的环境"，要"使马克思主义在中国具体化"。实际上，中国特色社会主义理论体系就是马克思主义中国化的结果。这一理论体系最具时代气息，最能解决中国实际问题，对中国社会主义现代化建设具有切合实际的指导作用。

实践证明，坚持以马克思主义为指导是中国特色社会主义事业顺利进行和健康发展的基本前提。当前，我国处于社会转型期，传统思想与现代思想交融，本土文化与外来文化碰撞，导致思潮多样化、思想多元化，以各种不同形式载体承载的各类信息鱼龙混杂，不断稀释着主流的意识形态，给人们分析、辨别、选择、接纳各种信息带来困难，给人们学习中国特色社会主义理论、树立社会主义核心价值观带来障碍。在这种情况下坚持马克思主义的指导地位，运用马克思主义的立场、观点、方法分析和鉴别错误思潮显得尤为重要。

中国特色社会主义文化是当代中国的先进文化。它以马克思主义为核心和灵魂，以马克思主义为发展指南。没有马克思主义的指导，中国特色社会主义文化就会迷失方向，失去前进动力，就不能凝聚最广大人民进行社会主义建设。而文化育人是以社会主义先进文化来育人，在育人过程中自然而然地更加突出了马克思主义的指导地位。

作为一种教育方法和手段，文化育人在思想政治教育方法体系中占据重要的地位。思想政治教育方法体系从上至下大体上可以分为四个层面：第一个层面是"马克思主义哲学方法"，居于宏观指导层面；第二个层面是"一般科学方法"，具有普遍应用意义；第三个层面是"基本教育方法"，处于中观操作层面，在思想政治教育方法体系中处于承上启下的位置；第四个层面是"具体教育方法"，处于微观的具体操作层面。从上至下，思想政治教育方法所处的层面越低，其方法的实践指向性就越明显，可操作性就越强，文化育人实践就越具体。其中，文化育人的方法处在第三个层面，是思想政治教育的一种基本教育方法。对上，它以马克思主义哲学方法为指导，以一般科学方法为基础，对下，它作为一种基本教育方法，下面还有许多具体方法做支撑，可以形成一个相对独立的文化育人方法体系。需要强调指出的是，马克思主义哲学方法在整个思想政治教育方法体系中处于最高层面，居于宏观指导地位，对其以下各层面的教育方法都具有指导作用。

马克思主义哲学方法是人们认识世界、改造世界的基本方法，是适用于自然、人类社会和思维的高度广泛、抽象的方法，对其他学科方法都具有普遍的指导意义。"一切从实际出发""群众路线的方法""理论与实践相结合""历史和逻辑相一致"等都是常用的马克思主义哲学方法。必须把这些马克思主义哲学方法从始至终、纵向贯穿到思想政治教育的一般科学方法、基本教育方法、具体教育方法之中，使抽象的哲学方法逐渐与具体实践相结合，充分发挥马克思主义哲学方法的指导作用。

二、 尊重学生发展与教育规律原则

习近平总书记在全国高校思想政治工作会议上强调，做好高校思想政治工作要遵循思想政治工作规律、教书育人规律、学生成长规律。这是做好思想政治工作的原则，也是高校实施文化育人的基本原则。列宁指出："规律就是关系……本质的关系或本质之间的关系。"规律是指事物发展过程中内在的本质联系，由事物内部矛盾构成，决定事物发展的趋向。规律是客观的、内在的，它不以人的主观意志为转移，不能创造和改变，只能发现、把握、利用。人们对事物发展规律的认识属于主观对客观的反映活动，它是一个永无止境的探索过程。

思想政治教育学以人的思想品德形成发展规律及思想政治教育规律为主要研究对象，人的思想品德形成过程和思想政治教育过程是协同发展、辩证统一的。文化育人作为一种思想政治教育实践，与思想政治教育具有同样的规律性。文化育人具有双重价值追求。它既追求个体人的价值，促进大学生全面自由发展，也追求社会价值，推动社会全面进步，体现着促进个人全面发展与社会全面进步的统一。从矛盾运动的角度看，文化育人的过程实际上就是教育者根据社会发展要求和大学生思想政治素质发展规律，对其施加有目的、有计划、有组织的教化影响，促进大学生形成社会所期望的思想政治素质的过程。在这一过程中不仅蕴含着学生成长规律，蕴含着思想政治教育规律，而且内在地蕴含着教书育人规律。要有效实施文化育人，必须充分尊重这些规律。

（一）要尊重大学生成长规律

大学生成长规律主要是指大学生的思想品德形成规律。大学生思想品德不是与生俱来的，而是有一个形成发展的过程，即是个体在社会环境的影响下，经过社会实践，使思想品德诸要素不断平衡发展，知与行从旧质到新质循环往复、螺旋上升，从而形成社会要求的相对稳定的心理特征、思想倾向和行为习惯的外部制约与内在转化有机统一的矛盾运动过程。大学生思想品德的形成是主体内在思想矛盾运动转化的结果，是在社会实践基础上主客体因素相互作用的结果。大学生成长规律的内涵比较丰富，不同学者有不同的解读。例如，有的学者提出"双螺旋理论"，有的学者提出"思想需求促进律、求新思辨律、内外因交互作用律、情绪情感参与律、螺旋上升律等"。关于大学生思想成长规律可以总结出很多种，但说到底满足现实人的现实需要是尊重大学生成长规律的逻辑起点。思想政治教育要立足现实的人，把满足现实人的现实需要，发展人的现实关系作为其存在的价值和终极目标。文化育人的对象是现实生活中的大学生，由于成长背景、个性等方面的差异，大学生的现实思想发展需求是多样化的，其需求内容十分广泛，涉及德、智、体、美、劳等方方面面。其需求形式更是千差万别，不论是哪一方面的思想需求，都是在学生发展过程中客观存在的，马克思指出："理论只要彻底，就能说服人。所谓彻底，就是抓住事物的根本。但是，人的根本就是人本身。"因此，在文化育人过程中，其文化价值观教育越符合大学生思想需求实际就越有说服力，而大学生思想发展需求越直接越强烈就越容易接受教育者传播的文化价值客体，二者之间是辩证统一的。因此，教育者只有充分尊重并尽力满足学生的思想发展需求，才能真正尊重学生成长的客观规律，才能使教育者的文化价值引领与大学生的接受主体性相统一，使大学生乐于接受、主动接受、从中受益。

（二）要尊重思想政治教育规律

思想政治教育规律由思想政治教育运行过程中内在与外在的矛盾运动所决定。思想政治教育基本矛盾是思想政治教育与人的发展、与社会发展之间的矛盾。这一基本矛盾决定了思想政治教育的基本规律就是服从、服务于人的全面发展和社会全面进步，体现为促进人的自由而全面的发展和推动社会全面进步的统一。思想政治教育过程中的矛盾运动是复杂的，这就决定了思想政治教育的规律也并非是单一的，而是丰富多样的。学术界关于思想政治教育规律的观点有很多，如社会适应规律、要素协同规律、过程充足规律、人格分析规律、协调控制规律等。同时，学者们对思想政治教育规律的认识也很不一致，从不同的角度有不同的解读。但无论是怎样的解读，都是以思想政治教育过程中的矛盾运动为依据，如思想政治教育客观要求和教育者、社会环境之间的矛盾，教育者与受教育者之间的矛盾，受教育者思想发展需求与教育者所能满足需求之间的矛盾等。教育者只有充分认识这些复杂的矛盾运动，才能准确把握思想政治教育过程中的各种规律。因此，要尊重思想政治教育规律，必须深刻认识和理解思想政治教育过程中的矛盾运动过程，从解决思想政治教育过程中的各种矛盾入手。

（三）要尊重教书育人规律

习近平总书记指出："教师重要，就在于教师的工作是塑造灵魂、塑造生命、塑造人的工作。"可见，教书育人是高校教师的神圣职责。所谓教书育人，就当下中国而言，是指教师在传授学生知识、培养学生能力的同时，自觉地对学生进行社会主义核心价值观教育和思想品德培养，引导学生增进民族文化认同，树立社会主义文化自信，培养德才兼备的人才。从教育规律看，教书本身就内含着育人，具有德育的功能。教师要在教书过程中将德育融于教学内容之中，使教学的科学性与思想性相统一。苏霍姆林斯基说过："知识对于形成人的道德面貌起着极其重要的作用。"人的知识越多，其内在的精神需要就越丰富，道德意识就越发展，道德实践力就越强。因此，对于教师而言，教书的目的是育人，教书育人是不可分割的有机整体。从学生思想品德形成发展的规律看，其思想品德的形成与发展，是在大量学习实践的基础上，知、情、意、行协调发展的结果。其中，文化认知是大学生道德情操、意志和行动的基础。而大学生文化认知的提升，在很大程度上取决于教师各种形式的知识传授。从这个意义上说，教师教书即是一种特定的文化育人活动。教书育人既是高等教育的基本规律，也是高校文化育人的基本规律。高校要有效实施文化育人，必须尊重教书育人规律，充分调动广大教师的积极性，在具体的教学过程中将育人落到实处，使教学活动充满生机和活力。高校教师只有充分发挥自身优势，在教书过程中潜移默化地影响人，激发学生的成长动机，做好学生成长成才的引路人，才能真正增强文化育人的实效。

总之，文化育人强调合规律性。实施文化育人要以尊重学生成长规律、思想政治教育规律和教书育人规律为基本原则。

三、 坚持合力育人原则

文化育人的主要场所在大学校园，校园文化是文化育人的重要载体。校园文化是以师生文化活动为主体，以校园精神为底蕴，由校园中所有成员在长期的办学过程中共同创造而形成的学校物质文明和精神文明的总和。它主要包括物质文化、制度文化和精神文化。其中，精神文化由全校师生的价值观融汇而成，在校园文化中居于核心地位，起统领作用，是校园文化的灵魂。作为大学文化风格和大学精神的综合体现，校园文化伴随大学教育而生，既反映学校历史发展中的文化积淀和精神传承，也反映学校在培养人、造就人方面的物质成就和精神成就。它由全校师生所创造，以教学、科研、管理、服务、生活等各个领域的文化活动为基本表现形式。

校园文化具有重要的育人功能，作为学校育人的环境条件，校园文化是育人过程中重要的教育资源和构成要素。健康向上的校园文化能够使大学生潜移默化地获得知识、陶冶情操，促进他们综合素质的提升，为实现学校的人才培养目标、服务社会打下良好的基础。

校园文化在结构功能上具有系统性和复杂性。校园文化是由多种要素构成的具有一定结构和功能的系统，是各要素相互联系、相互作用的有机整体，校园文化的各构成要素分布在不同的组织层面、不同的工作领域、不同的人员群体，具有很强的复杂性。随着社会的进步和学校事业的发展，校园文化总是不断推陈出新、动态发展的。在校园里，总有新的时尚文化在流行，有新的文化成果被创造，也总有一些不符合时代发展需要的文化在衰微、在消逝。校园文化作为社会文化系统中的一部分，是校内校外各股教育力量及校园文化各要素相互影响、相互作用的产物。其中，校园精神文化（即全校师生的价值取向）不仅决定校园文化的性质和方向，也决定校园文化功能的实现。

要有效发挥校园文化的育人功能，必须坚持以社会主义核心价值观为统领，坚持合力育人原则，既要发挥学校的主渠道作用，加强课堂教学、校园文化建设和社团组织活动的密切联系，又要促进家校合作，广泛利用社会资源，科学设计和安排课内外、校内外活动，营造协调一致的良好育人环境。在校园师生中大力弘扬并培育社会主义核心价值观，并将其融于校园文化建设的方方面面，融于校园师生的文化生活实践之中，以此统领校园内各种教育资源，凝聚校内外各种教育力量，实现校园文化整体育人。坚持合力育人原则，要从整合各方面力量入手。

四、 坚持真善美统一原则

真善美统一是思想政治教育的根本社会主义核心观价值。文化育人是以先进文化育人。作为一种特殊的思想政治教育实践，其根本宗旨是促进人的全面自由发展，其根本价值体现在真善美的统一，文化育人的价值是人和社会在文化育人实践—认识活动中建立起来的，以人的发展规律为尺度的一种客观的主客体关系，是文化育人实践是否与人的本质、意义和需要等相统一的关系。这种关系是文化育人实践合乎人的全面自由发展（尤其是以社会主义核心价值观为统领的思想品德的形成与发展）和人类社会进步（尤其是精神文明的进步）的目的而呈现出的一种肯定的价值关系。这种价值关系表现为社会价值与个体价值的统一，在本质上是合规律性与合目的性的统一，即真善美的统一。

人的全面自由发展是人的解放的最高境界，也是思想政治教育尤其是文化育人的终极价值追求。从哲学上讲，人的全面自由发展是真善美的统一。从文化意义上说，真善美也是人的全面自由发展的三个"文化尺度"或称为人的文化活动的原则，它们是内在于人的文化价值取向之中的。

所谓"真"，是指客观事物及其规律在人脑中的正确反映，表现为人对自然与社会的必然性和人自身本质的把握和占有。"真"的尺度就是活动客体自身所固有的尺度。人的任何自由活动都必须遵循客体自身所固有的尺度。人只有对客体固有的尺度具有彻底的把握，并遵循这种"真"的尺度去进行活动，才能使自己的活动具有自觉性、科学性、合理性与有效性，才能在改造客体的实践中真正实现对活动客体的有效改造与重塑，进而在某些现实性上确证人的全面自由发展。违背了"真"的原则，活动客体不可能获得实质的改造，活动主体也不可能获得全面自由发展。从这个意义上说，依据活动客体自身所固有的属性、结构、功能及其运动规律即"真"的尺度进行活动，不是外在人为地赋予，而是"人的全面自由发展"本身所内在的价值诉求。遵循活动客体本身的尺度，即是遵循真的尺度，相对于从事自由活动的主体来说，它属于一种外在性的尺度，但相对于人的全面自由发展来说，"真"的尺度具有极其关键性和基础性的意义。

所谓"善"，从语义学上看，是指有益、合理。从文化实践意义上看，"善"是"对外部现实性的要求"，这就是说，"善"被理解为人的实践要求和外部现实性。它蕴含着合目的性、合理性或好的含义，表现为人对己、对物、对他人的关系及自身生存目的的"恰当性"。"善"的尺度是人的内在尺度，属于价值判断。人的活动一般都有明确的目的，都想通过活动为自己争得全面自由发展，从中获得一种肯定性的价值，不管是从个人的角度还是从集体的角度都是如此。当然，其重要前提是要遵循活动客体"真"的尺度。人也只有在自己的实践中获得了"善"的价值，才能真正获得某些现实性上的全面自由发展。从这个意义上说，合规律性和合目的性都是"善"的本质体现。人要达到全面自由发展，必须使自己的活动遵循"善"的原则。

所谓"美"，是指人对己、对物、对他人关系的"愉悦感"，表现为人在"真""善"统一中确证主体本质力量而唤起的愉悦感受。"美"的总体要求是要使人在情感或感官上获得一种健康的、积极的、使人感到愉悦的感受，使心灵得到净化和陶冶。"美"的尺度是专属于人的尺度，只有人才具有审美和创造"美"的能力，只有人才懂得对"美"的价值的追求和对"美"的规律的遵循。"美"的尺度就是要合乎人的审美要求，按照人的审美要求进行文化实践活动。

真善美三者之间既相互联系又相互区别，存在着不可分割的内在联系。其中，"真"的尺度是活动主客体之间的事实性关系及其观念上的统一，与客观、真实、规律、科学相关。它是人们实现"善"和"美"的基础，离开"真"的尺度，就没有"善"与"美"的价值和意义。在人们所实现的"善"和"美"中，必然地包含着对"真"的遵循，"美"的实现则更要以合规律性、合目的性为基础。对它而言，"真"与"善"缺一不可。人们在实践中只有全面地遵循真、善、美三种尺度的有机统一，并在自己的实践活动中加以合理运用，才能使自己的本质力量得到全面的确证，即实现全面自由发展。因此，人作为能动的文化主体，在文化育人实践中既要遵循"真"与"善"的尺度，也要遵循"美"的尺度，自觉坚持真、善、美的统一。对大学而言也是如此。作为年轻人涵养信仰和精神的文化教堂，对年轻一代加强以崇真、向善、求美、社会担当为要素的理想主义影响是大学不能放弃的责任。

第四节　文化育人的举措策略

高校文化育人的开展要根据高校文化育人存在的问题及其原因，因地制宜地提出解决对策。创新文化育人的模式，推进"十大"育人体系协同育人，健全文化育人体制机制等优化对策，为高校今后文化育人工作的开展提供智力支持和对策方案。

一、丰富文化育人内容

（一）开展中华优秀传统文化育人活动

积极优秀的文化是文化育人的源泉。高校开展文化育人工作要符合高校的实际发展需要，实事求是，因地制宜。因此，对于文化的内容要有所甄别，有所选择。高校要充分发挥中华优秀传统文化、革命文化、红色文化、社会主义先进文化对大学生的文化引领和育人功能。同时，优化文化育人活动的内容和方式，促进高校文化育人工作的开展。中华文化源远流长、博大精深，要充分发挥中华优秀传统文化的积极作用。对中华传统文化批判继承，古为今用，取其精华，去其糟粕，不断推陈出新，革故鼎新。中华优秀传统文化内容凝聚中国精神和中国力量，促进人们精神境界的提高，给人以启发和灵感，要在中华优秀传统文化活动中创造新文化，保持文化内容的生机活力，与时俱进。高校要积极开展中华优秀传统文化育人活动。在态度上，要重视中华优秀传统文化内容，对中华优秀传统文化的活动开展，不能避重就轻。在文化活动中注意仪式的表达，如端午节划龙舟，元宵节吃元宵，清明节扫墓、踏青，中秋节赏月等，发挥仪式对人的教化作用。在文化继承上，不能一味继承，要有所选择，要取其精华，弃其糟粕。在文化育人的实践活动中检验文化的正确性和真理性。在文化活动中创新中国传统文化的育人方式和方法，开展新颖有趣、大学生喜闻乐见的传统文化育人活动。将自主权和创新权交给学生，由大学生自发设计文化活动，老师负责指导和帮助。通过课堂授课、观影观剧、实践参观等形式，让中华优秀传统文化进入大学生的头脑中，根植到大学生成长成才的全过程，让中华优秀传统文化深植于高校文化育人的实践中。

（二）开展革命文化红色文化育人活动

革命文化、红色文化闪耀着价值的力量，是一个民族的价值传承，具有强大的爆发力、凝聚力。当前大学生生活在多元开放、融合互通、和平稳定的年代，对于革命文化不能直观了解，只能在影视作品、书籍期刊中有所感受，对于红色文化也没有更深刻的直观感受。

高校要深入开展革命文化、红色文化育人活动，充分发挥革命文化和红色文化的积极力量，掌握革命文化、红色文化的文化历史，帮助大学生塑造人生价值。高校优化革命文化、红色文化育人活动，把大学生由剧外人向剧中人引导，鼓励大学生参观革命老区、重走长征路、参观红色基地、重新体验老一辈革命者和无产阶级战士们的革命精神。通过理论学习和实践活动帮助大学生感受革命文化和红色文化带给大学生的精神震撼和人生启迪。同时，继承革命文化、红色文化是大学生义不容辞的责任。在文化育人过程中，要引导大学生学习和体验革命文化、红色文化，继承和弘扬革命文化、红色文化，提高大学生的人生价值和人生境界。

（三）开展社会主义先进文化育人活动

高校开展文化育人的内容要站在时代的前列，符合历史发展的潮流，符合中国特色社会主义实际。高校开展的文化育人内容要保持与时俱进并不断推陈出新，开展的文化育人内容要始终站在时代前列，并在社会实践中检验先进文化的正确性。这要求人们在心理上坚持文化自信，在信念上坚持社会主义发展方向，在实践中不断践行和检验文化育人的内容。先进文化是一种稳定的意识形态，在社会形态里处于稳定地位，不会轻易改变，因此要更加坚定社会主义文化自信和文化信念。高校开展的文化育人内容，要在意识形态里面体现中国的发展方向。坚持意识形态领域内的主导性和正确性，对意识形态领域内存在的问题拨乱反正，开展积极健康向上的社会主义先进文化育人活动。社会主义先进文化是社会主义的体现，也是社会主义文化的重要内容。开展社会主义先进文化育人活动，有助于人们进行价值判断和价值选择，促进社会进步。对人们进行规范和指导，并从文化内容的源头上严格限制，引导人们全面发展，帮助人们形成正确的价值观。

社会主义先进文化体现着社会主义国家的文化特色，社会主义先进文化由人民创造，文化成果由人民共享，为人民服务。党的十九大以来，党和国家进入新时代，主要矛盾和主要任务都发生了变化。社会主义先进文化要始终服务国家的文化需要，高举习近平新时代中国特色社会主义思想伟大旗帜，为全面建成小康社会、全面脱贫攻坚贡献出文化的力量。高校开展社会主义先进文化育人活动，要充分发挥社会主义先进文化的育人作用，坚持社会主义核心价值观的主流价值方向不变，坚持党对教育事业的领导不动摇，学习贯彻党的教育方针和政策，将先进文化融入大学生的日常生活和学习过程中。不断创新文化育人方式和方法，让大学生在新颖有趣的文化育人活动中，感受到社会主义先进文化带来的魅力及价值认同。

二、 教育主体合力开展文化育人活动

（一） 健全文化育人体制机制

高校要不断健全文化育人体制机制，确保大学生顺利参加文化育人活动，调动大学生参与文化育人活动的积极性。高校通过健全和完善奖惩机制、监督机制、保障机制、长效机制保障文化育人工作顺利展开。高校文化育人体制机制要与时俱进，紧跟时代步伐，贯彻党和国家的发展要求，不断健全和完善文化育人体制机制。

首先，学校成立专业部门，设立专业化队伍，对人员进行统筹规划和具体分工。明确专业化队伍职责，以便更好地完成体制机制的建立。其次，完善和健全体制机制的条例条规，不断总结经验，不断整理和完善。形成规范文件或者纸质说明，让体制机制有法可依、有规可守。再次，规范体制机制的实施过

程、实施环节和具体操作。让每一个环节、每一个步骤、每一个过程都在体制机制的监督约束下顺利完成。特别是加强不同学院、不同专业、不同年级之间的文化育人的协作，尤其是加强文、理学院之间跨院联合开展文化育人活动；让理工类与文法类之间，让农林类、经管类、理工类、文法类及其他专业之间联合开展文化育人活动，侧重理工类、经管类学生对文化育人了解较少的个体差异，加强理工类、经管类学生的文化育人活动；让不同年级之间因地制宜地开展文化育人活动，同时侧重大一学生对文化育人了解较少的个体差异，加强对大一学生开展文化育人活动。及时监督和指导，不断检验体制机制的规范是否达到预期效果。最后，总结先进经验和先进典型，顺应党和国家对文化育人的发展要求，紧跟时代步伐，站在时代前列，不断健全和完善体制机制，确保文化育人工作的顺利展开。

（二）推进"十大"育人体系协同育人

思想政治教育的育人方式多种多样，文化育人是思想政治教育育人方式的一种。高校要想开展好文化育人活动，还需要其他育人方式综合参与。发挥课堂育人、实践育人、网络育人和其他育人方式的特点与优势，结合高校文化育人的内容和要求，以及文化特有的潜移默化、持久深远的隐性育人特点，以文育人，以文化人，达到理想的育人效果。

"十大"育人体系的综合运用，并不是各种育人方式的简单相加，而是把"十大"育人体系看作一个有机整体，每种育人方式都是其中的重要组成部分，"十大"育人体系综合利用，优势互补，密切配合。在尊重思想政治教育育人规律的基础上，主体对客体施加有目的有计划的影响，培育大学生达到符合国家要求的思想道德水平。同时，文化育人相关概念、功能目标、先进经验、创新模式的研究，对其他育人方式的理论和实践研究具有借鉴意义。我们要促进高校文化育人工作的开展，推进"十大"育人体系协同育人。

（三）创新文化育人新模式

高校文化育人模式创新，是今后高校文化育人活动开展的重要方式。高校文化育人工作开展需要多部门、多平台合力完成，需要高校不断创新文化育人形式，扩展文化育人领域，发挥线上线下育人优势，健全文化育人体制机制，促进高校文化育人模式创新。文化育人活动的展开需要多部门合力推进，这既需要学校、学院主管部门，也需要社团组织，高校的思政课老师、社团辅导老师、各班级党团支部、辅导员队伍和其他管理部门的教师一起合力完成。多部门合力开展借助多渠道、多形式、全领域的文化育人活动，以到达良好的育人效果。这既能增强文化育人的实效性和落地性，也能促进文化育人的价值实现和途径实现。

开展多平台的文化育人活动，发挥"传统课堂＋学校主管部门＋学院主管部门＋社团组织＋党团支部＋辅导员队伍"的优势，实现多平台合力开展文化育人活动。学校形成相关文件，各平台达成育人共识，从思想上赞成高校文化育人工作的开展并积极主动落实。各平台加强交流和合作，定期开会交流，组织研讨会并加强外出学习，增强自身能力和团结协调能力。几个平台、多个平台试点开展文化育人活动，各自发挥平台优势兼顾分工合作，总结先进经验，更好地开展文化育人活动。部门垂直化管理，实现学校—学院—辅导员—社团组织—党团支部—传统课堂垂直化管理，保障信息的有效性和及时性，各部门加强横向交流和协作，及时沟通并反馈意见。

开展多形式的文化育人活动，开展"课堂授课＋课外活动＋实践参观＋观影观剧＋读书观后感＋多媒体线上交流"等形式的文化育人活动，并不断创新文化育人活动形式。调动大学生参与文化育人的积极性和主动性，让文化育人活动更接地气，更有生机和活力。突破课堂育人、实体媒介育人的局限，创新文化育人形式。不断向课外、校外、户外扩大实践范围，提高实践参观的频率，让大学生在实践活动中切实感受到文化育人的魅力。学校加大资金保障力度，更新媒介载体，多利用形式多样、科技含量高的媒介载体，让实践形式更加生动活泼。课上课下不断丰富文化育人形式，结合时代潮流、媒介潮流、网络潮流、生活潮流，让文化育人活动既富有时代价值又更加贴切学生实际，更加饱满接地气。

开展全领域的文化育人活动，通过"全学科＋全内容＋课内课外＋校内校外"的综合育人，影响学生学习和生活的方方面面，对大学生全领域实施文化育人。文化育人的开展不能只依赖于思政课，还需要各学科通力合作。各学科教师要在意识上实现认同，实践中互相配合。各学科教师加强理想信念教育，提升教育者引导能力，将文化育人的相关概念及相关内容，渗透到学科的课程体系当中。让文化育人内容渗透到全学科的覆盖范围内，实现全学科文化育人。同时，各学科内容上不能局限或偏颇，文化育人内容涉及学科教学的全过程，不能只侧重于某一个章节，而忽视了其他几章，加强学科各章节文化育人内容的关联性。同时，课内课外、校内校外也要加强文化育人活动。课内要加强文化育人的理论学习，课外要加强文化育人的实践活动。学校要组织学生走出校园，走向社会，拓宽学生眼界，更好地开展文化育人工作。

开展线上线下互动，通过"课堂＋多媒体＋互联网＋校园环境"综合开展高校文化育人活动。高校文化育人开展涉及多个因素的交叉运用，线上线下加强交流。充分利用互联网、多媒体、大数据等优势，将先进的文化育人理念、事迹通过互联网、多媒体加以分享，促进育人工作者的学习和交流。突破传统课堂的局限性，充分利用网络媒体，打破空间和时间的局限，实现跨领域、跨时间、跨地域的学习和沟通。学生可以将个人感受和想法通过互联网进行分享交流。教师可以通过网络媒体对大学生进行指导和点评，帮助大学生更好地学习文化育人理论，帮助高校更好地开展文化育人工作。加强校园精神文化环境建设，充分利用互联网、多媒体的宣传和传播作用，强化校园环境对大学生的积极影响。让校园环境更加丰富多彩，沁人心脾，促进高校文化育人工作的开展。

完善和健全高校文化育人的体制机制，完善和健全奖惩机制、监督机制、审核机制、长效机制。高校文化育人工作的开展，需要体制机制作为保障。高校应设立专业化部门，并建立相应的人才队伍，保障高校文化育人体制的实施。完善规章制度和条规条例，规范实施过程中的每一个环节、每一个步骤，让高校文化育人工作在阳光下进行。

高校文化育人涉及多个因素的交叉运用，每一个因素不是只使用一次，而是交叉运用，多次使用。高校文化育人的模式创新不是文化育人各元素的简单相加，而是多平台、全领域、多方位、多人才融合互动和协调配合的结果，高校应辅之以权威有效的监督机制、审核机制、奖惩机制和长效机制，从而形成高校文化育人的创新模式，促进高校文化育人工作的开展。

三、 调动大学生参与积极性

（一）坚定文化自信引导大学生

高校文化育人工作的开展有特定的目标人群，是对大学生进行文化育人工作。大学生是否愿意主动参加是高校文化育人工作的关键。提升教育者的引导能力，坚定文化自信，将社会主义核心价值观融入文化育人活动中，是调动大学生参与积极性的解决方法。大学生在大学阶段正处在成长成才的关键时期，在这个思想水平逐渐成熟、人生观、价值观逐渐形成的时期，大学生应该坚定文化自信。坚定文化自信，首先要坚持民族的文化认同，根本要坚持文化的科学发展，关键要坚持文化成果由人民共享。

首先，中国文化源远流长、博大精深，其中每一种民族文化都有自己的属性和特色，不应该歧视任何一种民族文化，而应该平等看待，主动接受，发自内心地认同。认清当今国际文化的发展趋势，抵制西方糟粕文化的入侵，坚定文化自信。其次，中国特色社会主义文化要坚持以马克思主义理论为指导，以中国特色为实际，开展中国特色社会主义文化。尊重中国特色社会主义文化的发展规律，用科学的方法指导文化发展。不能任由文化放任自流，要坚定文化理论和发展方向，坚定文化自信。最后，社会主义文化归根到底是为人民服务的，是由广大人民群众创造的，并由广大人民群众共享。文化不是某一个人的特有品，每一个人都有权享受文化育人带来的文化成果。

坚定文化自信，能建立大学生文化自信心和民族自豪感，促进大学生积极参加文化育人活动。

（二）提升教育者能力引导大学生

大学生受思想意识和接受能力的影响，在文化育人过程中往往处于被动接受的状态，因此需要教育者加强对大学生文化育人的引导。高校教育者具有引导大学生成长成才与培养大学生价值观的责任和使命。

首先，对大学生价值观和意识形态的引导，要求教育者坚定社会主义方向和社会主义核心价值观，定期参加培训和学习，如果教育者自己理想信念不坚定，那么他们培养的学生也自然无法从根本上坚定社会主义核心价值观和社会主义意识形态。其次，提升教育者的科研能力和科研水平，加大对教育者文化育人科研经费的投入和资金保障力度，以此提高教育者文化育人的理论深度和理论水平。再次，教育工作者要贴近学生，融入学生，不要摆老师的架子，要在课堂教学和师生互动中，展现教育者的人格魅力，影响大学生人格发展和心理健康。最后，评价教师开展文化育人工作的好坏，把这项评价权利交给学生，让学生对教育者进行综合评分。通过以上四个方面，提高教育者的引导能力，促进大学生积极参加文化育人活动。

（三）用社会主义核心价值观引导大学生

社会主义核心价值观是社会的主流价值观，高校开展文化育人活动，要将社会主义核心价值观融入文化育人活动的每一个过程和每一个细节。将社会主义核心价值观融入大学生的课程学习、社团活动、课外生活、实验实习中，让大学生在每一个细节中，感受社会主义核心价值观带来的价值力量，坚定理想信念，树立远大抱负。

首先，高校师生深入学习社会主义核心价值观理论，只有对理论充分把握，才能更好地开展文化育人活动。其次，要挖掘社会主义核心价值观融入文化育人的形式，创新文化育人活动形式，通过多媒体、互联网、影音媒体、舞台表演等形式，创新大学生参与文化育人的实践活动，特别是让非党员的学生、非学生干部的学生参与到文化育人的活动中，给他们创造更多的实践体验机会。最后，要将社会主义核心价值观融入大学生的理想信念教育中，帮助大学生树立远大理想抱负，坚定理想信念。

四、 丰富文化育人媒介载体

（一）综合使用媒介载体

高校要丰富文化育人媒介载体，要用发展的、动态的眼光来看待高校文化载体。文化育人载体不是一成不变的，它是随着历史、科技的进步而不断创新发展的。因此，我们要创新高校育人载体，不断找到适合高校开展文化育人活动的育人载体。高校文化育人活动的育人载体，不仅是有物质形态的物质结构、物质组织形态，也可以是社团组织、社团机构，这些都是开展文化育人活动的育人载体。

对于传统育人载体，例如纸质书籍、报纸期刊、历史文物，要充分利用，倍加珍惜，妥善管理，保障传统育人载体的长期使用。对于新兴文化载体，例如多媒体、互联网、移动手机、手机 APP 等文化载体，要结合高校文化育人的特点，加以利用。高校要加强对互联网的综合治理，对手机 APP 软件进行规范，对大学生进行约束，引导大学生正确使用文化载体，避免大学生受到有害网络意识侵蚀和干扰。

为了更好地开展文化育人活动，高校要对文化育人载体加以综合利用，发挥育人载体的最大功能。对育人载体进行妥善管理，定期检查和维护。对文化育人载体严格规范，加强管制。充分利用传统载体和新兴载体的优势，综合使用传统载体和新兴载体，同时坚守好中华民族传统文化的文化阵地，抵制西方意识形态及有害网络意识入侵。创新和优化高校文化育人的媒介载体，促进高校文化育人工作的展开。

（二）利用多维度媒介载体

高校要充分利用社会媒介、校园媒介、家庭媒介开展文化育人工作。同时，要将社会媒介、校园媒介、家庭媒介加以综合利用，创新媒介使用方法。

第一，社会媒介要利用社会形成良好的学习氛围，增进高群众对文化育人的了解。发挥社会环境的导向作用，引导群众自觉参与文化育人。发挥社会的舆论监督功能，用先进的文化育人活动或案例，进行鼓励宣传，发挥榜样的力量带动群众参与文化育人活动。依靠社会团体和机构加强对群众的引导，促进文化育人工作的落地生根。

第二，发挥校园载体的优势。加强对学生的理论学习和实践的引导，加强教师对学生的理论教育，使大学生坚持社会主义发展方向，坚持社会主义文化发展方向。发挥教师的个人魅力，贴近学生实际，引导学生学习理论知识，参与文化育人活动实践。依托独具特色的校园文化将文化育人的文化内容渗透到大学生的学习生活过程中。

第三，发挥家庭载体的力量，通过家风、家训、仪式教育、文化传承影响大学生成长成才。家长要以身作则，发挥榜样的力量，在实际生活中将文化育人渗透给大学生，滋养大学生心灵，传承家庭美德。通过仪式教育，如晚辈对长辈的尊称、节日祝福的仪式表达、用餐仪式、告别仪式等，对大学生产生积极影响。通过家族文化、家庭文化的传承和弘扬，引导大学生做人做事做学问，让大学生感受文化的力量，发挥家庭载体对大学生文化育人的影响。

（三）拓展多空间媒介载体

对于传统媒介要不断创新和发展，妥善保护和管理珍贵的纸质书籍、影音视频、文物古迹、古老文物等实体媒介，定期检查和维护。要不断与时俱进，创新发展，创造实用性更强的实体媒介。充分利用社团组织、机构团体等组织机构的实体媒介作用，发挥文化育人的功能。随着科技发展，虚拟媒介的使用频率越来越高，要充分利用互联网、大数据、"互联网＋"开展高校文化育人工作。

虚拟媒介和实体媒介要综合使用，创新使用方法，实现更好衔接。虚拟媒介的使用并不意味着实体媒介的抛弃，也不意味着实体媒介的淘汰。实体媒介和虚拟媒介都有自身无法取代的价值和存在的意义，要分清场合，分清时间地点，考虑成本和实施效果，采取最适宜的空间媒介载体开展文化育人工作。充分发挥实体媒介和虚拟媒介的作用。同时，虚拟媒介和实体媒介的创新使用不是两者简单相加，而是两者的有机融合和互补，是使用方法和使用思维的创新，也是多空间媒介载体视角的创新。

五、 加强校园文化环境建设

（一）繁荣校园文化环境

校园文化环境对高校文化育人的开展有着重要作用，校园环境对大学生进行文化熏陶，起到润物细无声的作用，帮助大学生在校园文化环境中达到符合国家要求的思想道德水平。繁荣校园文化环境，主要包括三个方面：第一，繁荣校园物质文化环境；第二，繁荣校园精神文明文化环境；第三，创新校园文化环境优化组合。

第一，繁荣校园物质文化环境要充分发挥标志性文化建筑物的文化影响。校园塔、校园湖、校园鼎、校园文化园对大学生的影响是潜移默化和持久深远的，对这些标志性的文化建筑物，要定期检查和维修。同时，扩大绿化面积，提高植被覆盖率，净化校园空气，保障校园绿化环境，对校园文化环境建设进行重点扶持，提供资金保障。营造鸟语花香、书声琅琅的校园文化环境氛围。完善文化育人活动场所。加强对大学生体育馆、图书馆、大学生活动中心、文娱活动室的打造和建设。完善使用条例和使用条规，让更多的文化育人活动场所为大学生服务。

第二，繁荣校园精神文明文化环境建设，学校加强对大学精神、原创文化、校史校训的宣传，营造良好的精神文明文化环境氛围。通过校园标语、条幅、文化牌、宣传片、舞台剧等形式，使大学精神、原创文化、校史校训的宣传无处不在、无时不有。将校园精神文明建设融入文化育人的活动当中，让大学生在实践活动当中重新感受先进文化、先进人物、先进事迹带来的震撼和启发。教育者发挥好教育引导的作用，在课堂和文化育人活动中，对大学生进行精神文明理论教育，提高大学生对精神文明建设的认识。

第三，高校校园文化环境的运用，要使校园物质环境和校园精神环境统一起来，综合使用，协调配合。不能够独自为营，独自发挥。让精神环境作为先导，影响大学生的理想信念和价值观念，再在实践活动中，通过物质环境的影响达到文化育人的目的，实现校园文化环境的综合利用。

（二）坚守网络文化阵地

网络文化环境在文化育人过程中非常重要。网络环境具有开放性、自由性、复杂性、多元性、多变性、隐蔽性等特点，通过互联网，大学生可以与世界相连，足不出户感受世界的变化，同时也会受到网络意识形态的影响，因此高校要坚守网络文化阵地。

保障高校网络文化环境安全，第一方面，教育者通过网络论坛、网络讲座、网络宣传片加强对大学生的思想引导，对网络信息有所甄别，帮助大学生在使用互联网过程中对价值观念进行选择，坚守文化阵地。第二方面，通过一系列文化育人活动，帮助大学生发自内心对中国文化实现认同。开展长期、循环有效的文化育人活动，帮助大学生从心底认同、坚守中国文化，不被国外意识形态和有害网络意识形态影响。第三方面，高校要不断强化校园网络安全，建设网络保障系统和网络安全机制，对互联网安全进行审核监督，对大学生进行约束，帮助大学生在复杂的网络环境中，坚守网络文化阵地。实现网络领域的安全和稳定，防止文化入侵和意识形态的干扰，助力高校文化育人工作的开展。

（三）推进校园文化品牌建设

文化育人是德育、思想政治教育、素质教育发展的体现，对高校文化育人的开展应该提出更高要求，在原创文化、大学精神的基础上，结合教育改革的形式，找准高校自身特色和育人特色，打造高校文化育人品牌。创造高校独特的文化品牌，要避免教育模式化、机械化，避免高校千校一面，避免大学生万生一面。每所高校都具有自己悠久的校园历史、独特的校园文化、特色鲜明的校园精神和代代相传的科研道路。独特的高校原创文化影响着每一位学生的发展。推进高校原创文化发展，就要因地制宜地开展校园文化活动，这些活动能更好地展示学校精神文明成果，对大学生产生积极的文化育人影响。充分发挥校史校训、校园精神、科研道路、先进典型、先进事迹的积极作用，将农林、科技、工业、金融、艺术等各具特色的校园文化，归纳总结形成独创的高校原创文化。结合高校特有的校园精神、先进典型、先进事例、先进人物，开展高校原创文化育人活动，使高校原创文化深入师生身心。

高校开展校园文化品牌建设。首先，高校要高度重视，加强实施。校园文化品牌建设要合理布局、精心谋划。要着重提升校园文化内涵，凝练校园文化和校园特色，打造校园品牌模型。要注重创建方法，充分谋划、合理布局，注重实施手段，有效实施、提高效率，依靠多方群体、多方部门共同创建。其次，结合校园实际特色内容，因地制宜、实事求是、长远谋划。高校要理清、辨别、凝练校园文化特色，因时因地，不断创新和发展。校园文化品牌建设，不是静止不变的发展，而是要立足长远、与时俱进，用动态的眼光来看待校园文化品牌的建设。再次，对校园文化品牌建设，高校要加强资金保障和后勤保障。要提高校园品牌建设的物质基础和理论水平，加大科研经费和实践经费的投入，不断外出学习，总结交流，提升创建者的理论水平和管理水平。最后，通过实验教学基地、校际交流会、校企合作，实现校企、校地、校校之间的文化品牌推广，提高校园文化品牌建设的影响力。将优秀的校园品牌建设作为典型，推向全省和全国。

校园文化品牌建设，将影响高校文化育人活动的实效性、特色性、落地性，会对大学生产生持久深远的影响。校园文化品牌建设将使大学生成为高校文化品牌的践行者和推广者，不仅服务了高校文化的建设和发展，也促进了高校文化育人活动的开展。

第四章　新时代高校文化育人的理论探索

作为重要的文化建设和文化育人阵地，文化传承创新是高校的重要历史使命。沈壮海指出："大学是文化创新的基地，是以文化人的重要场所，塑造着社会发展进步的主体——人的素质，这便是大学文化意义的基本蕴含。"高校的文化育人，旨在用文化对学生进行价值引导、情感激励和精神陶冶，旨在用文化塑造学生品格，使其在文化的熏陶中完善品德修养，升华人生价值与精神。对于文化育人的主体与内涵发展，高校教师亦进行了不同程度、类别和层次的理论探索。

第一节　以一流大学精神推进现代大学治理

大学精神与大学治理两者具有极大的耦合性。大学精神所体现出独立性、批判性、人文性、价值性、创新性等显著特征，使之必然成为一所大学生命力的源泉和改革发展的内驱力。现代大学治理的主题是在加强党对高校的领导的前提下，着力构建现代大学治理体系，加快实现大学内部治理与外部治理体系现代化。因此，大学治理涉猎面广，若以之与大学精神，特别是一流大学精神之交集来谋划治理革新，或能有的放矢、容易深入。

一、一流大学精神及其时代内涵

大学精神与大学相伴而生，是校园文化的深层结构，是大学自身存在和发展中形成的具有独特气质的精神形式与文明成果，是一所大学全体师生历经数代人共同创造和认同的文化价值与道德取向。大学精神的独立性要求大学坚持自主办学，始终维护其传播科学知识与引领社会文明不断进化的本质；大学精神的批判性要求大学产生新观念、包容新思想，并以争鸣传统和科学态度审视传统与现实，产生对社会现实的理性反思；大学精神的人文性要求大学按照教育发展规律和人才成长规律办事，追求对人的价值实现和生存发展的关怀；大学精神的价值性要求大学能够引导人类社会进行价值构建，探索科技和人文的汇通之路；大学精神的创新性要求表现出不受束缚和不断开创的精神气质，从而谋求达到新境界。可见，各精神特征的根本内涵和内在要求都与现代大学治理互生互融，从此意义上讲，大学精神就是大学治理的抽象化、凝练性的表现。

在中国特色社会主义制度下，一流大学精神应具有新时代的时代内涵。中国要建设世界一流大学就必须构建有中国特色的高等教育话语体系，争取世界高等教育的话语权和领导权。这就要求大学作为培养人才和探求真理的殿堂，不仅要适应社会和服务社会，更要谋划社会导向和引领时代潮流；不仅要适应政治、经济和文化环境，更要超越社会现实以保持独立自由与批判性。可见，一流大学精神既具有民族文化底蕴又反映时代发展方向，是值得伴随时代变迁而不断传承发扬的。从这个意义上来讲，将这些精神文化的继承与创新、适应与超越的关系融入现代大学治理全方位和全过程，再提炼出具有新时代中国特色的大学精神特质，即为具有时代内涵的一流大学精神。

二、 以一流大学精神引领现代大学治理

现代大学不仅是一种社会组织，更是人类文明的灯塔，在社会进步和时代变迁的过程中发挥着导向和引领作用。我国大学的根本任务在于立德树人，首要职能是人才培养。2018 年 9 月，习近平总书记在全国教育大会上的讲话中明确指出，要努力构建德智体美劳全面培养的教育体系，形成更高水平的人才培养体系。要把立德树人融入思想道德教育、文化知识教育、社会实践教育各环节，贯穿基础教育、职业教育、高等教育各领域，学科体系、教学体系、教材体系、管理体系要围绕这个目标来设计，教师要围绕这个目标来教，学生要围绕这个目标来学。凡是不利于实现这个目标的做法都要坚决改过来。根据习近平总书记提出的上述要求，从立德树人根本任务的视角考察现代大学治理，可以看到部分大学还存在着文化自觉不够明确、对文化育人不够重视、各主体的治理边界尚不明晰等问题，需要以一流大学精神引领大学治理。

以一流大学精神引领我国大学治理，必然要求大学治理的理念与一流大学

精神保持一致，其品质应该是开放和先进的，能够引领社会文化，具有时代特征；应该是包容和创新的，能够坚持探究与创新；应该是理性而严谨的，不因时尚和流行随波逐流，具有自身的活动形式和生命轨迹；应该是独立而坚守的，不因利益诱惑而沉沦或妥协，具有坚持操守不为外物所动的精神气质。

（一）坚持培养环节中的"全方位育人"

一是要坚守"思政育人"。习近平总书记指出："要把立德树人的成效作为检验学校一切工作的根本标准。"全方位育人要求高校思想政治工作将"思政课程"与"课程思政"有机结合：一方面将形势政策、传统文化、红色基因融入思想政治理论课教学，提升教学质量和学生抬头率，凸显思政课堂的主阵地功能；另一方面要在所有的专业课程教学中体现思政育人的机能，将学科专业与国家的发展战略、将能力发展与中华民族的家国情怀结合起来，构建多元协同的思政育人体系。全方位育人要求思政育人工作将理论阵地与实践基地有机结合：一方面在理论教育中拓展思政育人的场域，积极探索网上党校、专题网站等思政工作平台，充分挖掘各类教育资源中蕴含的思政教育元素，合力推动理论指导与教育的创造性开展；另一方面广泛建立教育基地，充分利用重大历史事件和纪念日等开展主题教育和社会调查，借助主题实践，培育时代先锋。

二是要建设"文化校园"。应将校园的一草一木、一人一事都纳入"文化自觉"，致力于在全体学生基因中都植入"文化自省"。各学校应将大学精神的基本特征融入教育教学的主渠道、融入人才培养的全过程、融入大学治理的各个角落，建设一个契合国情和校情的全方位育人的文化校园。

三是要回归"多向度育人"。大学治理应该与经济社会发展紧密结合，以体现高等教育的责任感与使命感。但也必须看到，过度倡导"社会适应"，是与一流大学精神中独立、自由、人文与创新精神相背离的。中国特色社会主义的建设需要现代大学培养德智体美劳全面发展的社会主义建设者和接班人，因此，现代大学治理中必须要紧扣培养具有良好人文与科技素养的复合型人才的目标。

（二）谋求多方权力间的"包容性增长"

一是要适度强化社群与学术权力。在中国大学由"管理"向"治理"过渡的背景下，学术权力和社群权力确应优先强化。应在大学内部营造一种崇尚科学、尊重知识的氛围，坚持学术问题用学术手段解决，要赋予教授委员会、学术委员会审议权、决策权，特别是在学生培养体系建设、科研机制构建、学科建设布局等涉及学术事务的问题上，确立学术委员会的主导地位，并以相关学术团体的组织架构来规范、完善大学的管理体系，避免出现一切围绕经费转、指标转、排名转的状况。同时，应充分尊重全体大学人的主体地位，发挥群众团体参政议政和监督约束的作用，构建民主参与和共同治理的体制机制。

二是要推动权威与自治均衡发展。权威与自治的相对均衡与包容性增长，或是现代大学治理的一个突破口。在大学治理中，应首先倡导的是权威和自治相互尊重且允许对方的充分存在，包容甚至鼓励对方一定程度的增长。根据不同的校情，可以实现权威与自治的错时轮换增长；也可以在一定时期内适度助推权威变得更强大，自治也变得更强大，只要制约能力相对均衡即可，实现同步包容性增长。当然，在包容性增长的理念下，权威和自治也可某一方在一定时期内主动缩减，以维护对方力量的相对增长。

三是要育成共同参与的治理文化。从外部治理的角度推动共同治理，关键在于解决多元主体协同参与的问题，特别是企业作为经济社会发展的主体，要引入其参与到大学治理中来。应通过深化产学研合作的内涵，并由此拓展合作的外延，寻求大学治理的又一支强大力量。由此，以力量引入促成能量交换，才能进一步促进高校服务社会。通过舆论宣传导向、科研成果影响力、校友服务社会的价值等，一并调动社会其他方面的资源，推动大学治理共同参与的文化育成。从内部治理的角度推动共同治理，关键是有效实施内部控制，有效配置内部资源，有力处置各种利益冲突，形成有利于推进现代大学治理的格局。

（三）强化一流大学治理的"理想化高度"

一是要拓展"国际化视野"。一流的大学治理应有一流的国际化，应有放眼世界的眼界与纵观全球的高度，以此促进大学更好地履行国际交流合作的使命，提升大学国际化水平，解决大学文化对外传播问题，发挥大学文化传承创新、融通中外的独特作用。而一流的国际化必然推动高校去面对不同国家的教育体系结构和范畴，并大力增强针对别国学生教育、管理与服务的适应力；国际化背景形成的相关各国互相承认学位与学历，也将使大学接受来自国际的质量监测与评价，从而强化更具有广泛公信力的质量体系建设。基于此，高校应从老师和学生两方面都致力于汇聚世界各地的优秀人才；课程中应加入国际内容，将课程的视角拓展到全球范围；应拓展国际交流交换学生的渠道，加强与境外高水平大学、研究机构、企业单位合作，就某些课题协作开展研究，或安排访问学者开展互动访问研究等。

二是要突出学术本位和教育本位。在现代大学治理中应重视学术的地位，突出学术本位和教育本位，才能保持其自身的组织本质和特性，实现大学治理的目标。当然，在注重学术自由的同时，应加强对学术责任的审视，不能忽视对学者学术道德的培养和学术规范的完善。要从制度层面加以规范，建立并实施公开、公平、公正的学术评价制度，以质量为导向的科研激励机制及公正健康的学术批判机制等，保证学术活动的良性开展。

三、 凸显一流大学精神的 "新时代特征"

一是要提升一流大学精神的具象化。大学章程是大学精神的重要载体和大学治理的核心蓝本。大学章程作为统领学校长期发展的基本纲领，要在坚持社会主义核心价值体系的同时，呈现出 "一校一治" 的个性化特色和锐意进取的改革创新精神。在制定伊始，就要将大学精神贯穿大学章程始终，体现权力分立和权力制约的思想，清晰明了地宣示大学的办学理念与宗旨、遵循的规范与价值，以及开展教育教学、科学研究及社会服务等活动的方式，形成内容详细、合理、可操作的制度模式。大学章程一旦制定后，就要在校内处于 "最高法" 的地位，全体大学人必须严格遵守，将其作为大学治理各项工作的首要依据。

二是要体现一流大学精神的时代性。现阶段，加快构建现代大学治理体系的首要任务是深入学习贯彻习近平新时代中国特色社会主义思想，准确把握和勇于承担高等教育发展的时代使命，共同为加快中国特色世界一流大学建设添砖加瓦。尊重一流大学精神的时代内涵不仅是传承现代大学治理体系的优质基因，更是革新现代大学治理体系的关键切入点。兴学强国是我国大学与生俱来的使命，深化大学治理改革，应当紧紧围绕新时代经济社会发展对人才培养在类型、结构、层次等方面的新需求，在管理机制、教学、学科、课程等方面综合推进革新。应从新时代高等教育的实际出发，借鉴当今世界一流大学的思路与模式，探索高素质人才培养和师生共同发展的机制与路径，探索现代大学治理之道。

三是要坚持大学治理过程的本土化。立足本土，建立适合我国国情的高等教育体系和大学治理体系，方能真正落实教育兴国、科技兴邦。一流大学精神是经典和稳定的，指引大学治理必须坚持以优秀的传统文化为基础；指导科技创新在广泛挖掘与盘活优势资源的前提下，服务于本国各个区域经济的协调发展；指引人才培养在世界文化交流与繁荣的基础上，满足国家的经济社会发展需求。一流大学精神是开放和包容的，本土化意味着我们既要坚持扎根中国大地办教育，又要具备国际视野和国际水平，以优秀文化理念和先进治理机制形成我国大学治理的本土化模式。一流大学精神也是创新的，我国创新型国家建设需要创新型大学作为支撑。将创新作为办学理念的一个核心，符合一流大学精神的创新特质，创新的理念也应被贯穿于现代大学治理的顶层设计之中①。

第二节　创业型校园文化建设的思考

高等教育是文化传承的重要载体和文化创新的重要源泉，校园创业文化也必定成为整个社会中创业及创业文化的关键支撑和前行动力。一些高校将办学理念定位于创业型大学，一些高校将文化发展聚焦于创业型文化，都为创业型校园文化建设做出了积极有益的探索。

一、　创业型校园文化的内涵特色

校园文化，是一所学校赖以生存与发展的重要根基和不竭动力。创业型校园文化是校园长期以来形成具有传承价值、自身特质且与创新创业相适应的文化，具有鲜明创新创业特色的校园文化，必将潜移默化地促使学生创业意识、创业精神、创业品质及创业能力的发展。优秀的创业型校园文化自身应具备的特质有：

兼容并包的开放精神。创业型校园文化的传承价值，必须做到涵盖不同特质学生的创业知识需求及不同届次学生的创业理念发展，也就决定了创业型校园文化必然突显兼容并包的开放精神，只有立足学校自身特色，有选择性地对社会上的一切先进思想、学术理念及社会文化等进行吸收融合，将之

---

① 本节内容来源于颜晓红、刘颖：《以一流大学精神推进现代大学治理》，《中国高等教育》，2019 年第 20 期。

内化为自身价值、思想根据和行为准则，才有可能被广泛地接受和持续地传递。

力促改革的创新理念。随着现代社会对人才的多元化需求发展，以及大学生对自身的个性化成长规划，我国教育呼唤多元、自由、共享的校园文化。改革传统的教育思想，在校园每一个角落融入创新理念，有利于充分发挥创业型校园文化特质，使得高等教育教学保持长久的生机与活力。

契合校情的理性态度。创业需要激情，更需要理性。可以说，在我国当前创业及创业教育方兴未艾之际，不缺乏激情，却往往忽略了冷静和理性。校园文化的存在发展都以学校为土壤，决定了创业型校园文化的建设也必须根植于校园实际，紧扣校内外资源和文化传承。从学科专业长远发展、本校学生客观条件、外界区域经济环境等情况出发，营造具有自身特色的创业型校园文化氛围。

二、 创业型校园文化的建设基础

创业文化的建设必须围绕高校文化建设的核心，融入校园文化的方方面面，从精神、物质、制度等层面同时展开，并充分发挥其交互作用，有重点地去建设创业型校园文化的完整体系。

精神文化——思想基础。精神文化一直是校园文化建设的核心，也应当作为创业型校园文化建设的一个重要方面进行强化，由此而奠定坚实的思想基础。要深入了解学校广大师生员工面对创业文化的心理和意志状况，全面采集来自精神领域的第一手数据，对选择精神文化建设推进的速度、内容、范围、形式等进行针对性谋划。结合高校办学特点和人才培养目标，进一步引导学生树立正确的世界观、人生观和价值观，循序渐进地使高校校园精神在学生的思想观念之中烙下深刻的印记。

物质文化——物质基础。物质文化是创业文化的具体形态表现，是创业文化传播中极有说服力的载体，是创业型校园文化建设的重要物质基础。富于特色的高校校园文化环境能够折射出一所大学的精神特征，要将创新创业理念在适宜的情况下融入校风、校训、校歌、办学宗旨、宣传口号等，使得创业型校园文化显性化，更利于反复宣传和深入人心。在校园建筑物和其他公共设施的建设和管理工作中，在实用的基础上加入一些体现时代特征、社会意识和创新精神的内容，营造关注市场、崇尚创业的人文景观氛围。

制度文化——政策基础。制度文化是在精神和物质之外的又一个校园文化建设的重要基础，它将广大师生与创业活动联系起来，确保文化建设规范高效地进行。必须在文化革新的同时加强制度的创新改革，使之成为值得信赖、可以依靠的良好政策基础。紧扣创新型国家建设和创新型经济发展的大政方针，紧扣地方区域经济发展的导向，保持学校与地方政府、与教育主管部门在制度文化上的方向目标一致性。此外，不断完善各类创业制度，同时保证创业政策的严肃性与灵活性，切实保障创业型校园文化健康快速发展。

三、 创业型校园文化的建设策略

党的十八届三中全会提出，要把立德树人作为教育的根本任务，要深化教育领域综合改革。高校的教育管理工作必然牢牢把握立德树人和综合改革等关键词，创业型校园文化建设工作当然概莫能外，必须提出教书育人新要求，制定创业工作新标准，采取文化繁荣新举措，才能充分发挥创业型校园文化对学生、对高校、对社会应有的积极作用。

（一）实施多元化育人模式

只有遴选和施行多元化的育人模式，才能形成迎合创新创业教育的开放型高等教育理念，从而推动创业型校园文化的科学建设。

采取多方互动的育人模式。在人才培养过程中注重学校与企业、与行业、与政府的互动，让学生及早接触社会政治经济发展一线，从而产生创新性想法，培育创造性思维。在教育内容安排中寻求学科专业的交叉融合，衍生新知识、探索新文化。

采用灵活学制的育人模式。通过设置课外创新学分等新型学分机制来支持大学生参与创新创业，对学生参与课外创业培训活动，从学校层面以弹性学分制等形式给予认可。允许学生通过休学等变换学习周期的方式从事创业活动，鼓励有能力的学生在合理制定学业规划的基础上，保留学籍以获取成段的创业时间。

采用实践体验的育人模式。在课程教授中，引导学生成为课程的参与者，通过小组讨论、角色扮演等形式，让学生在体验中学习。在经济管理相关的专业设置创业实习课程和建立创业实习基地，并通过高校的政产学研资源，积极为大学生争取创业资金和其他扶持，帮助学生在创业过程中成长，真正实现实践育人。

（二）广植创新型知识元素

作为培养高素质人才的前沿阵地，高校应当引导和鼓励学生先创新、再创业，通过创新谋求高层次、高质量的创业。创新应作为创业型校园文化的重要内涵，创新类知识元素也应作为贯穿创业教育始终的内容。

注重创新知识元素引入，为学生植入创业文化。创新知识引入和创业文化推进的过程毫无疑问应当遵循由浅入深、由易到难的逻辑顺序，应当分时段、分层次来进行。

注重创新知识元素普及，将学生融入创业文化。重点是在学生的学习过程中，特别是专业课程教学之中融入创新创业元素。在专业知识中凸显相关领域的前沿知识，诱发学生对新知识的渴求。将创业知识与学科专业紧密结合，多途径帮助学生了解创业必须具备的基本条件和专业素养，唤醒依托专业进行创新创业的意识。

注重创新知识元素提高，升华创业型校园文化。在课堂以外，定期开设创业培训讲座和集训班等，为大学生提供在创新创业方面专项提升的机会。在学生实习实践等接触社会的过程中，整合资源帮助学生全面接触行业与企业，了解市场与产品，增加人脉，增强协作，催生大学生成功创业的可能性。

（三）开展一体化教学实训

创业型校园文化建设要求在教学实训方面注重专业与创业结合，课内与课外结合，理论与实践结合，过程与成效结合。

推进教学内容一体化。将教育教学内容重点设定为培育学生的专业知识素养、创新创造能力及基本职业素质。根据在相关领域成功创业的一般规律，结合社会需求变化，对其进行系统整合和补充完善，增强育人成效。

推进教学组织一体化。注重第一、第二、第三课堂的有机融合，注重课堂内与外的自然衔接。在课堂教学中注重章节化、系统性的教学实训，坚持融入更多接近于课外活动的生动形式。在课外教学中沿袭模块化、焦点式的实训内容，逐步向规范、制度、长效的工作模式倾斜。

推进师资团队一体化。创业型校园文化中的师资应大部分是双师型教师，既懂专业、又懂创新，既懂学术、又懂市场，既懂理论、又懂实践。博学多能的师资队伍必是优秀创业型校园文化的重要推手。

（四）制造品牌性文化影响

在校园文化建设上，高校应该树立文化精品意识，注重品牌文化建设，助推学校形象与地位提升。

注重树立地域性品牌文化。通过校园创业文化与地域文化的良性互动，更容易培育主体独特的人文气质和创业素质，使创业教育特色更加鲜明，创业文化品牌进一步彰显。

注重打造团队性品牌文化。坚持挖掘品牌文化的建设主体，特别是发挥创新创业类学生社团在创业型校园文化建设中的自主意识和能量，通过开展具有广泛影响力的社团活动锻炼自身，辐射他人。

注重打造载体性品牌文化。当代高校最重要的文化载体之一是网络等新媒体工具。高校能打造促进互联网创业的优质模式，本身是一种品牌；能很好地运用新媒体工具服务创新创业，同样是一种品牌；能将网络平台，譬如微博等作为文化品牌的营销窗口，又是另一种品牌文化。同时，鲜亮的名称或符号也是品牌建设的重要基础，将创新创业融入校徽校歌、院旗院训、班徽班训等，能够形成比较有冲击力的文化传播效果①。

第三节　社会主义核心价值观视阈下
高校中华优秀传统文化教育路径探究

中共中央总书记习近平在中央政治局第十三次集体学习时指出："培育和弘扬社会主义核心价值观必须立足中华优秀传统文化。"大学生作为社会主义核心价值观最主要的践行者，未来势必成为中国特色社会主义事业的接班人和主力军。因此，在当今思想碰撞、价值多元的背景下，高校必须加强中华优秀传统文化教育，切实有效地传承和弘扬中华优秀传统文化，促进大学生正确价值观的树立。

---

① 本节内容来源于李洪波、张徐、任泽中：《创业型校园文化建设的思考》，《中国高等教育》，2014 年第 5 期。

一、 中华优秀传统文化与社会主义核心价值观的内在关联性

（一） 中华优秀传统文化是社会主义核心价值观的思想源泉

中华优秀传统文化是指在中华民族发展的历史长河中，祖先们通过他们的勤劳和智慧，创造出的具有民族特色的博大精深、源远流长的中华文明。其包罗万象，内容广泛，具有多元一体性；其不断被继承与发展，具有价值延续性。社会主义核心价值观是社会主义核心价值体系的核心，高度凝练了中华传统文化中的思想与精神，中华优秀传统文化与社会主义核心价值观在逻辑关系上具有一致性。

在国家层面，两者都体现民本、和谐的儒家思想。"富强"来源于古时"富国强兵""富民养民"的思想；"民主"是从"民为邦本""民贵君轻""仁民爱民"等古训中提炼而出；中华优秀传统文化中重视"和"的思想，"以和为贵""求同存异"这些思想在社会主义核心价值观中概括为"和谐"。在社会层面，两者都展现出一个充满正义、道德的社会风貌。"自由、平等、公正、法治"这些内容的思想价值与"不患寡而患不均""天下为公""天下有义则治，无义则乱""隆礼重法"等价值取向相得益彰。

在个人层面，两者都彰显了爱国、待人友善的博大情怀。"爱国"从古至今一直是中华民族精神的核心，是"天下兴亡，匹夫有责""先天下之忧而忧，后天下之乐而乐""苟利国家生死以，岂因祸福避趋之"的现代阐释；"诚信"与"诚者，天之道""民无信不立""身致其诚信"等一脉相承；"友善"则可追溯到孔子的"仁者爱人"的思想。可见，社会主义核心价值观三个层面的倡导，都可以在中华优秀传统文化中找到思想根基。

（二） 中华优秀传统文化对培育社会主义核心价值观的重要性

1. 中华优秀传统文化为培育社会主义核心价值观提供价值支撑和精神支持

社会主义核心价值观是社会主义意识形态的本质和灵魂，引领着国家、民族的生存和发展。"优秀传统文化是我国现代文明的基础，是我们核心价值观的立足之地。"中华优秀传统文化凝结着各民族的智慧，蕴含着伟大的民族精神和优良的道德传统，包含着整体趋向的政治价值观、文明和谐的社会价值观等。社会主义核心价值观与传统文化所倡导的价值观一脉相承，若立足于传统

文化，那么，社会主义核心价值观的培育则会达到"润物细无声"的效果。

2. 中华优秀传统文化为培育社会主义核心价值观提供重要的载体

核心价值观是文化的重要组成部分，其培育和践行当然也离不开文化的支撑。价值观是一种意识形态，具有一定的抽象性，要想被人们所理解、践行，必须将其融入具体的、可感知的活动中。韩愈提出"文以明道"，周敦颐提出"文以载道"，可见，传统文化，如诗歌、古文、戏曲等都十分注重载体功能。社会主义核心价值观中许多内容都可以在我国的传统节日、古文典籍中找到根基。如端午节纪念投江的著名诗人屈原，体现一种"爱国"情怀；重阳节登高为老人祈福，彰显"尊老""孝道"；2014 年将 12 月 4 日设定为国家宪法日，也是通过节日的形式，传播"公正、法治"的精神。传统文化中的古文典籍、诗歌戏曲也同样渗透着为人处世的道理，起到道德教化的作用。通过开展这些人们喜闻乐见的活动来传播主流价值观，使其深入到生活的方方面面，让人们无时无刻不在感知、领悟和实践。

3. 中华优秀传统文化为培育社会主义核心价值观提供深厚的群众基础

培育社会主义核心价值观，首先要取得人们的认同和接受，通过科学的方式进行传播和弘扬，最终实现价值观的践行，即从社会主义核心价值观的具体实施看，无论是认同还是实践，都需要具有深厚传统文化底蕴的人民群众的力量。中华优秀传统文化经过五千年历史长河的积淀，"它已贯穿于中国人民的思想观念、道德礼仪、风俗习惯等各个方面"，对人们的思维方式和行为模式产生了深刻且持久的影响。也就是说，人们受到优秀传统文化潜移默化的影响，在言行举止间往往会"自觉"或"不自觉"地体现出其中的精神和价值观念，只要稍加引导或规范，人们就会对社会主义核心价值观中凝结的思想产生极大的认同感，并付诸实践。可见，中华优秀传统文化为社会主义核心价值观的培育提供了深厚的群众基础。

二、 加强高校中华优秀传统文化教育的必要性

（一）高校开展中华优秀传统文化教育的价值

2014 年 5 月 4 日，习近平在北京大学师生座谈会上发表讲话，基于青年的价值取向决定未来整个社会的价值取向这一当代的基本事实，他要求广大青年

自觉践行社会主义核心价值观，并强调从中华优秀传统文化中汲取丰富营养的必然性和重要性。高校是培养国家栋梁之材的重地，是文化传承的主阵地，更应深化广大青年对中华优秀传统文化的认知和理解，将中华优秀传统文化教育放在优先地位。

1. 加强中华优秀传统文化教育，有利于促进大学生对传统文化的全面认识

中华民族是一个拥有悠久历史的伟大民族，在其历史长河中形成了具有鲜明民族特色的文化传统和精神。这种文化传统和民族精神是这个国家生存与发展的坚实基础和不竭动力。要实现中华民族伟大复兴，作为推动中国未来发展主力军的广大青年，就必须认真回顾和梳理自己的优秀传统文化，并从中汲取养分和力量。因此，高校应加强中华优秀传统文化教育，通过必修课和选修课的教学、学生活动的渗透、校园文化的建设、网络平台的优化等方式，挖掘其中蕴含的宝贵精神财富，促进大学生对传统文化有更加系统化、全面化的深刻认识，以增强民族自信心和认同感，推动中国梦的实现。

2. 加强中华优秀传统文化教育，有利于提升高校思想政治教育的实效性

"中华优秀传统文化蕴含了对人生和宇宙的关怀、对人和生命的理解，也就是说它强调人的价值和需要，注重人的发展与完善。"思想政治教育是中国精神文明建设的首要任务，对学生的思想品德、人格品质具有塑造作用，对大学生世界观、人生观、价值观的形成更是具有重要影响。因此，高校应将传统文化中的优秀理念如爱国主义、积极有为等融入高校思想政治教育中，让学生在感受传统文化魅力的同时，提升人文素养，树立正确的价值观念，建立顽强拼搏、积极向上的人生态度，以促进高校思想政治教育实效性的提升。

（二）全球化背景下高校中华优秀传统文化教育面临的挑战

中华优秀传统文化是我们宝贵的精神家园，为我们文明的进步、社会的发展提供了不竭动力。然而，随着经济全球化的发展，信息的传播速度大幅度提升，西方的价值观和生活方式不断植入，难免影响了本土文化的弘扬和传播，给中华优秀传统文化教育带来诸多挑战。

当前，以美国为首的资本主义国家利用互联网向世界各地传递西方的意识形态和价值理念。根据 CNNIC 发布的第 37 次调查报告显示，"90 后"成为互联网主流人群，其中，20~29 岁占比最高，达到 29.9%。可见，高校学生受

互联网影响最大。

我国优秀传统文化以"德""善""和"为核心，倡导仁、义、礼、智、信以及温、良、恭、俭、让等优良传统美德。然而，现实主义、拜金主义、利己主义等观念在大学校园中不同程度地存在，这与高校中华优秀传统文化教育在内容上产生冲突。"第二文化空间"不仅冲击着大学生的思想观念，更对其行为方式产生消极影响。考试作弊、学术抄袭、贿赂拉票等现象时有发生，这一方面严重违背了优秀传统文化所倡导的精神，另一方面也反映出我国存在优秀传统文化消歇倾向。

（三）高校中华优秀传统文化教育存在的问题

当前，绝大多数大学生对中华优秀传统文化教育是持积极态度的，肯定了中华优秀传统文化的地位和作用，但也存在一些急需解决的问题，主要表现为以下几点：

1. 大学生文化底蕴不足，对传统文化的认识不全面

大学生对我国传统文化有一个全面、科学的认识是高校顺利开展中华优秀传统文化教育的基础，是高校有效实现"以文育人"的重要保障。然而，有相当一部分大学生对传统文化的了解成零散的点状，而非成点线面系统化，具有知识盲区。2004年《中国新闻周刊》对北京几所高校开展的调查显示：大学生对传统文化的认知不足、了解程度不高，因而文化底蕴不足，特别是理工科大学生对中华优秀传统文化了解甚少。

2. 大学生学习主动性不足，知识储备量较少

在我国，小学、中学的语文课、历史课是学习传统文化的主要途径，但不是唯一途径，并且课堂上讲授的文化内容仅仅是冰山一角；大学课堂对传统文化也多是泛泛而谈，并不能让学生有针对性地深入了解。因此，就需要大学生通过大量的课外阅读增加对传统文化的了解。然而，大多数大学生对传统文化的了解仍停滞于中小学的知识，大学期间并没有掌握新的传统文化知识。这一方面反映大学生学习传统文化知识的主动性不强，没有意识到其对自身素养的形成具有重要作用；另一方面也说明，当前高校对优秀传统文化教育的投入比较少，力度和重视程度不够。

3. 大学生应用能力不足，出现重理论轻实践的失衡现象

中华优秀传统文化蕴含着诸多为人处世的价值理念，如待人友善、一诺千

金、公平正义等，这些传统美德的弘扬不仅需要我们对理论层面的学习，更需要我们将其转化为行为，在实践中感受传统文化的魅力。然而，很多学生对传统文化的学习局限于书本上的古诗词和文学著作，即停留在理论层面，不能将传统文化中的优秀品质和理念与生活实际相融合，并在实践中弘扬。这也反映出当今教育体系的不完善，如课程设置方面，从小学到高中过于注重知识的传授，仅倾向于对传统文化的记忆背诵，忽视知识的应用；高校文理科对传统文化课程的重视程度不一，造成传统文化教育的盲区。

4. 高校重视力度不够，功利化和形式化问题突出

开展中华优秀传统文化教育必须获得高校领导及教育工作者的全力支持，高校教师也应提升自身的传统文化素养，各学生组织应响应号召，通过举办富有文化底蕴的主题活动，营造浓厚的文化育人氛围。然而，有些高校对传统文化教育的重视程度不足，各层领导对传统文化缺乏一定的科学性和全面性的认识，在教育过程中出现"走过场""不深入"现象。高校并没有提供多样的途径，使学生真正学习到文化的精髓。再从大背景来看，当前社会极力提倡素质教育，但应试教育的影响仍存在。受功利主义影响，学习内容限定在考试、就业范围内，阻碍了高校中华优秀传统文化教育的有效开展。

对传统文化认识的不全面、不深入、不与时俱进，势必会导致大学生人文素养的缺乏，这不仅影响当代大学生价值观的形成，更会动摇社会主流价值观的地位和作用，不利于社会的和谐和稳定。因此，高校加强中华优秀传统文化教育，提高大学生的文化素养和思想素质具有相当的迫切性和必要性。

三、 强化高校中华优秀传统文化教育的新路径

（一）将中华优秀传统文化教育纳入教学计划，充分发挥思想政治理论课主渠道作用

课堂是学习知识、传播知识的主要渠道。因此，高校中华优秀传统文化教育也需要"课堂"这个载体，通过教学提升大学生对优秀传统文化的认知程度。在课程设置上，高校应充分考虑大学生的身心需求，开设他们感兴趣的相关课程，必修和选修相结合、文化概论和经典细读相结合，从面到点，由浅入深，完善高校中华优秀传统文化教育的课程体系。高校思想政治理论课是引导大学生形成正确的思想和价值观的主阵地，也是中华优秀传统文化

教育的重要载体。因此，我们应将优秀传统文化融入思想政治理论课，加大文化教育的比重，使学生在对中华传统文化再认识的基础上，领悟中华优秀传统文化与社会主义核心价值观的思想协同性，帮助他们树立正确的价值观，这不仅能提升思想政治教育的有效性，也能促进大学生对社会主义核心价值观的认同。

（二）创新中华优秀传统文化教育的教学模式，将课堂教学与课外阅读有机结合

兴趣是最好的老师。文化对人的意识和思想会产生一种潜移默化的影响和熏陶，其起作用的前提是激发学生学习的兴趣和热情。传统的灌输式教学显然不能做到这一点。因此，我们要将中华优秀传统文化的教育模式多元化，采取不同的教学组织形式，在积极愉快的氛围中，传递优秀传统文化中的思想理念和价值追求，最终实现"要我学"到"我要学"的转变。此外，教学中还可加入社会实践环节，使学生通过志愿服务、爱心捐赠等活动，切身体会"尊老爱幼""吃苦耐劳""自强不息""见义勇为"的中华传统美德，在实践中逐步形成科学的价值观。

（三）为中华优秀传统文化教育营造浓厚的校园文化氛围，发挥其隐性教育功能

"良好的校园文化是一种隐性的教育力量，它与课堂教学不同，往往会潜移默化地熏陶、影响和塑造学生，使之不自觉地感悟和形成社会主义核心价值观。"因此，高校开展中华优秀传统文化教育，应当紧抓校园文化建设。校园文化主要由物质文化和精神文化两部分组成。在校园物质文化方面，高校应将中华优秀传统文化的元素融入学生生活、学习的每一个角落，让学生全方位受到熏陶和感染。校园的建筑、雕塑、宣传栏、板报、横幅、路牌、标语等硬件设施都可以成为教育重点。在校园精神文化方面，高校应注重校风、学风、教风与中华优秀传统文化的有机结合，并大力支持社团、学生会组织的以学习优秀传统文化为主题的各项活动。理论学习研讨、书法大赛、朗诵大赛、读书沙龙、传统美德教育活动等主题丰富、形式多样的校园活动必定能吸引学生积极参与，再辅之以广播、报纸、校园网站、微信公众号等媒介宣传，这能使大学生不仅深化对中华优秀传统文化的认知，更将其思想精髓内化于心。

（四）提高高校教育工作者的优秀传统文化素养，完善传统文化教育领导机制

在教育活动中，教师发挥着不可替代的主导作用，是决定教育成败的最关键因素。因此，必须提高高校教师的文化素养，全面整合师资力量。高校可以定期开展相关的主题培训、讲座，让教师感受到传统文化的魅力，并适当对教师进行考核，完善培训机制，从源头实施中华优秀传统文化的有效教育。此外，制度的建设是高校开展传统文化教育的最终保障，只有学校党政领导重视传统文化教育，并落到实处，才能将中华优秀传统文化的教育作用发挥到最大。为此，高校要建立健全优秀传统文化教育的领导责任制度、监督机制和考评机制，校党委宣传部、校团委、学工处、教务处等部门形成合力，为中华优秀传统文化教育保驾护航，实现文化育人的最终目标。

（五）利用新媒体开展中华优秀传统文化教育，提升其创新性和有效性

党的十八大指出："要加强和改进网络内容建设，唱响网上主旋律。"当前，信息技术发展迅速，高校应顺应时代和学生需求，将中华优秀传统文化以学生喜闻乐见的形式展现，其中，新媒体就扮演着重要角色。一方面，高校要加强校园网站建设，开辟"中华优秀传统文化学习基地"。在基地上，将传统文化分门别类，以学生感兴趣的不同形式呈现。另一方面，当前大学生愈来愈倾向于碎片化阅读和视觉化阅读，高校需要有针对性地在微博、微信、飞信、QQ 等客户端上进行创意推送，即精简中华优秀传统文化的内容，提炼其中的精髓，使推送内容在富有文化内涵的同时不失诙谐风趣，以吸引众多师生阅读。以新媒体为依托的传统文化教育，将社会主义核心价值观中的大道理层层分化，变成大学生乐于接受的小道理，将大大提升教育的创新性和实效性①。

第四节　革命红歌的精神力量在高校思想引领中的作用

红歌脍炙人口，易打动人的心灵。战争年代唱起红歌，令人斗志倍增，迎难而上，面对敌人，毫无惧色。社会主义建设时期唱响红歌，鼓舞人们自力更生，艰苦奋斗，用勤劳双手改变社会面貌。在大学校园文化建设过程中，唱响

---

① 本节内容来源于金丽馥：《社会主义核心价值观视阈下高校中华优秀传统文化教育路径探究》，《江苏师范大学学报（哲学社会科学版）》，2016 年第 4 期。

红歌，鼓励大学生汲取奋斗力量，鼓舞大学生肩负起时代责任与民族责任，激励大学生为社会主义事业而努力奋斗。

一、 革命红歌精神力量在高校思想引领中的依托载体

在高校中传承革命红歌的精神力量必须依托有效的载体，分为经改造的一般性活动和完全为传承红歌精神力量服务的独创性活动。活动的辅助手段为宣传平台，其长效机制为交流平台。江苏大学一直坚持将活动作为传承革命红歌精神力量的重要手段，与此同时做好宣传平台和交流平台，以使活动的传承效果能达到较大的广度和深度。

（一）传承革命红歌精神力量的外在体现和表达手段——活动

1. 为传承革命红歌精神力量而改进的品牌活动

江苏大学在探究如何在高校中传承革命红歌精神力量的过程中，一直用成熟的、受欢迎的品牌活动平台作为有效途径之一，积极探索在不改变活动原有精神的基础上，将那些成熟的、受欢迎的活动改造为适应传承革命红歌精神力量目标的活动，融入红色元素。以"江大排行榜"校园歌手大赛为例（以下简称"江排"），作为江苏大学学生最受欢迎、覆盖面最广的文化活动之一，"江排"歌手大赛具有良好的美誉度和固定受众群，在这样一个品牌活动中，学校通过对活动的原有流程、主题思想，以及舞台设计和服装效果等方面进行适度修改，成功地将红色歌曲元素植入了活动之中，并引发了良好反响。此外，在"五·四颁奖典礼"、艺术团汇报演出等品牌活动中，也适当地将红歌元素与积极向上的活动主题巧妙契合，达到了很好的效果。

2. 为传承革命红歌精神力量而独创的活动

通过原有成熟、受欢迎的活动平台来传承革命红歌精神力量虽然十分方便和高效，但由于原活动主题的限制，无法完全满足传承需求时，就需要具有独创性的、全面的为传承革命红歌精神力量而服务的活动。江苏大学在这方面也做出了初步的探索，在深入研究之后策划举办了诸如"革命红歌美文选""革命红歌电影节""红歌文化讲座""革命红歌进宿舍"等富有新意、贴合实际的活动。这些活动均以传承革命红歌精神力量为主要目标，在不同方面，以多样的形式强化了同学们对于革命红歌的了解，从而使革命红歌的精神力量从多

个角度渗透到广大学生的思想观念之中。

（二）传承革命红歌精神力量的辅助手段——宣传平台

宣传平台的效果是决定革命红歌的精神力量传承效果的重要保证，而宣传平台在宣传环节中的成功与否又取决于其宣传媒介和宣传内容。江苏大学在开展传承革命红歌精神力量的各项活动中，发挥江苏大学宣传阵地多、宣传范围广的优势，综合应用网络团校、江大青年手机报、新浪官方微博及团学通等媒介达到较好的宣传效果。此外在宣传内容上，在保留一定政治色彩的同时，力求将宣传稿口语化、亲近化，贴近广大同学的语言习惯，融入时下流行的语言元素，使得宣传内容更容易被广大同学所接受。

（三）传承革命红歌精神力量的长效机制——交流平台

在较好地宣传、举办活动后，如何引导同学们进行自发交流、探讨对革命红歌精神力量的理解成了深化传承革命红歌精神力量的长效化手段。江苏大学通过各级学生组织搭建的诸如"红色经典读书月"交流会等现实平台，各级学生组织的新浪官方微博，以及学校内的学生论坛所组成的虚拟平台，为同学们提供进一步交流思想、探讨问题的机会，使同学们对革命红歌的精神内涵加深理解，以更好地促进革命红歌精神力量的传承。

二、 革命红歌精神力量在高校思想引领中的融入元素

革命红歌产生的时代背景与今天的社会环境存在一定脱节，因此在将红歌作为一个优秀的文化、艺术形式展现在具有较多个性需求的当代大学生面前时，应当植入符合时代背景的各类元素，以使红歌能在不失其精神力量的前提下更好地传承。

（一）革命红歌精神力量在高校思想引领中融入的群众性元素

任何艺术形式及其内在文化价值只有在具有群众性的基础上才有可能广泛传播。因此能否通过相应手段，将群众性元素植入革命红歌的表现形式之中就显得尤为重要。以"江大排行榜"校园歌手大赛为例，在这样一个极受群众支持的活动中融入革命红歌，在歌曲演唱过程的舞台设计上设置了教室桌椅、黑板等体现课堂环境的元素，使观众产生一种亲近感和参与感，巧妙地将遥远的革命年代与大学生活场景相融合，并达到了预期的效果。

内涵深刻、时代久远的红色歌曲，其历史渊源却往往鲜为人知。通过征

文、演讲等参与难度小、开展范围广的大众化的方式来探究红色歌曲的历史背景、探讨其文艺历史价值，能够使得更多的同学了解红色歌曲的深刻内涵和历史渊源。以"革命红歌美文选"活动为例，将征文、演讲等为大众所熟知的，具有群众基础的活动形式与红色歌曲文艺价值、历史背景相结合，使同学们进一步了解、发扬红歌中所蕴含的无限精神力量。

（二）革命红歌精神力量在高校思想引领中融入的时尚性元素

革命红歌精神力量在高校中的传承主要是针对大学生，而大学生对艺术和文化的价值判断有其特殊的取向。而时尚但不失庄重的元素一方面适合革命红歌的主题需要，另一方面也更易得到广大大学生的喜爱。因此，在革命红歌的艺术形式中融入时下流行的时尚性元素可以更好地为传承其精神力量服务。以2011年5月的"江大排行榜"校园歌手大赛的开场舞为例，首先在开场曲的选择方面选择了被重新编曲并融入R&B（Rhythm and Blues，意为节奏蓝调）元素的红色歌曲《龙的传人》，并配合街舞呈现；在服装设计方面，选择了既能体现红歌时代背景，又不乏时下流行元素的衣着搭配，如时下广受追捧的海魂衫、梅花衫等服装，营造了时尚新鲜、吸引眼球的效果，同时又传达了革命精神、爱国情怀等讯息；在动作编排方面，将时下流传度广、时尚幽默的动作融入表演之中，引起观众共鸣和关注，最终，使得观众能更自然、更直接地体会到红歌的精神力量，并获得非常好的反响。

三、 革命红歌精神力量在高校思想引领中的深化方式

（一）活动组织方（学生干部）对革命红歌精神的深化方式

组织方作为活动的幕后操作者，对活动起到了绝对的主导作用。在将革命红歌元素融入原有活动或举办独创性的红歌活动时，组织方首先自发地学习革命红歌的精神内涵，体会革命红歌的精神内涵非常重要。在此基础上，结合对观众的了解，将革命红歌的精神融入活动之中。

以"江大排行榜"校园歌手大赛为例，在活动准备初期，组织方便自觉地接触、学习了很多红歌的文化知识背景，深刻了解了红色歌曲深刻的文化内涵，形成了自己的思考，并且从心底认同传承革命红歌的精神力量对形成正确的价值观所具有的正面意义。继而在挑选合适的红色歌曲、组织歌手排演红歌时才能坚定不移地把握正确方向，更好地引导选手诠释红歌的精神内涵，更好

地达成传承红歌精神力量的目标。

（二）活动展示者（参与选手）对革命红歌精神的深化方式

活动的直接参与者是向观众表达活动内容的直接媒介，是实现活动目的的环节。深化参与者对于革命红歌精神的理解，是提高传承红歌精神力量效果的重要保障。

在学校歌手大赛的准备过程中，邀请专业老师向参加比赛的选手们介绍和讲解红歌的历史背景及其蕴含的思想感情，并引导大家共同交流讨论对于红歌的思考和体会，帮助选手更好地通过自己独特的方式诠释红歌的文化内涵，通过他们发自内心的表演感动和影响观众，将革命红歌的精神力量在潜移默化中植入观众的心田。

（三）活动参与者（观众）对革命红歌精神的深化方式

作为红歌精神力量在高校传承的主要对象和受众群，观众在传承红歌精神力量的过程中扮演了极其重要的角色。因此，组织方必须在活动组织的各个方面充分考虑，站在观众的角度，寻找能够使观众在潜移默化中受到红色歌曲革命思想的熏陶的方式，通过渗透教育达到传承革命红歌精神力量的目标。

以"革命红歌乐飞扬，红色情节大家赏"——革命红歌电影节为例，组织方在活动前调查了观众对著名影片中红色歌曲的喜好和看法，在仔细分析了调查问卷后，选择了大家感兴趣的红色歌曲，使得观众得以欣赏到自己喜爱的革命红歌，让观众更投入、更自愿地参与到活动中来。而在观影结束后，邀请观众填写调查问卷，并对观众的观影感受进行随机采访，从而提醒和引导观众对于电影所传达的信息和体现的革命精神形成体会和思考，达到了传承革命红歌精神力量的目标。

加强对革命红歌精神在美育教育中的研究，一方面有利于引领青年学生通过对红歌精神力量的感知和体会，释放激情，接受思想洗礼，培养爱国热情，树立崇高理想，坚定理想信念；另一方面有利于高校团学组织开拓进一步深入开展思想引领的新方向和新途径，为进一步做好广大青年学生的教育和管理工作提供了有效的方法①。

---

① 本节内容来源于杨道建、李洪波、陈文娟、贾敬远、沈阳阳：《革命红歌的精神力量在高校思想引领中的作用》，《科教文汇（上旬刊）》，2012 年第 9 期。

第五节　以一流大学精神引领"双一流"建设

改革开放以来，我国高等教育的发展取得了长足进步，正在积蓄力量踏上更高的发展平台。2015 年 11 月 5 日，国务院发布《统筹推进世界一流大学和一流学科建设总体方案》，提出全力推进世界一流大学和世界一流学科建设，即"双一流"的建设目标，指出力争到 2020 年，若干所大学、若干学科进入世界一流行列。"双一流"建设"对于提升我国教育发展水平、增强国家核心竞争力具有十分重要的意义"，其目的是"为实现'两个一百年'奋斗目标和中华民族伟大复兴的中国梦提供有力支持"。如何才能实现这一目标？"在保障大学的高水准方面，大学精神比任何设施、任何组织都更为有效。"不同的大学精神造就不同的大学，而一流大学精神是一流大学的根基。为实现"双一流"建设的目标，我们有必要对一流大学精神做一番思考。

一、　一流大学精神的特质

大学精神就是浸润在大学文化环境之中，通过大学人的实践活动并经历史的沉淀、锤炼、发展而成，支撑大学存在的生命本质。就其显现而言，大学精神表现为一种反映大学历史传统、办学理念、社会声誉、师生心态、学术气质、学校个性化特色的校园文化形态，根本上体现为"大学人"这一群体特有的生活状态和独特的文化心态。一流大学精神就是体现在历史上的诸多一流大学身上的精神，它成就了这些一流大学，又是在这些一流大学的实践、反思中被提炼出来的。

从中外大学的发展历史来看，一方面，一流大学精神有其共性，总是表现为对人类文明的尊重、对学术自由的捍卫、对科学真理的敬畏、对未知世界的探索、对国家民族命运的关怀、对各种思想文化的宽容。如被誉为"欧洲大学之母"的博洛尼亚大学和巴黎大学，是一个学生与教师自由讨论学问的学术共同体，它们培养了大学尊重学问、自由独立的精神。其后出现的牛津大学、剑桥大学、科隆大学等欧洲大学都吸纳来自所有可能国家的人员，发扬文化贮存与传播、创造与交流的功能，形成学术自治和学术自由的精神传统，并逐步摆脱教会的控制，让大学最终发展成为不受任何势力侵犯的神圣领土。可以说，

"中古大学最具永恒意义的便是它的世界精神，它的超国界的学术性格"。进入工业化时代，知识的重要性越发彰显，大学纷纷将获取知识作为自己的使命。无论是纽曼主教以传授通识知识、培养"绅士"为宗旨的"自由教育"，还是洪堡在柏林大学倡导科研与教学并重、从单纯传授知识到创造知识进而在探索和创造中完善人格的"科学教育"，尊重知识、敬畏真理成了大学的重要精神。20世纪后获得成功发展的美国大学深受实用主义哲学影响，不仅坚持以高深学问服务社会、国家，而且注重应用知识的研究和发展。同时，美国大学又坚决秉持大学自治、学术自由、崇尚科学、坚持真理的精神，如此才成就了耶鲁大学、麻省理工学院、哈佛大学等一大批世界一流的大学。而在19世纪末才创办和发展起来的中国大学，从一开始就与国家、民族的命运紧密联系。无论是坚持"思想自由、兼容并包"的北京大学，还是"尊重教授、'学''术'并举"的清华大学，抑或是以"刚毅坚卓"为校训的国立西南联合大学，它们都秉持了独立自由的学术精神、民主科学的现代精神和救亡图存的爱国精神。

另一方面，一流大学精神在各大学身上又表现为不同的理念、气质和特征。如人们常说的"北大创新、清华严谨、南开笃实、浙大坚韧"，便是这些大学独特精神的概括。又如哈佛大学的"与真理为友"，耶鲁大学的"争取个体独立、捍卫学术自由"，麻省理工学院的"追求卓越、挑战极限"，牛津大学、剑桥大学的"谨严、求真、探索"等，都标示着这些不同大学独具的个性化品质、精神。时至今日，我国大学已经发展成为庞大的组织体系，客观上已经形成了层级差别。同样，大学精神在今天、在不同的大学也呈现出不一样的色彩，在境界上也有了高下之分。有的大学，其精神恢宏博大；有的大学，其精神自在优雅；有的大学，其精神务实严谨。有不同精神的大学就有不同的价值追求、思维方式、学术范式和教学模式，相应地在整个高等教育的体系中处于不同的位置。

一流的大学精神是以探究智识、造福人类为目的的精神，是独立思考、捍卫真理、无私无畏、纯粹专注的精神。一流的大学精神以不断探索求真的姿态塑造时代精神、引领社会文化、培育创新人才，永不满足现状，充满着对现有一切的质疑和批判精神，因此历久弥新。早期的大学精神安静地置身于"象牙塔"之中，专注于保存、传授和发展高深学问。19世纪的柏林大学以其追求自治、自由的学术活动充分表达了这一精神，并在此基础上把握住工业时代的新脉动，增加了科学研究在大学的比重，把探究真理、生产知识的精神发扬光大，因此塑造了辉煌，被赞为学术界的一轮明月，推动了德国科学事业的发达昌盛，使德国成为 19 世纪初到 20 世纪初的世界科学的中心。20 世纪，以威斯康星为代表的美国大学在政府的推动下感受到市场对实用知识的渴求，把握住了科学向技术转化的时代发展浪潮，在传统大学精神中写下了浓墨重彩的新章，以服务国家和公众为己任培育出了一大批世界一流学科和一流人才，从此执世界高等教育牛耳。一流大学发展的历史反复呈现出这样的规律：只有不断追求，勇于创新，成为引领者才能成为真正的"一流"，因为所谓"一流"者，一定是领跑者，而不是跟从者，一定是创造者，而不是模仿者。

一流的大学精神又是保守的，始终以自己的原则守护学术家园，拒绝诱惑，拒绝妥协，坚持自己的操守，不为外物所动。大学之所以为大学，自然是因为大学具有独有的精神和气质、独有的生命活动形式和轨迹。无论是立于京城禁苑的太学、栖身郊外的柏拉图学园，还是中世纪由学生行会而来的博洛尼亚大学、教师行会组建的巴黎大学，无论是柏林大学、莱顿大学，还是麻省理工学院和哈佛大学，都坚守着大学的操守和自身的底线：坚持对真理的追求，对知识的好奇，对人类最高价值的探索和引领，绝不向谬误、谎言妥协，即使它们包裹着巨大的利益诱惑，或者强大的力量威胁。一流的大学精神是具有活泼的生命力的，因此在不同时期、不同地域会有不同的具体显现，但一流的大学精神又是具有延续性的，在任何时空都横亘于大学组织之中，作为大学所有成员的信仰而世代传承并发展，在他们日常的言谈、活动中显现、流转，让保有这种精神的大学或学科具有顽强的生命力，老而弥坚，坚不可摧。

一流的大学精神是理性而严谨肃穆的。一流的大学精神对于时尚和流行的东西保持着警惕之心，不让自己受到情绪、偏好、利益乃至价值观念的影响，以免被蒙蔽了心智而远离了真相。在这种精神的指引下，大学的成员会用心研究每一个存在于理念或现实中的东西，仔细甄别其真伪、善恶、美丑，会自觉与违背事实、逻辑的东西划清界限。一流的大学精神不会盲目跟风，而是有自己的骄傲和自信，有自己的坚持乃至固执，不会仅凭任何单一外在的标准，如经济的、政治的标准来评价自己的学术活动、教育工作。一流的大学精神矗立在那里，它就是大学发展的风向标。一所大学的精神与一流大学精神的距离就是这所大学与一流大学的距离。一流大学精神照耀下的大学是能够引领人类不断获得知识、获得力量，不断可持续地进步发展的大学。这样的大学才配称之为一流大学。

一流的大学精神又是感性而激情满怀的。大学精神并不是先验的抽象存在，而是具体存在于大学实现理想、目标的过程中，生成于大学一代代成员的具体行动之中。作为支撑大学活动的生命律动，大学精神是蕴含在大学日常行动之中的实践智慧。这样的大学精神"在明明德，在亲民，在止于至善"，对人类的命运充满关怀，勇于担当国家民族发展的重任。一流大学精神不是只顾埋头"格物"制作器具，而是通过格物致知通达诚意正心修身，目的是齐家治国平天下。因此，一流大学精神必然是引领社会主流价值、形塑时代精神的灯塔，能够为人类照亮前行的道路。在一流大学精神光耀下的大学是社会良心的所在，是人类共同体在野蛮、倾轧中走向文明、美好、和谐、幸福的希望。

何谓一流大学？能够培养出一流的人才，产出一流的学术成果的大学就是一流大学。一流的大学精神渗透在大学的教育、学术活动之中，育化一流的大学教学、科研活动。当一所大学失去了这样的大学精神，其行动方式就不可避免地表现出急功近利的一面，越努力离"双一流"越远，即使其在短时间内获得如昙花一般炫人眼目的成果，也会如昙花一般转瞬凋零。在实践层面将高等教育的应然状态更准确、更科学地转为实然状态，是一个多维主体、多元价值动态博弈的结果。

二、 一流的大学精神涵育一流的人才

朱克曼研究美国的诺贝尔奖获得者、科学院院士的时候发现了"科学界超级精英的未来成员集中在名牌学校的现象"。换言之，评价一所大学是否属于一流，"产出"一流人才是一个重要指标。一流人才，首先是指在自己的工作领域中获得了巨大的成就，这些成就使整个行业进入到新的发展层次，引领了一个时代发展方向的杰出人才，其代表人物我们一般称之为"大师"。观察古今中外的大师们，虽然个性差异极大，成长经历也各不相同，但还是有些共同之处。首先，大师都具有很强的创造能力。创造能力很难通过一定的规格培养出来，它来源于反思批判的精神、独立思考的精神和持之以恒的精神。其次，大师大多具有高尚的人格。高尚的人格很难受到功名利禄的诱惑，大师们往往沉迷在工作中废寝忘食。大师的人生往往简单干净，对真理抱有诚挚、热烈的

情感。再次，大师都具有开阔的眼界，其心怀宽广似海，善纳百川。大师不会囿于狭隘的专业壁垒之间，既不会同行相轻，也对其他领域的知识怀有强烈的好奇心并广泛涉猎。唯有以真理为信仰，诚挚勇敢，专注严谨的一流大学精神才能涵育出大师的灵魂。一流人才，尤其是大师的涵育必然经过漫长的周期，需要教育者与受教育者有足够的耐心。而支撑这份耐心的是对人必须且能够不断自我完善、自我超越的信仰，是对通达真善美大学精神的信念，是对以人为本教育理念的信心。而这种信仰、信念、信心就是一流大学精神的实质，也就是一流人才能够成为一流人才的精神内核。

　　钱理群先生说中国的大学正在培养"高智商，世俗，老到，善于表演，懂得配合，更善于利用体制达到自己的目的"的精致的利己主义者。精致的利己主义者无论如何算不得一流的人才。第一，精致利己主义者的核心之处在"利己"，当社会、他人利益与其自身利益发生冲突的时候，他们会毫不犹豫地选择牺牲社会和他人的利益。在利益一致的情况下，精致利己主义者会和他人形成短暂的合作，但其自身的利益永远都是其行为的根本出发点，对于社会的存在具有很强的腐蚀作用。第二，精致利己主义者的生命过程注定是孤单寂寞的。在精致利己主义者的生命体验中与他人的分裂、对抗是主要的体验，他们的心理容易扭曲，难以真正体会到幸福。第三，最重要的是，精致利己主义者的人格是分裂、扭曲的，总是处于内外、表里不一的状态中。由于人是社会性动物，社会是人存在的基础，精致利己主义者也不能离开社会而存在，他们不得不一边维护、迎合着社会的规则，一边又对这些规则嗤之以鼻并暗自破坏。我们所谓一流的人才，首先是人，然后是才，是爱因斯坦在悼念居里夫人时说的"对于时代和历史进程的意义，在其道德品质方面，也许比单纯的才智成就方面还要大"的那种人才，是立志"为天地立心，为生民立命，为往圣继绝学"的人，而绝不是将学术当成升官发财敲门砖的人，也绝不是世故精明擅长钻营之术把他人和自己都变成牟利工具的人。退一步说，即使仅仅从能力一个层面分析，精致利己主义者也不能成为一流人才，因为他们太多的天赋、时间、精力要用于琢磨更快获得利益和拉拢并算计他人上。所以，中国这么多年来一直不乏"功成名就"者，但"钱学森之问"还是刺痛了所有人的心。

　　毋庸讳言，大学的人才培养方向自现代以来就转向了专业化、职业化。哈佛大学校长艾略特曾说："我们要培养实干家和能做出成就的人，他们成功的事业生涯可以大大增进公共福祉。我们不要培养世界的旁观者、生活的观众或对他人的劳动十分挑剔的批评家。"针对大学日益严重的书斋化现象，艾略特将大学的知识生产和知识传播与社会生产、生活实践相结合，开辟了更广阔的学术天地，其意义非常重大。可惜的是，在资本主义物化社会的背景下，面向实践的学术空间日益窄化成了工具化、效率化的技术空间，那些"没用的"或者"低效率"的人文社会科学知识、基础科学的生产和传播从业者越来越少，进入大学接受高等教育的聪明人往往涌进专业技术色彩浓厚的领域，很多在大学里学习基础科学的都是无奈"服从"调配的。大学在排行榜的各种指标指引下"对标发展"，日益焦虑，不断分解指标，规范大学教师的工作方向、工作方式，出现了首重课题、次重获奖、再重论文的制度导向，教书育人仅仅在口头和文件中占有重要地位。"应当有一种教育，依此教育公民的子女，既不立足于实用也不立足于必需，而是为了自由而高尚的情操……处处寻求实用是对自由大度胸怀的极大歪曲。"这种教育才是一流大学精神应当呈现的教育，这种教育才能培养出一流人才。教育是面向未来的具有战略性的、全局性的事业，不能急功近利。坚守一流的大学精神，坚持以探究智识、造福人类为目的的办学精神，才能培养出勇敢坚毅、无私无畏的一流人才，这才是"双一流"建设的正道、通途！

三、 一流的大学精神涵育一流的学术

学术活动是大学之为大学的内在生命之源，既是大学存在的根基，亦是大学发展的动力。无论是一流大学还是一流学科，都是必然以一流学术为砥柱。大学精神则是学术生命活动的灵魂，决定着学术发展的高度、广度和深度。有什么样的大学精神，就有什么样的学术活动，也就有什么样的学术成果。一流的学术成果必然由一流的大学精神所育化。缺失一流的大学精神就永远孕育不出一流的学术成果。

一流的学术秉承着一流的大学精神，表现为对真理纯粹的执着和坚守，是不断打破有限、探求未知的实现人类自我超越的创造性活动，是内含着崇高的理想、高尚的情怀和宏大的视野，实现人类迈向文明的伟大行动，是一个时代的文化标志。一流的学术活动有自己的"文化性格"，有共同的价值信仰和学术传统，有群体自觉遵守的行为范式，不盲从、不谋私、不偏狭。一流的学术

是耐得住寂寞、担得起挫折的活动，是板凳能坐十年冷、文章不写一句空的精神操守。一流的学术成果是一流学术活动厚积薄发的结晶，无论它甫一诞生便引发欢呼，还是沉寂多年才得到理解，都是经得起时间的考验，能够最终凭借其理论宽度、思想深度启迪人类智慧、增加人类知识、推动了人类进步的成果。

对照一流学术的尺度，当代大学需要面对的学术问题主要有三方面。其一，工具理性侵蚀大学精神，学术活动失却终极的目标。资本主导的现代性社会以工具理性和符号意义的方式实现了对世界的解构及虚拟化重建，以高度抽象的普遍性抽离了人的生活具体，由此造成了对人类终极问题的无形消解。学术活动内在的高贵精神被剥离，学术成果变成可以交换利益的筹码。对学术本身的热爱被诸多功利性价值诉求排挤出大学建设的中心地位，对数量和形式的追求超过了对质量和价值的责任感。日益世俗功利化的大学越来越难以为社会发展提供高层次的精神源泉和动力。其二，大学对政治权力的依附，使得知识往往只有凭借政治的权力才能获得其本身应有的地位。大学的学术活动方向、内容、成果评定慢慢围绕着权力（人脉）展开，将学术研究人员及其学术活动分成三六九等，等级越高资源越丰富。大学学术活动的"马太效应"日益增强，怎样更快爬上更高的学术序列而不错失更多的机会让大学学术研究人员尤其是年轻学者日益焦虑。其三，大学对市场的盲从，使得学术活动都以市场化标准（主要是经济效益、量化评定）进行考核，由此造成大学教师和学生忽视基础理论研究、轻视纯粹学术探讨，甚至为了迎合市场的需要，某些大学学者不惜造假、掩盖真相，被公众讽之以"砖家""叫兽"。以上问题都是缺失一流大学纯粹、真诚、无私、坚韧精神的表现，因此偏离了学术的本真——学术是用以探索未知世界、追求人类幸福生活、生成人的自由解放生活的，而不是谋取利益的工具。当学术沦为工具，其价值的评估尺度就只能是获得利益的大小、速度。以上是这个时代大学存在的主要学术问题，中国大学能否跳出现代化陷阱，以一流大学精神为魂打造出一流的学术精神、行为范式，产出一流的学术成果是能否实现"双一流"建设目标的根本所在。

无疑，大学必须融入五光十色的具体生活，要服务社会，要满足政治经济的需要，不能脱离社会的具体需要只作为精致而易碎的"象牙塔"存在下去。然而，如果一所大学努力地迎合社会上各色各样的需求，不能发挥对社会文化的批判功能与创新功能，不能引导社会文化进步，反而被社会流行文化左右的话，这样的大学无论如何也攀不上一流——毕竟所谓一流者，必然拥有自己独特的立身之本与骄傲，那就是对真理的热爱和坚守使它们成为矗立于激流中的砥柱而不是无根飘荡的浮萍。要成就一流的学术，就需要理顺大学与国家、社会的关系，建构和谐的学术环境。学术活动的土壤是现实的社会生活。大学是国家的智源，是社会的重要构成。大学与国家、社会之间是成员与家庭的关系——国家给予大学安全的保障，社会给大学提供生成的平台，大学则回报国家、社会以文化、思想及精神的支撑。"大学之文化传承和创新关系到国家民族乃至人类社会的文明程度及其进程"，所以打造一流的学术，就要努力达成大学与国家、社会的圆融关系，把握学术活动的边界。首先，打造一流学术就要把握学术活动的权力边界。学术活动的思辨性、批判性、创新性决定了它的自由性。但自由有度，学术权力的行使必须遵守国家法律，不损害国家和社会的利益。与此同时，国家应当始终坚信，任何基于理性的探索必将造福于国家和民族，学术权力的理性运用只会提升国家权力的力量。其次，打造一流学术也要把握学术活动的方式边界。大学是以理论、思想、文化、育人的学术方式服务国家和社会的，往往不具有直接的功利性和现实的效益性。尊重大学的学术方式，就要让"学术体系一定不能完全变为商业性质，不能仅仅生产文凭和知识"。最后，打造一流学术要把握学术活动的道德边界。大学是知识的圣地，是精神文明的摇篮，因而对自己有着不一般的道德要求。学术活动首先不能违背社会已然形成的公序良俗，同时由于学术活动指向的是人类社会生活的真善美，对从业者道德境界的要求更高、规范更严。

四、 一流大学精神的生成养护之道

首先是要树立以大学师生发展为中心的大学发展理念。无论大学秉承何种精神特质，呈现何种形态，都是围绕着大学发展理念展开的。一流的大学精神一定是以一流的大学发展理念为其最坚硬的内核的。大学发展理念层次的高低根据其距离人类社会存在发展的根本目的远近来判定。人类社会发展最根本的目的就是人自身的发展——实现人的自由和解放。人类无论是为探究世界做出的努力还是培养下一代的付出，都是为实现这一目的。从这一意义上说，大学的发展理念越接近人的发展、解放，这一根本目的就越是"高级"。为什么要

建设一流大学？其只是追求在世界大学中的排名？当然不是，"双一流"建设直接目的是为中华民族的伟大复兴做贡献，间接目的是为了人类的文明和进步做贡献，为了服务"人类命运共同体"。围绕这样的大学发展理念形成的大学精神不是外在的赐予和规制，不是抽象的道德律令，而是大学师生在活动交往中自然生发的，是师生在自身不断积累的获得感中形成的共同价值理念。我们只有树立以大学师生发展为中心的大学发展理念，才能生发出一流大学精神。

其次是要引导师生养成独立思考的习惯。大学是围绕高深知识的生产、传承组织的专门性育人机构，创新是大学与生俱来的特质，创新力是一所大学成功与否的重要评判尺度，也是一所大学的个性之所在，是一流大学精神的重要特质之一。大学要创新离不开师生独立的思考判断能力。人类社会到了今天进入到一个全新的阶段，曾经被视为理所当然的很多东西在不久的将来可能都会变得陈旧、落伍，举步维艰。我们的大学能否成为一流的大学，我们的学科能否成为一流的学科，中国的高等教育能不能领军新时代，关键看有没有"一流"的大学精神：那种勇于开拓、勇于打破已有发展模式，离开熟悉平坦发展道路的精神；那种勇于面对新时代、新机遇、新社会要求的精神。缺失了这种精神的大学，不仅不能成为最先进的世界大学，也难以用最快的速度学习、赶上那些先进的大学，永远成不了真正的一流大学，而支撑这种精神的就是师生独立思考的习惯。独立思考意味着充分发挥每一个师生的智慧，意味着思想的碰撞，还意味着不断学习接纳新的思想养料，不断总结、反思、进步。在师生普遍的独立思考习惯中，追求真理、勇于开拓、不断创新的一流大学精神就得以茁壮成长。

最后是要全面开拓大学师生的眼界，并提高大学师生的境界。一流大学精神应当是健全的精神，而健全的精神只能存在于大学师生开阔的眼界和崇高的境界之中。境界与眼界相互关联，眼界决定境界，境界又影响格局。在现实中，囿于学科之间的藩篱，一些大学教师眼界相对狭隘，无法形成博大的胸襟气度，限制了大学学术发展的高度与人才培养的水平。因此，拓展师生的知识结构以开拓大学师生的眼界并提高其境界，才能培植出一流大学精神。大学人文学科的师生如果不关心科学技术的进步，就只能停留在从逻辑到逻辑的抽象演绎中，把握不到时代发展的规律，也就不能形成对时代具有深刻解释力、影响力和引导力的理论成果。理工科的师生如果没有人文知识，缺乏人文素养，就无法跳出有形的局限，必然深陷在工具性思维中难以自拔，无法触摸到自然科学最深层次的脉动，犹如盲人摸象，也就难免故步自封、盲目自大，失去反思的能力。唯有开拓大学师生的知识眼界，调整大学师生的知识结构，培养其科学、全面的思维能力，并促使其形成道高德重之境界及海纳百川之胸襟气度，一流大学精神才能喷薄而出①。

———————————

① 本节内容来源于章维慧、殷学东：《以一流大学精神引领"双一流"建设》，《高校教育管理》，2018年第1期。

第五章　新时代高校文化育人的实践探索

第一节　江苏大学制度文化育人实践

文化育人是高校进行思想政治教育的有效环节，是为学生提供正确的导向、培育青年学子的人文情怀，以及在大学生群体里构建社会主义核心价值观的重要途径。党的十八大以来，党和国家高度重视文化对个人、社会、民族的涵养作用，文化的力量不断凸显，高校文化育人的内涵不断丰富，育人形式不断创新。江苏大学坚持把立德树人作为根本任务，把文化育人作为实现立德树人的重要路径，着力加强制度文化建设，高度重视精神文化建设，大力夯实环境文化建设，充分激活各种机制要素，积极探索，勇于实践，摸索出了一条彰显时代特征、有江苏大学特色的文化育人实践之路，不断推动文化育人工作向好、向前发展。

高校制度文化体现了社会大文化对高校的要求、制约与影响，它通过反映高校制度所蕴含的价值理念和行为规范，为高校师生提供了活动规则和评价标准，既为高校师生明确了自由活动的空间，也制约并引导着高校师生的行为方向。制度文化的本质是将办学理念、大学精神等深层次的精神文化因素转化为具体可操作的实践行为，为高校进行人才培养、科学研究、社会服务等具体功能提供引导和激励。高校制度文化强调依法治校，契合高校立德树人的历史使命，主张构建各具特色的制度文化体系，形成以人为本、科学高效、规范有序的现代高校治理机制，营造催人奋进、自由民主、健康和谐的校园文化环境，将尊重人、理解人、关心人体现在高校制度文化育人活动的方方面面。

高校制度文化育人效能的提升离不开高校制度体系的建设，只有形成系统化、规范化的高校制度体系，才能形成良好的高校制度文化。江苏大学在制度文化方面不断尝试、积极探索，制定出台一系列系统化、规范化制度，努力完善以章程为核心的包含教学制度、学科管理制度、学术交流制度、财务制度等在内的规章制度体系，不断提高制度供给水平和制度建设质量，形成了良好的制度育人体系，营造出良好育人氛围。设立制度完善年，文件出台后定期对文件进行清理、更新，确保学校规章制度的科学合法和协调统一，着力提升学校治理体系和治理能力现代化水平。

江苏大学在制度文化育人实践中，总结出以下经验：

高校制度文化建设要重视顶层设计。高校制度文化建设必须重视顶层设计，只有做好制度的顶层设计，对高校制度体系进行合理的规划布局，才能使制度育人工作秩序井然、格局清晰、有条不紊地开展。做好制度体系的规划布局是提高高校制度体系规范性、科学性的重要举措，是形成优质高校制度文化的基础，应当将其作为高校的重点工作来抓，从人员、空间、资源、体制机制等各个维度做立体化、全方位的考虑和安排。通过合理的规划实现高校人、财、物与体制机制的协同，提高资源的配置效率和整体效益，最大限度地避免制度间出现矛盾和冲突，减少资源内耗。

高校制度文化建设要提升可操作性。制度的可操作性不仅是制度科学性的一种体现，更是制度能否落地生根的关键。制度的可操作性是通过制度的实施过程体现出来的，如果制度缺乏可操作性，在实施过程中无法发挥出其应有的价值和作用，制度将被束之高阁，成为摆设，其中蕴含的制度文化也无法传达到学生的内心深处，更谈不上利用高校制度文化进行教化育人，这不仅有损制度的严肃性和权威性，更容易引发学生对制度合理性的质疑。所以，制度的制定绝不是"拍脑袋"决策，必须结合高校特色和办学实际，经过充分调研和反复论证而成型。扩大制度覆盖面，不断提升其规范化、精细化、人性化程度，促进高校制度文化育人功能的有效发挥。

高校制度文化建设要加强分工合作。高校的管理工作涉及方方面面，规章制度的建立也涉及各个职能部门。制度的制定主体混乱会导致政出多门、制度冲突的情况，因此，要建设完善的高校制度体系，充分发挥制度文化的育人功能，必须科学分配权力，形成职责明确、分工协作的制度体系。首先，合理分工是协作的前提。各部门分工必须明确，理顺部门之间的关系，明晰责权划分，做到各司其职，确保高校的各项工作得到落实。其次，要加强各方联系，促进沟通合作，相互配合、相互监督。在协作中，实现信息资源共享，避免重复劳动的同时也能避免出现制度矛盾冲突的现象，提升工作效率。各部门间分工协作能够更高效地配置教育资源，充分调动人力、物力和财力，更好实现彼此间的配合支持，形成工作合力，推进高校制度体系建设与制度文化的生成，为高校思想政治教育工作添砖加瓦。

要打造充满文化色彩的制度体系。制度本身是文化的一种表现形式，具体清晰、简明扼要、饱含激情的制度可以给人以诗歌、散文的美感，这样的制度既能规范约束学生群体的行为，又能陶冶净化人的内心世界。建设充满文化气息的高校制度，是提升高校制度质量的要求，更应该是推进高校制度文化育人的应有之义。意蕴丰富、审美高雅的高校制度文化不仅是高校前进的助推器，是教师丰富自身的内在动力，更是学生实现自由全面发展的保护伞。学生总是要离开校园走向社会的，随着时间的推移，在校所学的知识和技能可能会逐渐淡忘，但受高校制度文化熏陶而形成的情感、态度、价值观却很难舍弃，塑造成型的气质和人格更不会轻易发生改变。

一、 江苏大学 "文化育人" 工作实施方案

为深入学习习近平新时代中国特色社会主义思想和党的十九大精神，根据《教育部办公厅关于第二批"三全育人"综合改革试点单位名单的通知》（教思政厅〔2019〕1号）要求，结合《江苏大学"三全育人"综合改革建设方案》内容，进一步推进学校"三全育人"综合改革工作，提高学校文化育人工作水平，现结合我校实际，制定本方案。

（一）指导思想

全面贯彻习近平新时代中国特色社会主义思想和党的十九大精神，围绕立德树人根本任务，积极培育和践行社会主义核心价值观，以传承弘扬"博学、求是、明德"校训为主线，以凝练培育"江苏大学精神"为核心，以组织开展各项载体活动为抓手，构建体现时代特征和学校特色的校园文化，提升学校的文化育人水平，营造良好的育人氛围，充分发挥校园文化滋养心灵、涵育德行、引领风尚的功能，为建设高水平有特色国际化研究型大学提供强大精神动力和文化支撑。

（二）工作思路

1. 坚持文化育人与服务社会相结合

既要坚持立德树人根本任务，以文化人，以文育人，向社会输送德才兼备的优秀人才，也要贯彻落实习近平总书记"四个服务"思想，强化学校坚持立足地方、服务行业的使命，提升学校社会服务的贡献度和美誉度。

2. 坚持服务师生与学校发展相结合

既要坚持以师生为本，满足师生员工不断增强的文化需求，充分发挥师生员工在文化育人建设中的主体作用，也要为学校发展积聚文化力量，培育文化特色，增强学校的凝聚力、向心力和感召力。

3. 坚持文化传承与创新发展相结合

既要彰显学校百余年来的历史文化积淀和人文底蕴，也要适应经济社会发展对教育事业的新要求，展示新时期学校办学理念、办学特点及发展愿景。

4. 坚持融合共性与彰显个性相结合

既要遵循文化育人建设规律，把握文化发展方向、共同要素和基本内涵，也要注重发挥学校办学特色，结合办学理念、校训校歌、校徽校风等文化元素，建设具有江苏大学形象、品质和风格的文化校园。

（三）工作目标

大学文化是中国特色社会主义文化的重要组成部分，是大学的精神和灵魂，学校要将文化育人工作作为重要职责，扎实推进校园文化建设，努力提升江大精神在全社会的凝聚力、影响力和感召力，力求呈现文化活力竞相迸发、文化环境不断优化、文化成果不断涌现的生动局面。

1. 精心打造"江大文化品牌"

依托校院发展历史及人文积淀，挖掘、凝练在长期办学过程中所形成的推动师生探求真理、实现理想的思想文化力量，推进"一院一品"校园文化建设。在进一步做好"人文大讲堂""五棵松讲坛""辉煌一课""校园热点面对面""江大之春"及名人讲座、读书节等品牌活动的同时，培育校园文化精品，提升品牌内涵，精心打造出具有一定影响力的、有江苏大学特色的校园文化品牌。

2. 弘扬宣传"江大精神"

秉承"博学、求是、明德"校训，大力弘扬"自强厚德，实干求真"江大精神，营造开放包容、兼收并蓄、海纳百川的校园氛围。深入开展校史文化研究与传播，以社会主义核心价值观为引领，加强"江大精神"宣传，进一步增强广大师生员工对学校的认同感、荣誉感和归属感。加强哲学社会科学学术话语体系建设，切实将传统文化、革命文化、社会主义先进文化有机融入校园文化，形成江大人独特的价值坚守与文化品质。

3. 构建完善内部治理体系

紧扣"宏观制度设计、中观贯彻执行、微观评价实施"三大核心抓手，完善学校制度体系和运行机制，将立德树人贯穿学校教育教学全过程和学生成长成才全过程，推动育人目的、手段和效果的有机统一。

4. 大力提升环境文化内涵

进一步完善和加强与学校精神文化相匹配的文化景观、文化设施、文化阵地和品牌形象建设，全面提升学校环境文化的功能和品位，打造秉承学校传统、蕴涵学校特色、自然环境与人文环境交相辉映的环境文化。

（四）工作举措

1. 实施精神文化建设工程

（1）实施大学精神凝练计划。深入挖掘学校的办学历史和文化内涵，不断拓展江大精神的展现手段与宣传方式，切实提升江大精神的引领与辐射作用，努力做到全校上下人人知晓、自觉践行江大精神。坚持以"典型引路"为抓手，认真打造新生"思政第一课"、毕业前"思政最后一课"，以"校园热点面对面""辉煌一课""五棵松讲坛""人文大讲堂"等高端文化讲坛为载体，发挥校内专家、名师、学者典型示范和带动作用，努力培育师生"能吃苦、善创新、敢担当、乐奉献"的江大特质。丰富江大精神文化建设载体，通过参观校史馆、出版"江苏大学文化丛书""江苏大学五棵松文化丛书"、开展"走进校友·寻找江大记忆"等校史校情系列讲座与报告会，引导师生了解学校历史发展脉络和重要历史时期，强化师生校史认同和身份认同，彰显江大人的育人传统、学术精神和文化积淀。

（2）实施社会主义核心价值观引领计划。加强培育和践行社会主义核心价值观长效机制建设，坚持贯穿结合融入、落细落小落实，把社会主义核心价值观体现到教书育人全过程，工作有方案、有成效，引导师生准确理解和把握社会主义核心价值观的深刻内涵和实践要求。开展师生社会主义核心价值观主题教育活动，开展知识竞赛、征文比赛、志愿服务，评选"感动江大人物"，邀请模范进校园，举办文化道德讲坛等丰富多彩的活动形式，打造精品文化活动，使师生更加深刻地领悟社会主义核心价值观，引导师生坚定道路自信、理论自信、制度自信、文化自信。培育、选树和宣传一批学习励志、实践奉献、参军报国、诚信友善、创新创业、志愿服务等方面践行社会主义核心价值观的先进典型，展现学校师生员工的优良精神风貌，营造积极向上的校风学风。

（3）实施中华优秀传统文化弘扬计划。坚持开展"中华经典诵读""读书节""戏曲进校园""话剧进校园""高雅艺术进校园"等文化品牌活动，不断营造浓郁的校园文化氛围。大力倡导广大师生养成自主学习和探究国学经典的习惯，依托篆刻、书法、国画等文化艺术类社团开展情趣高雅、丰富多彩的活动，打造"礼敬中华优秀传统文化"品牌。抓住传统节假日等重要时间节点，深入开展"我们的节日"主题活动，实施中国传统节日振兴工程，积极鼓励师生走出校园、走向社会、走进自然，躬身实践传统文化。培育具有学校特色的体育文化成果，建设一批文化传承基地，工作有方案、成果有展示，引导高雅艺术、非物质文化、民族民间优秀文化走近师生。

（4）实施革命文化挖掘计划。加强革命传统教育和爱国主义教育，弘扬民族精神和时代精神，利用重大纪念日契机和重点文化基础设施开展革命文化教育，组织编排展演一批以革命先驱为原型的舞台剧、以革命精神为主题的歌舞音乐、以革命文化为内涵的网络作品。通过丰富多样的活动形式，引导师生坚定理想信念、崇尚荣誉责任、健全人格品德，增强爱国意识、集体意识、奉献意识。

2. 实施制度文化建设工程

（1）依法完善制度体系。根据时代要求，依照有关法律法规，将办学成功经验制度化，建立健全科学规范、以人为本的规章制度体系，使学校的各项工作有法可依，有章可循，有据可查。尤其要在领导干部能力素质提升、高层次人才队伍建设、教育教学改革与人才培养、人事分配制度改革、党建与思政工作评估、提高办学效益绩效考核等方面加强制度建设，进一步规范化、科学化、制度化、人性化，确保各项制度高效、有力执行。创新教育和宣传手段，营造良好的社会和校园舆论氛围，进一步提升师生对学校制度文化的认同感，使全校师生员工人人知晓并自觉履行法律法规和学校规章所赋予的权利和义务。

（2）完善内部治理结构。严格遵照《江苏大学章程》，坚持和完善党委常委（扩大）会、校长办公会议事制度。落实学院党政联席会议议事规则，健全学院民主决策机制。充分发挥学校学术委员会在学科建设、学术评价、学术发展中的重要作用。全面实施学院教授委员会制度，充分发挥学院教授委员会在教学、科研和学校管理中的作用。依据科学、高效的原则，科学合理设置机构，打破部门壁垒，强化服务职能，激发学校办学活力，充分调动全校师生员工的积极性和创造性。

（3）加强学校民主管理。坚持和完善学校教职工代表大会、工会会员代表大会、团代会、学代会和研代会制度，充分发挥群众团体、民主党派，以及各级人大代表、政协委员民主决策、民主管理和民主监督的积极作用，完善师生舆情反馈制度和重大决策征求意见制度，不断扩大师生员工对学校工作的知情权、参与权、表达权和监督权。完善校领导接待日、校领导联系基层、师生来信来访等制度，构建多层次、全方位的沟通交流平台。

（4）建立健全典仪制度。建立健全学校各类庆典活动、学术活动、文化活动等仪式规范。学校对各类学术、文化、表彰、节庆等重大重要活动，建立专门规范的典仪制度，营造庄重、简朴的活动氛围，既突出个性、富有特色，又品味高雅、富有内涵，延伸典仪活动的育人功能。将升旗仪式、开学典礼、毕业典礼、学位授予及大型文体活动开（闭）幕式等重大典仪活动，办成学校的文化经典，激励师生珍视荣誉、加深对学校的感情。部分重大典仪活动向家长、校友和社会开放，展示学校形象，扩大学校影响。

3. 实施环境文化建设工程

（1）做好文化景观建设。做好校园文化景观的系统性、整体性、专业性顶层设计，实现校园山、水、园、林、路、馆建设使用、审美、教育功能的和谐统一，让校园处处成为育人场所。在校园文化景观设计中体现学校精神和传统，选择适宜地点，建设若干与校园环境相融合、彰显大学精神与办学理念的主题雕塑、文化长廊、休闲驿站等公共艺术作品，着力打造高层次、高品位、精致化的文化社区，进一步增强校园文化环境的人文底蕴和教育功能。重点保护好校园内戴家山新石器晚期居住遗址，以及体现学校悠久办学历史和文化风格的早期建筑、道路，挖掘和传播背后的人文历史信息，让"每一堵墙都能说话"。

（2）建设校园场所文化。开展文明校园创建，落实中央文明办、教育部关于文明校园建设的要求，调动各方面积极性，深入开展文明教室、文明宿舍、文明校园、文明家庭等创建活动，把文明校园创建与书香校园、美丽校园、法治校园结合起来，切实把学校建设成为社会主义精神文明高地。坚持和完善《江苏大学校园文化环境管理规定》，建设、维护好校园文化景观，进一步加大办公室、教室、实验室、餐厅、宿舍等场所的文化建设力度，优化校园文化小环境。规范各类室外雕塑、设计作品的建设与管理，新建一批与学校有着深刻关联性的室外艺术作品。推进校史馆、中国农机文化展示馆、校名文化产品中心"两馆一中心"建设，展示学校发展历史以及新时期江大发展建设成就，从而成为优秀传统文化展示和办学精神教育的重要平台，成为大学生思想政治教育的基地，深化校园文化育人内涵。

（3）加强思想文化传播阵地管理。完善大学校园环境管理规定，规范校园横（条）幅的悬挂和张贴，以及展板、宣传栏、电子屏等宣传品的管理。加强对各类学术研讨会、报告会、讲座的管理。整合学校宣传思想文化资源，重点加强校报、广播、电视、网站以及官方微博、微信、抖音公众号等传统媒体和新媒体的融合建设，使之成为传播新思想、弘扬正能量的平台，成为师生思想政治工作和校园文化传播的重要阵地。

（4）完善校园形象文化建设。倡导师生牢记校训、学唱校歌、佩戴校徽，将校训校歌贯穿于学校日常景观文化、氛围营造和校园文化活动中，增强师生对学校的文化认同、使命认同和情感认同。继续推进校名文化产品开发工作，强化校园文化润物无声的作用。全面加强和改进学校美育，定期整合美育信息，编印介绍学校风貌及各方面办学成就的画册和宣传品，拍摄发布系列宣传片，注重中英文版本并进行动态更新。

4. 实施行为文化建设工程

（1）加强校园文化品牌建设。制定校园文化建设总体规划，有年度工作实施计划和重要项目，创新校园文化品牌。深入挖掘校史校风校训校歌教育作用，推进"一校一品"校园文化建设，进一步发挥校园文化的教育与引导功能。持续开展"人文大讲堂""五棵松讲坛""读书节""校园热点面对面""辉煌一课""江大朗读者""高雅艺术进校园"等品牌活动，推进实施"高校原创文化经典推广行动计划"，扶持师生原创歌剧、舞蹈、音乐、影视等文艺精品扩大影响力和辐射力。加强对学院文化、社团文化、社区文化、班级文化等组织文化的建设力度，在全校培育更多具有社会影响、育人实效与师生认同的校园文化品牌。广泛开展"我的中国梦"等主题教育活动，推选展示一批主题鲜明、特色明显、影响面广、有示范性、可持续发展的校园文化建设优秀活动项目。

（2）加强教风学风建设。贯彻落实《江苏大学进一步加强和改进师德师风建设的实施意见》（江大委发〔2018〕61号），每年开展"三育人"、师德标兵、"最受学生欢迎的十佳教师"等评比活动，深度挖掘、广泛宣传教师中的先进典型，让著名专家、名师、学者成为校内外知名人物，让精诚团结、善于合作、敢于创新的团队成为校内外知名团队，发挥典型示范和带动作用，营造"学无止境，教无止境，教书育人无止境"的浓厚教学氛围。健全师德考评制度，将师德考核作为教师考核的重要内容，存入教师档案，并在岗位聘任、职级晋升、评优评先、出国研修等环节实行一票否决。按照"四个相统一"要求，增强教师立德树人、教书育人的责任感和使命感，引导广大教师争做"四有"好老师，当好学生引路人。开展多种优良学风创建主题活动，严肃学习纪律，完善学业指导和服务，深入推进"诚信考场"，强化学生文明修身的教育引导和典型示范，积极营造优良学风。

（3）加强学术氛围营造。优化科研组织模式，改进评价激励机制，加大创新教育力度，努力营造崇尚学术、探求真知、兼容并包、创新创业的学术氛围。加强基础研究、应用研究和跨学科研究，加强科研领军人才培养和科研创新团队建设，促进协同创新，产出一批重大科研成果。倡导学术自由和学术民主，在坚持主流价值的基础上，尊重师生的多元文化取向，鼓励丰富多彩的行为文化创新。鼓励具有学术影响力的教师在校内面向广大师生开展学术讲座，利用"大学生科技节"、科研立项、学科竞赛等平台更好地指导学生开展科学研究，营造师生共研的学术氛围。强化知识产权保护，扶持科研团体和学术刊物。规范科研信息的发布和宣传，完善学术报告制度，扩大学术交流的范围和影响力。

（4）推动国际文化交流。以服务经济社会发展为目标，在为社会培养高素质人才基础上，发挥学校学科优势，加强哲学社会科学研究，探索建立智库服务社会的机制，鼓励更多的优秀文化成果推广普及。在此基础上，建立和保持与国外著名大学、文化机构和教育机构的联系与合作，组织多种形式的国际文化交流活动，支持代表学校水平的各类文化团体"走出去"，不断扩大学校的国际文化影响力。

（五）组织保障

1. 加强组织领导

充分认识加强文化育人建设的重大意义，把文化育人建设纳入学校重要议事日程和年度工作计划，统筹安排，整合资源，突出特色，抓好落实。建立由学校党委统一领导，党委宣传部牵头，相关部门协同推进，各学院具体落实的文化育人工作机制。要充分发挥报刊、广播、电视、互联网等新闻媒体的作用，开展宣传活动，广泛宣传文化育人工作取得的成效，积极推广加强文化育人工作的新思路、新做法、新经验。

2. 强化考核管理

将文化育人建设工作作为对学校办学质量和水平评估考核的重要指标，纳入学校党建和思想政治工作考核体系，建立健全文化育人工作的各项管理制度、措施，增强育人实效。挖掘相关学院学科专业的优势，充分发挥党团组织和学生组织在文化育人建设中的重要作用，形成齐抓共管、共同参与、共同建设的良好局面。

3. 保障财力投入

加大文化建设的财力、物力投入，学校每年设立专项预算经费，重点用于景观文化与楼宇文化建设等，逐步丰富物质文化建设成果。通过企业赞助、校友捐助、地方合作等方式，鼓励多渠道筹措文化建设资金。学校通过经费保障、政策保障和场地保障等，重点扶持校园品牌文化活动建设，为文化育人工程的深入实施提供必要的经费保障。

（六）进度安排

第一阶段（2019.4—2019.7）：明确工作任务，边探索、边总结。

第二阶段（2019.7—2020.4）：在推进中完善体制机制，健全育人模式；归纳、整理、分析，形成特色经验做法，做好宣传推广。

第三阶段（2020.4—2020.12）：组织文化育人成果鉴定和推介会，形成文化育人工作广泛共识；文化育人体制机制进一步完善，形成一批文化育人工作精品；向学校报送文化育人试点建设成果，顺利通过学校考核验收。

二、 江苏大学 "感动江大" 人物评选办法

为扎实推进我校精神文明建设，进一步规范我校"感动江大"人物评选工作，持续激发广大师生员工立足平凡岗位、勇于争先、奉献社会的热情，汇聚学校"三全育人"工作合力，凝聚新时代立德树人、争创一流的磅礴力量，不断推进我校"双一流"和高水平研究型大学建设，制定本办法。

（一）评选目的

通过"感动江大"人物评选活动，深入挖掘和宣传我校涌现出的先进典型人物，积极培育和践行社会主义核心价值观，弘扬中华民族至真至善至美的传统美德，展示我校师生员工良好的精神风貌。通过评选活动增强先进典型的示范引领作用，用生动事迹诠释社会主义核心价值观的真谛，用身边的榜样激励师生们积极向上、开拓创新、奋发有为，在全校形成宣传先进、学习典型的良好氛围，引导师生树立正确鲜明的价值导向，促进师生发现感动、传递感动，推动全校上下形成崇德向善、见贤思齐的良好风尚，不断丰富"自强厚德，实干求真"江大精神内涵，以实际行动推进学校各项事业高质量发展。

（二）组织领导

为加强对评选活动的领导，学校成立"感动江大"人物评选活动组委会。由分管校领导任主任，党委办公室、校长办公室、党委组织部、党委宣传部、党委学工部、党委研究生工作部、人事处、教务处、工会、团委、发展与对外合作办公室等单位主要负责同志为委员。组委会下设办公室，挂靠党委宣传部，负责评选活动的日常工作。

（三）评选范围

全校师生员工；校友及社会人士。个人或团体均可。

（四）评选条件

1. 政治立场坚定，自觉贯彻执行党的路线、方针和政策，热爱中华人民

共和国，模范遵守学校各项规章制度，具有良好的思想道德品质。

2. 爱岗敬业，勇于创新，奋发向上，潜心教学、科研、管理、服务等工作，在平凡的岗位上干出不平凡的业绩，为学校事业发展和社会进步做出积极贡献。

3. 勤奋学习，积极实践，敢于探索、勇于创业、善于创新，在创新创业方面取得突出成绩，个人行为体现出社会价值观取向及时代精神，产生广泛的社会影响。

4. 自强不息，诚实守信，具有强烈的责任感，在学习、工作、生活、家庭、情感方面有感人故事，体现出中华传统美德和良好社会风尚，受到师生广泛赞誉。

5. 团结友爱，乐于奉献，见义勇为，帮残助困，义务支教，积极参加社会公益和志愿服务活动，以个人力量为社会公平正义做出表率。

6. 其他在平凡的岗位上干出不平凡的成绩，深深感动广大师生员工心灵的事迹。

7. 积极关心、捐赠学校事业发展或资助帮扶我校学子完成学业的校友及社会人士的感人事迹。

（五）评选周期及名额

"感动江大"人物评选两年一届，每届评选个人或团体总数不超过 10 个。

（六）评选步骤

1. 印发"感动江大"人物评选通知，利用校内媒体做好宣传发动工作。

2. 各二级党组织及单位推选合适的候选人物，填写"江苏大学'感动江大'人物推荐表"，加盖基层党组织印章，并附推举理由及候选人事迹材料。个人或团体也可自荐。

3. 活动组委会对推荐候选人进行初步遴选，确定"感动江大"人物提名候选人。

4. 通过"感动江大"人物评选专题网、学校官方微信微博等校园媒体平台宣传提名候选人事迹。

5. 通过"感动江大"人物评选专题网、学校官方微信专题推送等方式对提名候选人进行师生投票。

6. 活动组委会对提名候选人进行综合评议，参考网络和微信投票及宣传信息反馈等情况确定入围人选名单，并在全校公示。根据公示结果，确定正式人选名单报学校党委审定。

7. 学校发文表彰，并举行"感动江大"人物颁奖仪式。

（七）本办法由党委宣传部负责解释。

（八）本办法自 2020 年 4 月 8 日起施行。

三、 江苏大学 "最受欢迎的十佳教师" 评选办法

为进一步激励广大教师潜心投入教学工作，不断提高教学水平和人才培养质量，增强学生参与教学改革、教学管理的热情，学校决定开展"最受学生欢迎的十佳教师"评选活动，特制定本办法。

（一）评选对象

凡我校在职一线教师且满足评选条件的均可参加江苏大学"最受学生欢迎的十佳教师"评选。为鼓励一线教师积极投入教育教学工作，全校中层（含调研员、副调研员）及以上干部一律不参加评选。

（二）评选条件

1. 为人师表，师德高尚，热爱教育，关爱学生。

2. 坚持工作在教学第一线，主动、积极承担教学任务，参选当年度课堂教学不低于 90 学时。

3. 教学能力突出，教学效果显著，深受学生喜欢。本科生任课教师，需在当年度课程教学中学生评教平均成绩 90 分以上。

（三）评选机构

学校成立"最受学生欢迎的十佳教师"评审工作委员会，负责评选活动组织、协调等各项工作。主任委员由校长兼任，副主任委员由分管本科生、研究生教学工作的副校长兼任。下设委员若干名，分别由教务处处长、研究生处处长、相关单位主管领导及教师代表、学生代表出任。

（四）评选程序

1. 学生评选投票及结果统计

（1）全体本科生的投票和结果统计工作由教务处负责实施。全体在校本科生凭学号和登录密码，登录教务处学生评教网上评选系统，按要求进行评选投票。

① 评选系统显示评选投票表。表中列出本年度为投票人担任过课程教学工作的教师（除中层以上干部）姓名、所授课程名称、课程性质、授课时间等相关信息，供学生投票选择。

② 每位学生最多只能选择 2 名自己喜欢的任课教师进行投票。

③ 投票提交前可以修改，提交后不能修改，也不能重复投票。

④ 学生投票结束后，系统自动计算每位参评教师的得票率：

参评教师得票率 = 个人得票总数 ÷ 任课课程学生总数。

⑤ 在全校范围内，以得票率高低排列参评教师的先后顺序。

⑥ 按教师得票率和评选名额，确定"最受学生欢迎的十佳教师"的本科生教师初步入选名单。

（2）全体研究生和留学生的投票及投票结果统计工作分别由研究生处和海外教育学院负责实施，并由研究生处和海外教育学院根据教师的得票情况和评选名额分别确定"最受学生欢迎的十佳教师"的研究生、留学生教师初步入选名单。

2. 审核与审批

（1）教务处、研究生处、海外教育学院、党委组织部、人事处、纪委监察处等部门对初步入选教师的评选资格进行审核。

（2）学校召开"我最喜欢的老师——最受学生欢迎的年度十佳教师"评审工作委员会会议，根据教师得票情况和评选资格，以及任教课程层次（本科生课程、研究生课程、留学生课程）和课程性质，确定"最受学生欢迎的十佳教师"入选名单。按照宁缺毋滥的原则，十佳教师可以有空缺，每年度入选名额不超过 10 人。

3. 公示、公布评选结果

由评审工作委员会推荐的"最受学生欢迎的十佳教师"名单在校园网上进行公示，报校长办公会讨论决定，并由学校发文公布评选结果。

（五）表彰与奖励

1. "最受学生欢迎的十佳教师"评选活动每年举行一次，评选工作在每年 12 月份进行。

2. 每次评选入围的教师授予江苏大学"最受学生欢迎的十佳教师"荣誉称号，同时颁发奖金若干；对连续 3 次获此荣誉的教师，再另行给予奖励。

3. 获得"最受学生欢迎的十佳教师"荣誉称号者，记入本人考核档案，作为教学名师、教学质量奖等教学类奖项评选的一项重要依据。

（六）其他

1. 为保证评选工作的公平、公正、公开，评选活动由监察处负责全程监督。

2. 本办法自发布之日起施行，由教务处负责解释。

四、 江苏大学 "十佳青年学生" 评选办法

第一条　为在青年学生中树立先进典型，鼓励青年学生奋发成才，引导青年学生树立社会主义核心价值观，在全校形成学先进、赶先进的良好氛围，引导广大学生奋发有为、全面成才，特制定本办法。

第二条　参评对象：江苏大学全日制在校学生（不含在职研究生和毕业班学生）。

第三条　评选时间：每年3—5月份。

第四条　评选条件：拥护党和国家的路线、方针、政策，认真学习邓小平理论和"三个代表"重要思想，贯彻落实科学发展观，德智体美等全面发展，在自强励志、创新创业、社会实践、志愿服务、社会工作、文体艺术等方面表现出色，并取得突出成绩。在上述基础上，对具备下列条件的候选人予以优先考虑：

（一）校级或校级以上"优秀学生干部""三好学生""优秀共青团员""优秀团干部""优秀学生干部"等荣誉称号获得者。

（二）在"挑战杯"全国、全省大学生课外学术科技作品竞赛和创业计划大赛、全国大学生节能减排大赛、全国大学生数学建模竞赛等重要竞赛活动中取得优异成绩者。

（三）学术科研成果具有较高的理论价值和推广价值，或应用于实践领域产生显著社会经济效益者。

（四）利用自身所学知识，敢于探索，勇于实践，在创新创业过程中具有一定的榜样示范作用。

（五）积极参加社会实践、志愿服务活动，在社会主义精神文明与和谐社会建设中做出突出贡献者。

（六）在省级及以上重大文体赛事中取得突出成绩者。

（七）在逆境中顽强拼搏、自立自强且品学兼优者。

第五条　评奖名额：学校每年评选"江苏大学十佳青年学生"10名。

第六条　评选机构：在学校的统一领导下，成立由分管学生工作校领导为主任，相关部门负责人为成员的学校评审委员会。评审委员会下设办公室，办公室设在校团委。

第七条　评选程序：

（一）申报阶段：各单位根据评选要求，开展相关的评选活动，在此基础上向评审委员会推荐候选人1~5名。候选人上报前须在本单位内通过适当的形式进行公示，并严格按照要求准备材料，按时上报。

（二）预评阶段：评审委员会办公室对各单位推荐人选的材料进行审核，将符合要求的人选提交评审委员会，推荐材料不全或不符要求的将被取消评选资格。评审委员会对候选人初步评选，确定60名人选作为预备候选人。

（三）网上投票阶段：评审委员会在校园网站公布预备候选人及其事迹，组织网上投票。根据投票结果确定20名人选作为正式候选人。

（四）公示阶段：评审委员会在校园网站公布正式候选人及其事迹，进行为期三天的公示，广泛征集意见。

（五）终审阶段：评审委员会在听取各方反馈意见的基础上，组织评委对候选人进行公开面试答辩，最终由评委团进行综合评判，确定"江苏大学十佳青年学生"人选。

第八条　根据评定结果，学校团委发文授予"江苏大学十佳青年学生"荣誉称号，颁发荣誉证书。

第九条　通过校园网、校报、宣传栏、校园电视台、广播台等，广泛宣传"十佳青年学生"的先进事迹，以达到树立典型、教育和激励全校学生的目的。

第十条　"十佳青年学生"评选后如受到纪律处分，将取消其荣誉称号，并追回相关奖励。

第十一条　本办法由校团委负责解释。

第十二条　本办法自公布之日起执行。

五、 江苏大学校名文化产品授权管理和经营办法

第一章 总 则

第一条 为进一步规范我校校名文化产品开发和授权管理，实现对校名文化产品的开发、生产和销售的有效监控，维护学校品牌形象及合法权益，促进校园文化建设，根据《中华人民共和国商标法》《高等学校知识产权保护管理规定》等法律法规，以及《江苏大学无形资产管理办法》，结合学校实际，制定本办法。

第二条 本办法所指的学校标识，是指校名、校标、校歌、校旗及校园代表性建筑物和景观形象，以及学校注册的商标等学校标志性元素；校名文化产品，是指使用学校标识制作的学习用品、办公用品、服装、礼品、文化装饰品、体育用品等各类物品。

第三条 校名文化产品属学校资产，依法受到保护。全校师生员工要自觉维护学校权益，保护学校的无形资产不受侵犯。

第二章 管理机构及职责

第四条 党委宣传部是校名文化产品的归口管理部门，其职责是在学校授权范围内，对内对外授权使用学校标识，并负责校名文化产品的总控管理。其主要职责是：

（一）繁荣校园文化，丰富文化载体；

（二）制定校名文化产品开发及推广规则；

（三）推进校名文化产品的文化植入；

（四）强化校名文化产品的经营管理；

（五）带头提供反映江大精神的文化产品设计思路。

第五条 后勤管理处（后勤服务集团）在党委宣传部的授权管理下成立专门机构负责校名文化产品的经营，包括产品的设计、生产和销售。其主要职责是：

（一）传播校园文化内涵，实现社会效益；

（二）把握校园文化精髓，追求品牌化运营；

（三）建立健全经营制度，全力推进产品开发、生产、销售等服务；

（四）开展校名文化产品店面销售和线上服务，促进多元化合作。

第三章　学校标识使用授权和校名文化产品开发

第六条　学校仅将用于销售的校名文化产品的学校标识使用权授予后勤管理处（后勤服务集团）。任何单位和个人未经许可不得擅自开发、生产和销售带有学校标识的校名文化产品，否则学校将追究相应法律责任。

第七条　校名文化产品的设计应注重艺术性、实用性，要充分挖掘学校文化内涵，满足师生的工作、学习和对外交流的不同需要，体现江苏大学良好形象和精神风貌。

第八条　学校各部门召开会议、组织活动需开发结合本单位特点的校名文化产品，可向后勤管理处（后勤服务集团）提供产品设计思路，由后勤管理处（后勤服务集团）开发生产，相关部门向后勤管理处（后勤服务集团）采购使用。

第九条　所有校名文化产品生产前均须报党委宣传部审批和备案。

第十条　党委宣传部定期对校名文化产品开发、生产、销售等进行监督检查。

第四章　附　则

第十一条　本办法自公布之日起实施，由党委宣传部负责解释。

六、 江苏大学关于加强新时代美育工作实施细则

为贯彻落实《教育部关于切实加强新时代高等学校美育工作的意见》（教体艺〔2019〕2号）和《省教育厅关于转发教育部切实加强新时代高等学校美育工作的意见的通知》（苏教体艺〔2019〕9号）精神，全面加强我校新时代美育工作，提升我校美育工作水平，提高学生审美和人文素养，促进学生德智体美劳全面发展，结合我校实际，制定本实施细则。

（一）指导思想

以习近平新时代中国特色社会主义思想为指导，全面贯彻党的教育方针，坚持社会主义办学方向，坚持马克思主义指导地位，落实立德树人根本任务，把培育和践行社会主义核心价值观融入学校美育全过程，根植中华优秀传统文化深厚土壤，汲取人类文明优秀成果，引领学生树立正确的审美观念、陶冶高尚的道德情操、培育深厚的民族情感、弘扬中华美育精神，塑造美好心灵。坚持以美育人、以美化人、以美培元、以美启德，培养德智体美劳全面发展的社

会主义建设者和接班人。

（二）总体目标

探索学校美育之路，把建设美丽江大和师生对美好生活的向往作为美育教育目标。立德树人，遵循美育特点与规律，整合美育资源，加强美育教师队伍建设，推进美育教学改革，积极开展美育实践，通过普及公共艺术教育、参加艺术实践活动等方式提高学生审美和人文素养，推进优秀文化传承创新，加强美育工作制度保障，形成艺术教育创新工作格局。力争到2022年，学校美育各项工作取得突破性进展，美育教育教学改革成效显著，师资队伍建设和场馆设施明显加强，协同机制和评价体系得到完善，学生的审美和人文素养显著提升。到2035年，形成课堂教学和课外活动相互结合、学校美育和社会美育相互协调，多样化高质量具有中国特色的社会主义现代化高等学校美育体系。

（三）主要任务

以艺术教育的改革发展为重点，坚持面向全体，紧紧围绕普及艺术教育、专业艺术教育两个重点领域，改进美育教育教学。进一步丰富美育实践活动，大力加强美育体制机制、师资队伍、平台等建设，增强美育工作实效。

1. 加强美育学科专业及课程建设

（1）将美育教育全面纳入人才培养体系，各专业人才培养方案设置至少2个美育学分，含1学分公共艺术课程和1学分艺术实践活动（美育理论专题讲座、美育实践活动等）。学生修满学分方可毕业。

责任单位：教务处、校团委

（2）探索构建以审美和人文素养培养为核心、以创新能力培养为重点、以中华优秀传统文化传承发展和艺术经典教育为主要内容的美育通识课程体系。充分挖掘专业课程体系中的美育因素，形成各学科专业相互渗透融合的美育课程体系。

责任单位：教务处

（3）加强美育课程体系建设，鼓励教师面向全校学生开设数量足够的美育通识课程，建设美育微课，同时引进优质慕课，共享校外美育课程资源。

责任单位：教务处

（4）积极推进美育教育教学改革与创新，充分运用现代化信息技术手段，利用好校内外课程资源相关平台，探索网络化、数字化、智能化、线上线下相结合的混合式教育教学模式改革，培育线上线下美育通识精品课程。

责任单位：教务处

（5）加强艺术类学科一流专业和学科学位点建设，扩大艺术专业教育范畴，建设适应高校美育教育要求的专业艺术教育体系。

责任单位：教务处、研究生院、艺术学院

（6）加强教育教学改革，注重课程育人。鼓励合适的公共基础课程、专业基础课程、专业课程融入美育元素。

责任单位：教务处

2. 丰富美育实践活动

（7）积极探索具有时代特征、内涵丰富、品味高雅、形式多样的第二课堂美育实践活动。定期举办学生参与面广、主题积极向上、内容丰富、形式多样的校园文化艺术活动。开展好"江大之春"大学生文化艺术节、"金秋江大"新生服务文化节、美育讲坛、"书香校园"、"醉美校园"、舞动校园、韵律校园、唱响校园等校园文化活动。

责任单位：校团委、公共艺术教育中心、体育部

（8）持续深入开展高雅艺术进校园、戏曲进校园、全国大学生艺术展演、中华优秀传统文化传承基地建设、"五月的鲜花"等品牌活动，组织原创校园歌曲、舞台剧、舞蹈、影视作品的展示与推广，营造格调高雅、富有美感、充满朝气的校园文化。

责任单位：校团委、公共艺术教育中心

（9）加强艺术类社团建设，培育具有江大特色的高水平大学生艺术社团，扩大普通学生参与学校艺术实践活动的覆盖面和受惠面。

责任单位：校团委、公共艺术教育中心

（10）组织"感动江大"、"最美江大人"、文明班级、十佳百优青年学生评选等活动，明德育人，讴歌时代，让社会主义核心价值观、中华优秀传统文化基因通过校园文化环境切实浸润学生心田。

责任单位：宣传部、学工部、研工部

3. 加强美育平台建设

（11）坚持"以美育人、以文化人"原则，加强校园文化总体规划与建设。合理布局校园景观设施（校道、楼宇、广场、景观），通过绿化、净化、美化

校园环境，营造清新、优雅、活泼的校园文化氛围。

责任单位：宣传部、后勤处（后勤集团）

（12）充分利用"两微一端"、校报、广播、教室、走廊、宣传栏、学校网站等各类平台，加强对校园文化活动动态和成果的宣传与展示，推出具有校本特色的篆刻文化、戏剧文化、农机文化等原创文化精品。

责任单位：宣传部

（13）探索建立美育名师工作室，搭建美育课堂教学交流和教学技能培训平台，鼓励教师参与美育课程建设和教育教学改革，不断提升美育教育教学能力与社会影响力，在文化艺术类专业人才培养、美育通识课程建设、服务社会等方面发挥重要作用。

责任单位：教务处

4. 加强美育师资队伍建设

（14）积极引进美育高层次人才，引进名家、大家引领校园美育教育方向。探索实施公共艺术课特聘教授制度，充分发挥省内高水平艺术团体等办学资源，引入高水平的公共艺术课特聘专家（老师），选聘公共艺术课教师，丰富美育师资结构。

责任单位：人事处、艺术学院、公共艺术教育中心

（15）建立符合美育特点的教师职称评审制度和考核评价机制，为美育教师职称晋升、职业发展等提供支撑。

责任单位：人事处

（16）积极发挥校内美育专业教师在学校美育工作中的参与和指导作用。组织相关教师对外交流访学、教学研讨、开设讲座、专项培训、企业实践等多种活动，推进美育教育教学改革创新发展研究，促进教师提高美育意识，丰富美育知识，提升审美素养，掌握美育教育方法。

责任单位：教务处、艺术学院、公共艺术教育中心

5. 建立美育协同发展机制

（17）完善美育与德育、智育、体育、劳动教育联动育人机制，构建"课程实施、文化引领、活动推动、环境熏陶"美育工作协同推进机制，促进美育与德育、智育、体育和劳动教育相融合，与各学科专业教学、社会实践和创新创业教育相结合，实现艺术教育与思想政治教育互通融合。

责任单位：教务处、学工部、校团委、公共艺术教育中心

（18）进一步加强美育教育的校企协同、校地协同，逐步完善我校与地方文化宣传部门、文艺团体等协同育人机制，合作共建学生美育教育实践基地，开展艺术专业教学与实践活动，拓宽美育育人渠道。

责任单位：校团委、公共艺术教育中心

（19）创造条件积极开展与国（境）外友好省市、友好高校、国际联盟高校、孔子学院、"一带一路"沿线国家的文化艺术教育交流活动，邀请境外专业教师授课，组织学校艺术团体、艺术学者出国演出交流，传播中华优秀传统文化。

责任单位：国际处、公共艺术教育中心

（20）学校美育工作要主动融入国家和区域发展战略服务经济社会发展，引导教师和学生强化服务社会意识，提升服务社会能力。实施高校美育浸润行动计划，依托"结对子，种文化""校园文艺轻骑兵"等项目，积极开展对口定点帮扶、支教扶贫、社区服务等美育志愿服务和社会实践活动。

责任单位：校团委、公共艺术教育中心

（四）保障措施

1. 加强组织领导

发挥学校党委在学校美育工作中的领导核心作用，建立学校领导负责、部门分工、全员协同参与的工作机制。成立美育工作领导小组，校党委书记、校长任组长，负责学生工作副校长和教学工作副校长任副组长，领导小组成员包括党办、校办、宣传部、学工部、研工部、校团委、人事处、教务处、研究生院、国际处、财务处、国资处、后勤处（后勤集团）、体育部和二级单位负责人。设立美育工作办公室，挂靠校团委，协调各项工作的推进和落实。党委书记、校长及分管校领导定期召开会议研究美育工作和相关学科专业发展，相关部门和各二级单位将美育工作纳入年度工作要点，相关部门和各二级单位负责人切实承担起相应的主体责任。

2. 建立经费保障

加大对美育工作的投入，加强美育场所和设施器材配备，将美育工作经费纳入学校每年度经费预算，保障美育工作的经费需求，建立美育工作长效机制。美育专项经费用于美育的文化艺术活动组织、学术交流、课程建设、专家

选聘、改革研究、专项实践等，做到专款专用。

3. 完善美育工作评价机制

完善学校美育评价体系，把美育工作及效果纳入各部门和单位的人才培养工作评估年度指标体系，相关责任部门每年提交美育工作年度报告。把学校美育工作和公共艺术课程教学纳入学校教育质量督导范畴，及时发现和解决美育工作中的问题，不断改进和完善美育工作，切实提高美育工作成效。

七、 江苏大学校园文化环境管理规定

第一条　校园文化环境是学校育人环境的重要组成部分，是教育、引导、感染人的重要载体，也是塑造学校形象、展示学校风采的重要方面。为进一步加强学校社会主义精神文明建设，努力建设节约型校园，不断提高校风建设水平，充分发挥校园文化环境的育人功能，强化校园文化设施、文化市场和各类宣传阵地的管理，依据中宣部、国家新闻出版总署有关文件精神和相关法律法规，结合学校事业发展需要和内涵建设实际，特制定本规定。

第二条　校园文化环境建设必须坚持正确的政治方向，符合国家有关政策规定和公认的社会道德准则，积极向上、健康高雅、赏心悦目，给人以有益的教育和影响。

第三条　根据校园精神文明建设和校风建设要求，需设置标识、标牌，由学校整体规划，统一安排，各单位、各部门不得自行设置。

第四条　加强校内各类人文社科类讲座、报告会的管理，严格审核讲座人、报告人身份及讲座、报告的内容，并在活动举办前报党委宣传部备案确认。

第五条　依据有关文件精神，凡校内编印的刊物或资料，必须经省级新闻出版管理部门批准，取得核发的准印证方可印刷。因此，校内编印的刊物、资料除经新闻出版部门批准，取得出版印刷资格的以外，都不具有内部出版权限。作为校内情况通报、信息交流的各类简报、通讯，不得冠以"××报""××刊"或"××杂志"等字样，负责编辑的有关机构不得称"杂志社""编辑部"。随着网络的不断完善和办公现代化工作的推进，各部门、各学院原则上不应再以纸质形式印刷供校内交流的各类简报、通讯。确需印刷的，由所在部门、学院审查同意后，报学校批准方可编印，同时应确定一名分管领导作

为第一责任人负责对简报、通讯的内容、质量进行把关。准印的简报、通讯须在封面显著位置印出"内部资料，免费交流"的字样，并严格限于校内交流，不得征订、发行、出售，不得刊登广告或进行其他任何涉及经济利益的活动。

第六条　各类书店、书亭、报摊的设置，必须严格履行审批手续。所销售的书、报、杂志，必须是国家正式出版部门出版的内容健康的出版物，严禁销售、出租各种政治倾向有问题、格调低下的出版物。禁止在校园内随意设摊销售书、报、杂志和其他文化消费品。

第七条　电影、录像的放映应严格履行许可证制度，严禁无证放映。放映活动应以丰富师生员工业余文化生活为目的，放映时间原则上在双休日及节假日，放映的影片应为国家电影音像出版发行部门许可公映的影片。要严格执行审片制度，严禁放映各种无许可证及涉及反动、淫秽、凶杀及其他不健康内容的影片。歌舞厅、卡拉OK厅必须加强管理，确保氛围文明高雅、环境整洁卫生，切实落实消防及其他安全措施，保证人身安全。所播放音像带、视盘的内容必须健康、文明。

第八条　各电脑机房要严格执行学校制定的相关规定，规范运行，加强管理。

第九条　各出版、印刷、文印单位对承接的出版、印刷、文印业务要严格把好内容关，发现问题坚决拒印，并及时向有关部门反映。

第十条　各主管单位要严格把好黑板报、橱窗、墙报的内容关和形式关，并按要求及时更换。

第十一条　所有横幅、宣传标语、海报、通知、广告及招聘启事等必须内容健康、文字规范，应严格按照指定位置悬挂、张贴，不得随意悬挂、张贴在电线杆、树木及建筑物上。所有在校内公共区域悬挂的横幅必须报经党委宣传部批准，标注"宣准字"编号后方可在指定地点悬挂。各单位、各部门发布的通知、布告必须落款并加盖公章，否则有关部门有权给予清理。禁止校外单位未经批准，在校园内及校大门附近悬挂、张贴各类横幅和宣传品。

第十二条　除学校统一安排的重大活动可以在校大门设置宣传标牌外，各单位、各部门组织的活动原则上只在招待所、所在单位或会场门口设置宣传标牌。凡需用外文书写的标语，须附加中文。各类欢迎标语须有单位落款。

第十三条　坚持"谁主管，谁负责"的原则，对违反上述规定并造成不良影响的有关部门、单位，除追究直接责任人的责任外，还要追究该部门、单位负责人的责任。

第十四条　校园文化环境管理工作归口党委宣传部。校综合治理部门为执法部门，负责校园文化环境的执法和维护工作。学生生活区域由学生工作处按照规定统一管理。

第十五条　本规定自颁布之日起施行，并由党委宣传部负责解释。以往相关规定与本规定不符的，一律以本规定为准。

八、 江苏大学思想政治工作质量提升工程实施方案

为认真学习和全面贯彻党的十九大精神和习近平新时代中国特色社会主义思想，深入落实全国、全省高校思想政治工作会议精神和《中共中央国务院关于加强和改进新形势下高校思想政治工作的意见》，把教育部《高校思想政治工作质量提升工程实施纲要》（教党〔2017〕62号）提出的工作任务落到实处，进一步提升我校思想政治工作质量和水平，特制定本方案。

（一）指导思想

以马克思列宁主义、毛泽东思想、邓小平理论、"三个代表"重要思想、科学发展观和习近平新时代中国特色社会主义思想为指导，不忘立德树人初心，牢记人才培养使命，以理想信念教育为核心，以社会主义核心价值观为引领，以全面提高人才培养能力为关键，以全面提升学校思想政治工作质量、培养担当民族复兴大任的时代新人为目标，切实坚定"四个自信"，增强"四个意识"，努力构建全员全程全方位育人新格局，不断开创新时代学校思想政治工作新局面。

（二）工作目标

进一步深入贯彻全国、全省高校思想政治工作会议精神，在我校实施思想政治工作"八项工程"成果基础上，根据教育部《高校思想政治工作质量提升工程实施纲要》工作要求，结合学校事业发展现实，努力构建课程育人、科研育人、实践育人、文化育人、网络育人、心理育人、管理育人、服务育人、资助育人、组织育人等思想政治工作"十项质量提升工程"，充分挖掘育人要素，完善育人机制，优化评价激励，强化实施保障，不断推动学校思政工作增活力、提质效、上水平，为学校"双一流"和高水平研究型大学建设提供思想政

治保障、精神奋斗动力和舆论文化氛围。

（三）工作任务

1. 统筹推进课程育人

深入推动习近平新时代中国特色社会主义思想进教材、进课堂、进头脑。

牵头单位：教务处、研究生院

完善课程设置管理、课程标准和教案评价制度，实施课程体系和教育教学创新计划，推动面向全体学生开设提高思想品德、人文素养、认知能力的哲学社会科学课程，创新我校思想政治理论课建设体系。

牵头单位：教务处、研究生院

研制课程育人指导意见，加强课堂教学设计，充分挖掘和运用各门课程蕴含的思想政治教育元素，作为教材讲义必要章节、课堂讲授重要内容和学生考核关键知识。

牵头单位：教务处、研究生院

创新思政理论课建设体系，贯彻落实《江苏大学关于进一步加强和改进思想政治工作的实施办法》，创新教学方法，提高教学质量，建设精品课程，落实领导干部定期给学生上思政理论课制度。

牵头单位：宣传部、教务处、研究生院

发挥专业教师课程育人的主体作用，将课程育人作为教师思想政治工作的重要环节，作为教学督导和教师绩效考核的重要方面。

牵头单位：人事处（教师工作部）

建立健全课程育人管理、运行体制，制定《江苏大学关于提升"思政课程、课程思政"教育教学质量的实施办法》，在全校范围内推进思政课程与课程思政示范课建设，强化课程立德树人职责，充分挖掘各学科蕴含的思想政治教育资源，并将课程育人作为教师思想政治工作的重要环节，作为教学督导和教师绩效考核的重要方面。

牵头单位：教务处、研究生院

加强教材使用和课堂教学管理，建立哲学社会科学专业核心课程教材目录，研制引进教材选用管理办法，建立教材建设奖励制度，制定学校课堂教学管理指导意见，明确课堂教学的纪律要求。

牵头单位：教务处、研究生院

培育选树一批"学科育人示范课程"，创建"课程思政研究中心"。

牵头单位：教务处、研究生院

2. 着力加强科研育人

改进科研环节和程序，把思想价值引领贯穿选题设计、科研立项、项目研究、成果运用全过程，把思想政治表现作为组建科研团队的底线要求。

牵头单位：科技处、社会科学处

完善科研评价标准，改进学术评价方法，健全具有中国特色的学术评价标准和科研成果评价办法，构建集教育、预防、监督、惩治于一体的学术诚信体系，治理遏制学术研究、科研成果不良倾向，组织编写师生学术规范与学术道德读本，在本科生中开设相关专题讲座，在研究生中开设相应公选课程。

牵头单位：科技处、社会科学处、教务处、研究生院

培养师生科学精神和创新意识，实施科研创新团队培育支持计划、科教协同育人计划、产学研合作协同育人计划等项目，引导师生积极参与科技创新团队和科研创新训练，及时掌握科技前沿动态，培养集体攻关、联合攻坚的团队精神和协作意识。

牵头单位：研究生院、教务处、科技处、社会科学处

加大学术名家、优秀学术团队先进事迹的宣传教育力度。培养选树一批科研育人示范项目、示范团队。

牵头单位：人事处（教师工作部）

3. 扎实推动实践育人

整合实践资源，拓展实践平台，依托江苏省企业研究生工作站、高新技术开发区、大学科技园、城市社区、农村乡镇、工矿企业、爱国主义教育场所等，建立多种形式的社会实践、创业实习基地。

牵头单位：团委

丰富实践内容，创新实践形式，广泛开展社会调查、生产劳动、社会公益、志愿服务、科技发明、勤工助学等社会实践活动，深入开展好大学生暑期"三下乡"、"志愿服务西部计划"等传统经典项目，组织实施好"牢记时代使命，书写人生华章""百万师生追寻习近平总书记成长足迹""百万师生重走复兴之路""百万师生'一带一路'社会实践专项行动"等新时代社会实践精品项目，探索开展师生志愿服务评价认证。牵头单位：团委

深入推进实践教学改革，分类制订实践教学标准，适度增加实践教学比重，原则上哲学社会科学类专业实践教学不少于总学分（学时）的15%，理工农类专业不少于25%。

牵头单位：教务处、研究生院

加强创新创业教育，开发专门课程，健全课程体系，实施"大学生创新创业训练计划"，支持学生成立创新创业类社团。

牵头单位：教务处、研究生院

完善支持机制，推动专业课实践教学、社会实践活动、创新创业教育、志愿服务、军事训练等载体有机融合，形成实践育人统筹推进工作格局，构建实践育人协同体系，着力培育建设一批实践育人与创新创业示范基地。

牵头单位：教务处、研究生院

4. 深入推进文化育人

推进中华优秀传统文化教育，参与国家"中华经典诵读工程""中国传统节日振兴工程"，开展"礼敬中华优秀传统文化""篆刻艺术推广""戏曲进校园""民族传统体育推广"等文化建设活动，展示一批体育艺术文化成果，建设一批文化传承基地，引导传统文化艺术、非物质文化、民族民间优秀文化走近师生。

牵头单位：宣传部

挖掘革命文化的育人内涵，实施"革命文化教育资源库建设工程"，推进"传承红色基因、担当复兴重任"师生教育工作，充分利用"王龙亭爱国主义教育基地"开展主题教育活动，有效利用重大纪念日契机和重点文化基础设施开展革命文化教育。

牵头单位：宣传部

开展社会主义先进文化教育，开展师生社会主义核心价值观主题教育活动，推广展示一批社会主义核心价值观教育典型案例，选树宣传一批践行社会主义核心价值观先进典型。

牵头单位：宣传部

大力繁荣校园文化，创新校园文化品牌，挖掘校史校风校训校歌的教育作用，大力弘扬"江苏大学精神"。深化"人文大讲堂""五棵松讲坛"等校园文化品牌建设，引导建设特色校园文化；实施"校园原创文化经典推广行动计划"，支持师生原创歌剧、舞蹈、音乐、影视等文艺精品扩大影响力和辐射力；推进"高雅艺术进校园"活动，广泛开展"我的中国梦"等主题教育活动，推选展示一批校园文化建设优秀成果。

牵头单位：宣传部

建设美丽校园，制作发布学校优秀人文景观、自然景观名录，推动实现校园山、水、园、林、路、馆建设达到使用、审美、教育功能的和谐统一。

牵头单位：宣传部

广泛开展文明校园创建，参评"全国文明校园"，把校园建设成为社会主义精神文明高地。

牵头单位：宣传部

5. 创新推动网络育人

加强工作统筹，建设思想政治工作网，打造信息发布、工作交流和数据分析平台，加强思想政治工作信息管理系统共建与资源互享。

牵头单位：宣传部

强化网络意识，提高建网用网管网能力，加强师生网络素养教育，引导师生增强网络安全意识，遵守网络行为规范，养成文明网络生活方式。

牵头单位：宣传部

拓展网络平台，发挥全国高校校园网站联盟作用，参与全国高校思想政治工作网的建设与使用，加强与"易班"和中国大学生在线网共建共享，推选展示一批校园网络名站名栏，引领建设校园网络新媒体矩阵。

牵头单位：宣传部

丰富网络内容，开展"大学生网络文化节""网络育人优秀作品评选""网络文明进校园"等网络文化建设主题活动。

牵头单位：团委

优化成果评价，建立网络文化成果评价认证体系，推动将优秀网络文化成果纳入科研成果统计、列为教师职务职称评聘条件、作为师生评奖评优依据。

牵头单位：人事处（教师工作部）

培养网络力量，建设一支政治强、业务精、作风硬的网络工作队伍。

牵头单位：宣传部

6. 大力促进心理育人

加强知识教育，把心理健康教育课程纳入学校整体教学计划，组织编写大学生心理健康教育示范教材，开发建设"大学生心理健康"等在线课程，实现心理健康知识教育全覆盖。

牵头单位：学生工作部（处）、研究生工作部

开展宣传活动，举办"5·25"大学生心理健康教育活动，充分利用网络、广播、微信公众号、APP等媒体，营造心理健康教育良好氛围，提高师生心理保健能力。

牵头单位：学生工作部（处）、研究生工作部

强化咨询服务，提高心理健康教育咨询与服务中心建设水平，按照师生比不低于1：4000配备心理健康教育专业教师。

牵头单位：学生工作部（处）、研究生工作部

加强预防干预，推广应用《中国大学生心理健康筛查量表》"中国大学生心理健康网络测评系统"，提高心理健康素质测评覆盖面和科学性。建立学校、院系、班级、宿舍"四级"预警防控体系，完善心理危机干预工作预案，建立转介诊疗机制，提升工作前瞻性、针对性。

牵头单位：学生工作部（处）、研究生工作部

完善工作保障，研究制定学校师生心理健康教育指导意见，保证生均经费投入和心理咨询辅导专用场地面积，建设校内外心理健康教育素质拓展培养基地。

牵头单位：学生工作部（处）、研究生工作部、人事处（教师工作部）

7. 切实强化管理育人

健全依法治校、管理育人制度体系，研究梳理学校各管理岗位的育人元素，编制岗位说明书，明确管理育人的内容和路径，丰富完善不同岗位、不同群体公约体系，引导师生培育自觉、强化自律。

牵头单位：人事处（教师工作部）

加强干部队伍管理，按照社会主义政治家、教育家要求和好干部标准，选好配强各级领导干部和领导班子，提高各类管理干部育人能力。

牵头单位：组织部

加强教师队伍管理，严把教师聘用、人才引进政治考核关，依法依规加大

对各类违反师德和学术不端行为查处力度，及时纠正不良倾向和问题。

牵头单位：人事处（教师工作部）

加强经费使用管理，科学编制经费预算，确保教育经费投入的育人导向。

牵头单位：财务处

强化保障功能，健全依法治校评价指标体系，深入开展依法治校创建活动。

牵头单位：宣传部

把育人功能发挥纳入管理岗位考核评价范围，作为评奖评优条件。培育一批"管理育人示范岗"，引导管理干部用良好的管理模式和管理行为影响和培养学生。

牵头单位：人事处（教师工作部）

8. 不断深化服务育人

强化育人要求，研究梳理各类服务岗所承载的育人功能，并作为工作的职责要求，体现在聘用、培训、考核等各环节。

牵头单位：后勤管理处、人事处（教师工作部）

明确育人职能，在后勤保障服务中，持续开展"节粮节水节电""节能宣传周"等主题教育活动，推动节约型校园建设、绿色校园建设，实施后勤员工素质提升计划，切实提高后勤保障水平和服务育人能力。

牵头单位：后勤服务集团（后勤管理处）

在图书资料服务中，优化服务空间，注重用户体验，提高馆藏利用率和服务效率，开展信息素质教育，引导师生尊重和保护知识产权，维护信息安全。

牵头单位：图书馆

在学校卫生工作中，制订健康教育计划，开展传染病预防、安全应急与急救等专题健康教育活动，培养师生公共卫生意识和卫生行为习惯。

牵头单位：职工医院

安全管理过程中，加强人防、物防、技防、制度防建设，全面开展安全与法治教育，提高师生员工的安全意识和法制观念。

牵头单位：保卫处

增强供给能力，建设校园综合信息服务系统，充分满足师生学习、生活、工作中的合理需求。

牵头单位：信息化处

加强监督考核，落实服务目标责任制，把服务质量和育人效果作为评价服务岗位效能的依据和标准。选树一批服务育人先进典型模范，培育一批"服务育人示范岗"。

牵头单位：人事处（教师工作部）

9. 全面推进资助育人

加强资助工作顶层设计，建立资助管理规范，完善勤工助学管理办法，构建资助对象、资助标准、资金分配、资金发放协调联动的精准资助工作体系。

牵头单位：学生工作部（处）、研究生工作部

精准认定家庭经济困难学生，健全四级资助认定工作机制，采用家访、大数据分析和谈心谈话等方式，合理确定认定标准，建立家庭经济困难学生档案，实施动态管理。

牵头单位：学生工作部（处）、研究生工作部

坚持资助育人导向，在奖学金评选发放环节，全面考察学生的学习成绩、创新发展、社会实践及道德品质等方面的综合表现，培养学生奋斗精神和感恩意识。在国家助学金申请发放环节，深入开展励志教育和感恩教育，培养学生爱党爱国爱社会主义意识。在国家助学贷款办理过程中，深入开展诚信教育和金融常识教育，培养学生法律意识、风险防范意识和契约精神。在勤工助学活动开展环节，着力培养学生自强不息、创新创业的进取精神。在基层就业、应征入伍学费补偿贷款代偿等工作环节中，培育学生树立正确的成才观和就业观。

牵头单位：学生工作部（处）、研究生工作部

创新资助育人形式，实施"发展型资助的育人行动计划""家庭经济困难学生能力素养培育计划"，开展"助学·筑梦·铸人""诚信校园行"等主题教育活动，组织国家奖学金获奖学生担任"学生资助宣传大使"。

牵头单位：学生工作部（处）、研究生工作部

培育建设一批"发展型资助的育人示范项目"，推选展示资助育人优秀案例和先进人物。

牵头单位：学生工作部（处）、研究生工作部

10. 积极优化组织育人

发挥各级党组织的育人保障功能，明确党委职责和决策机制，健全和完善党委领导下的校长负责制，推动学校各级党组织自觉担负起管党治党、办学治校、育人育才的主体责任。

牵头单位：党委办公室、校长办公室

实施党建工作评估，全面推开校、院党组织书记抓基层党建述职评议，将思想政治和意识形态工作列入各级党委班子和领导干部民主生活会和年终述职规定内容。

牵头单位：组织部

实施教师党支部书记"双带头人"培育工程。开展全校基层党支部书记集中轮训，实现党支部书记培训全覆盖。

牵头单位：组织部

开展"不忘初心、牢记使命"主题教育，实施基层党建"书记项目"，实施"党支部建设质量提升工程"，开展党支部评星定级，培育建设一批先进基层党组织，开展党建创新、党建论文、最佳党日活动申报评比，评选一批优秀共产党员、优秀党务工作者。

牵头单位：组织部

推动工会、共青团、学生会等群团组织创新组织动员、引领教育的载体与形式，更好地代表师生、团结师生、服务师生，支持各类师生社团开展主题鲜明、健康有益、丰富多彩的活动，充分发挥教研室、学术梯队、班级、宿舍在师生成长中的凝聚、引导、服务作用。培育建设一批文明社团、文明班级、文明宿舍。

牵头单位：团委、工会

（四）工作保障

以"十大"育人体系为基础，系统梳理归纳各个群体、各个岗位的育人元素，并作为职责要求和考核内容融入整体制度设计和具体操作环节，推动全体教职员工把工作的重心和目标落在育人成效上，形成可转化、可推广的一体化育人制度和模式。

牵头单位：人事处（教师工作部）

完善教师评聘和考核机制，把政治标准放在首位，严格教师资格和准入制度。在教师教学评价、职务（职称）评聘、评优奖励中，把思想政治表现和育人功能发挥作为首要指标，将更多精力投入到教书育人工作。

牵头单位：人事处（教师工作部）

加强党务工作队伍建设，培育党务骨干队伍，推动中央相关政策要求和量化指标落地，落实中央有关硬性要求，促进党务干部专心专责抓党建。

牵头单位：组织部

加强思想政治工作专门力量建设，推动中央关于高校思想政治工作队伍建设的政策要求和量化指标落地。加强领军人才队伍建设，培育思想政治工作中青年杰出人才、网络教育名师等思政工作领域领军人才。

牵头单位：人事处（教师工作部）

加强教师思想政治工作，加大教师思想政治教育及培养培训力度，开展新教师入职培训和教师岗位业务培训，在各类专任教师培训中强化思想政治教育和意识形态教育。

牵头单位：人事处（教师工作部）

建立健全师德建设长效机制，落实《江苏大学关于进一步加强和改进师德师风建设的实施意见》，积极开展师德主题教育活动，构建教育、宣传、监督、考核与奖惩相结合的师德建设长效机制。把师德表现作为教师业绩考核、职称评审、岗位聘用、评优奖励、项目资助及外推专家等工作的基本要求，实施"一票否决"制度。

牵头单位：人事处（教师工作部）

强化项目支持引领，实施"思想政治工作中青年杰出人才支持计划"，支持出版理论和实践研究专著，培育一批思想政治工作精品项目。

牵头单位：科技处、社会科学处

设立学校思想政治工作经费专项，提供政策、人员、技术条件保障和支持，保证各项目顺利实施。

牵头单位：财务处

强化思想政治工作督导考核，把加强和改进思想政治工作作为各级党组织和党员干部工作考核的重要内容。

牵头单位：组织部

（五）工作要求

1. 提高思想认识

各单位要自觉提高政治站位，坚持以习近平新时代中国特色社会主义思想为指导，全面贯彻落实党的十九大精神，坚决贯彻中央、省委的各项决策部署，清醒认识学校思想政治工作重要性，准确把握新形势、新任务、新要求，以全面提升学校思想政治工作为首要目标，不断开创新时代学校思想政治工作新局面。

2. 推进工作落实

各牵头单位要认真学习实施方案内容，狠抓工作推进落实，切实担负起加强和改进学校思想政治工作的时代重任，围绕工作任务分工，精心制订方案（包括完成时限和具体责任人），实施计划，主动推进，高质量完成相关工作任务。

3. 强化督查考核

落实学校思想政治工作质量提升工程既是各牵头单位的政治任务，也是重要工作。学校党委将加大工作落实的督查考核力度，由党委宣传部牵头，党委办公室、校长办公室、党委组织部、纪委办公室（监察处）等部门参与，定期对各项工作任务落实情况进行督查，年终对实施方案推进情况进行考核，并对工作任务落实不力的单位及相关负责人进行问责。

九、 江苏大学关于开展疫情防控期间线上校园文化活动的通知

为贯彻落实党中央、教育部、省委省政府关于新冠肺炎疫情防控工作精神，有效控制疫情蔓延，在保障广大师生员工身体健康的同时，满足精神文化生活需求，经研究决定开展线上校园文化活动。现将有关事项通知如下：

（一）指导思想

认真贯彻落实习近平总书记关于坚决打赢疫情防控阻击战的重要指示精神，围绕立德树人根本任务，加强校园文化建设，积极探索防疫期间文化育人新模式，充分运用网络多媒体技术，以丰富的主题内容、生动的图文传播和实时的互动交流，将校园文化线下活动转化为线上活动，增强校园文化活动的趣味性和吸引力、传播力和辐射力，在保障广大师生身体健康和生命安全的同

时，丰富师生精神文化生活，活跃校园文化氛围，不断增强师生战胜疫情的信心和决心。

（二）活动时间

3月1日至学生返校，具体活动时间安排详见附件。

（三）参加人员

参加人员为全校师生员工。

（四）参加方式

在学校网站主页选择"空中课堂"专题栏目点击进入，自主选择活动参加。

（五）活动内容

1. 抗击疫情主题活动

（1）"我的校园"随手拍摄影作品征集活动

阳春三月、草长莺飞，校园里一片春意盎然。为丰富师生精神文化生活，继续坚持"不聚集、不扎堆"，面向在校师生征集校园春景随手拍摄影作品（疫情当前，不建议专程前往拍摄，在校师生在学习工作之余随手拍摄即可），通过择优发布，让广大师生员工足不出户赏校园春景。

责任部门：党委宣传部

（2）"抗疫二十四时"图文征集活动

面向全校师生征集能够体现江大人凝心聚力、共克时艰，二十四小时坚守岗位，全力以赴奋斗在疫情防控战线的图文作品。

责任部门：党委宣传部

（3）"春临江大2020"专题片线上发布

为多角度展示校园春景、文化氛围和师生积极向上的精神状态，组织拍摄"春临江大2020"专题片，并及时进行线上发布，以进一步丰富师生精神文化生活，激发抗疫斗志，坚定必胜决心。

责任部门：党委宣传部

（4）"我们在行动"抗击疫情主题作品线上展览

择优选择师生在"江苏大学抗击疫情主题作品征集活动"中投稿的文章、诗词、书画、图片、海报、视频等作品进行线上展览。

责任部门：党委宣传部

（5）"我们读经典"线上读书分享活动

① 经典朗读。邀请师生线上朗读抗击疫情优秀报道、爱国主义名篇佳作，引导学生在读书与思考当中，厚植爱国主义情怀，坚定战"疫"必胜的信念，提升修养，涵育理性平和的心境品格。

② 经典阅读。面向全校师生开展阅读心得、读书笔记、手抄经典原著征集活动，通过择优发布，激发广大师生多读书、读好书，以滋养人文情怀，培育民族精神。

责任部门：党委宣传部

（6）"我们聊一聊"线上心理疏导直播课

邀请学校心理健康教育中心教师开展在线直播活动，针对师生关心的如何加强心理建设，更好地适应线上课堂等问题给出合理建议，帮助师生及时调整心态，积极面对，做好心理防护。

责任部门：学生工作处

（7）"红色光影"爱国主义电影展播

为进一步将抗击疫情与爱国主义教育贯通起来，在防疫期间开展爱国主义电影展播活动，抚今追昔，引导广大师生珍惜来之不易的美好生活，激发师生的爱国热情，增强师生的历史责任感和使命感。

责任部门：党委宣传部

（8）第十九届"江大之春"大学生文化艺术节

围绕"五湖四海同抗疫、青年学子展风采"主题开展64项文化艺术子活动，团结引领全校青年学子弘扬爱国精神，勇担时代重任，以奋发昂扬的精神状态抗击疫情、发奋学习。

责任部门：团委

（9）研究生"Cross Culture Park"跨文化园地交流活动

围绕"抗击疫情"主题开展两期线上活动，以"当疫情来临——打好疫情防护攻坚战"为主题开展线上防疫知识竞赛，增强我校师生防疫意识；以"当春天来临——外国友人带你游江大"为主题开展在线校园景色直播活动，为中外研究生和教师提供江大校园春色的"云观赏"机会。

责任部门：研究生工作部

2. 学科竞赛

（1）线上学科竞赛

为配合学科竞赛活动组织，保障创新教育的持续开展，3 月 5 日前发布拟开展的在线竞赛项目（包括微课与教学辅助、信息可视化设计、数字媒体作品、软件应用与开发、大数据及人工智能、供应链设计等校内竞赛）；3 月中旬组织开展在线作品展示、在线汇报、在线答辩等形式的线上竞赛。

责任部门：教务处

（2）"2020 全国大学生数学建模竞赛"线上课程培训

为更好地组织本科生参加全国大学生数学建模竞赛，提升我校参赛选手的竞赛实力和创新实践能力，在疫情防控期间组织开展"2020 全国大学生数学建模竞赛"线上课程培训。

责任部门：教务处

3. 实践教学

发布校内外可供网上学习的在线虚拟仿真教学资源，安排学生自主训练，激发学习动力，不断提升自主学习能力。

责任部门：教务处

4. 创新创业

（1）研究生职业生涯规划大赛线上比拼

为全面普及研究生职业生涯规划知识，增强研究生疫情期间的求职就业能力，通过线上申报、答辩、评审的方式开展职业生涯规划教育与比赛。

责任部门：研究生工作部

（2）研究生创新实践大赛线上线下混合实施

梳理 2020 年的国家级和省级研究生创新赛事（15 项左右），开展线上队员选拔、在线培训、校内选拔赛等。

责任部门：研究生院

5. 文娱活动

（1）教职工俱乐部教学视频线上发布

学校教职工弹唱俱乐部、读书俱乐部、茶艺协会、太极俱乐部、瑜伽俱乐部、健身俱乐部、曲艺俱乐部、舞蹈类俱乐部和旗袍俱乐部发布相关教学视频，供师生自主学习。

责任部门：工会

（2）俱乐部线上活动

学校教职工摄影俱乐部开展线上摄影竞赛，歌舞类俱乐部通过直播平台开展在线教学，其他俱乐部后期陆续开展线上活动，引导广大师生统筹安排好学习工作与休息时间，确保居家期间身心健康。

责任部门：工会

6. 体育锻炼

发布包括篮球、足球、排球、网球、乒乓球、游泳、剑术、跆拳道、瑜伽、街舞、体育舞蹈、健美操、跳绳、二十四式太极、八段锦等 15 项视频教学课程，供师生自主学习。

责任部门：体育部

（六）活动要求

1. 提高认识，高度重视

各单位要认识到在疫情防控的特殊时期，加强校园文化建设，转变校园文化活动形式，是强化第二课堂、满足师生需求、提升育人实效的必然要求。

2. 上下联动，通力合作

各单位要相互协调、互通有无，确保工作的有效衔接，保障线上校园文化活动的顺利开展。

3. 全员参与，责任到人

各单位应开动脑筋，创新活动开展形式，不断提高活动质量，每项活动均需指定专人负责，以确保活动效果。

江苏大学应对新型冠状病毒感染肺炎疫情工作领导小组

第二节　江苏大学精神文化育人实践

大学之大，在于精神自立。高校精神文化是大学优良传统中最宝贵的部分，是一种无形的资产，能潜移默化地滋润着师生的精神、信念和信仰，让师生自觉形成一种与校园文化精神相匹配的文化意识和精神品格。实践证明，高校精神文化一旦形成，就会通过各种文化形式和活动载体内化为师生坚强的内在精神力量，在大学生价值观的培育和形成方面发挥重要作用。我校在精神文化建设方面也做出了江大特色的实践探索和文化凝练，使其成为构建和谐校园、和谐社会的重要组成部分。

一、 校史文化： 百年办学 芬芳桃李满天下

"百年芬芳"是江苏大学百年办学的真实写照。

江苏大学成立于 2001 年 8 月，由当时地处国家历史文化名城——江苏省镇江市的原江苏理工大学、镇江医学院和镇江师范专科学校合并组建而成。但是，其办学渊源却和原江苏理工大学一起追溯到 1902 年的三江师范学堂。

1902 年，晚清名臣张之洞等怀着"作育人才，以图自强"的理想，在南京创办了三江师范学堂。新中国成立后，三江师范学堂的学脉由南京大学、南京工学院薪尽火传。为贯彻毛泽东同志关于"农业的根本出路在于机械化"的指示精神，1960 年，国家在南京工学院的农业机械、汽车拖拉机两个专业的基础上筹建南京农业机械学院，翌年迁址镇江，定名为镇江农业机械学院。1963 年、1970 年，吉林工业大学排灌机械专业及研究室、南京农学院农业机械化分院先后并入。

一批来自五湖四海的教师，其中包括一批早期出国留学，于新中国成立后毅然放弃国外优厚生活条件回到祖国的知名学者和农机专家，在当时的荒山野岭，励精图治、艰苦创业，仅用了 10 多年的时间，就把镇江农业机械学院建设成为全国 88 所重点大学之一，成为全国首批具有博士、硕士学位授予权的单位，成为我国第一家承担为发展中国家培养高级农机技术和管理专家任务的高校，出色地完成了那一代人的历史使命。

1982 年镇江农业机械学院更名为江苏工学院，1994 年再次更名为江苏理工大学。1988 年，在全国高校办学体制改革调整中，学校又成为首批"中央与地方共建，以地方管理为主"的转制高校。学校既面向全国，又立足地方；既依托行业，又服务区域，学校兼其行业和地域的双重优势得到充分彰显，广大师生用自己的辛勤汗水在推动行业振兴和服务地方经济社会发展中走出了一条转制高校建设发展的成功之路。1999 年江苏冶金经济管理学校整体并入。

同时，1953 年在江苏省第一所省立高等学府——江苏医政学院和南京市中

级医士学校基础上创办起来的镇江医学院，以及 1958 年创办的镇江师范专科学校，经过半个多世纪的奋斗拼搏，各自书写了一部光辉的创业史。

2001 年 8 月合并组建江苏大学，是学校办学体制的又一次重大调整。三校师生以此作为加快学校事业发展的难得机遇，以宽广的胸怀、满腔的激情，充分利用三校学科交叉互补的综合优势，坚持"规模发展与质量提高相结合、外延扩张与内涵充实相结合、布局调整与结构优化相结合、基础加强与特色创建相结合"，用了五年的时间，就快速实现了办学规模、教学改革、学科建设、科技创新、师资队伍、实验室建设及基本建设七方面的融合和突破，形成了九大学科共融一体、江大学子同处一园的办学格局。

在近百年的办学历程中，江苏大学培养造就了一大批堪称民族中坚和社会栋梁的经世致用之才。特别是新中国成立后，学校培养的 10 多万名毕业生中，涌现了大批杰出校友，其中有中央委员、中央候补委员、省部级领导，还有院士、"985"高校校长、知名学者教授，以及企业家、各行各业的中坚骨干和先进模范人物。

二、 校歌文化： 百年辉煌向未来

百年辉煌向未来

词：葛逊　曲：邹建平

百年风雨，我们一同起航，
三山如画，我们阅尽沧桑。
悠悠长江在这里奔涌，
绵绵文脉在这里激扬。

博学奠基石，求是谱华章，
明德镌心灵，教学共相长。
江苏大学，我们为你骄傲，
继往开来创造新的辉煌！

百川融汇，我们一起飞翔，

薪火相传，我们超越梦想。

棵棵栋梁在这里成才，

灿灿桃李在这里绽放。

博学奠基石，求是谱华章，

明德镌心灵，教学共相长。

江苏大学，

江苏大学我们为你骄傲，

继往开来创造新的辉煌！

三、 校徽文化： 同心同德　同舟共济

1. 校标整体图案呈圆形，由两个同心圆组成。意寓江苏大学师生同心同德，同舟共济。外环上半部分为书法体江苏大学中文名称"江苏大学"，下半部分为方正大标宋体江苏大学英文名称"JIANGSU UNIVERSITY"，中英文均为白色镂空阴文。中间主体图案上方的"1902"表明学校的历史源远流长，可以追溯到 1902 年张之洞等爱国志士创办的三江师范学堂。

江苏大学校徽

2. 标识的主体部分为中间变体的"U"。图形构成元素是江苏大学英文名称"JIANGSU UNIVERSITY"的首字母 J 和 U 的完美结合。三条飘带灵动飘逸，打破了左右对称的结构，使图案敦实而不乏生动。

3. 主体图案左侧的三条飘带形似泛起的浪花，寓意丰富。它既点明江苏大学源于三江师范学堂的悠久历史，又说明原江苏理工大学、镇江医学院、镇江师范专科学校三校合并的现实由来。三条飘带还似一条拧成的绳索，盘旋上升，意寓三校合并互融，学校事业蒸蒸日上。

4. 主体图案右侧的"J"位于三个飘带之上，似一艘在长江上远航的帆船，二者相合勾勒出壮美的大江行船图，具有"潮平两岸阔，风正一帆悬"的气势，意寓江苏大学这艘航船正劈波斩浪，沿着科学发展的正确航道，扬帆驶向

美好的未来。

5. 校标的颜色以绿色为主色调，三个飘带呈渐变色，依次为草绿、淡绿、淡黄，各不相同，整体又统一于绿色。寓意江苏大学作为一所综合性大学学科专业众多，而又重点突出，特色鲜明；校园文化百花齐放，校园精神兼容并包，而又和谐共生，和而不同。绿色象征朝气与活力，也体现了江苏大学生机勃勃的发展势头，寓意江苏大学具有旺盛的生命力。

四、 校训文化： 博学　求是　明德

释义之一：江大校训解读

校训是一所学校经长期积淀而成的学校精神的凝练与概括，是校园文化的精髓，它反映了学校的学风、教风、研究作风和工作作风，从一个侧面折射出学校的办学理念和师生员工的精神风貌。一所大学的校训同这所大学独特的历史传统、人文环境、专业特色、办学方向、奋斗目标有密切关系，是学校身份识别系统中难以言说却又具体可触的组成部分，对学校的改革与发展起着十分重要的作用。江苏大学校确立了"博学、求是、明德"六字校训，既古典雅致，又不乏现代气息，言约意丰，便于记诵。

（一）博学

文理交融　基础宽厚　厚积薄发

博通古今　学贯中西　知行统一

教学相长　终身学习　求知不倦

《论语》云："博学而笃志，切问而近思，仁在其中矣。"《中庸》亦云："博学之，审问之，慎思之，明辨之，笃行之。"这便是"博学"两字的古文献来源，随着时代的发展，其内涵日渐丰富。

1. 文理交融基础宽厚厚积薄发

现代通识教育认为，高等学校要以培养科技与人文交融的复合型人才为目标，充分认识到哲学社会科学与自然科学同样重要。学理工的要读点人文科学和社会科学经典；学文科的要看些自然科学书籍，熟悉当代科学技术的最新发展。无论从事哪方面的学习和研究，都必须学习马克思主义，不断提高自己的科学文化素养和政治理论素养。现代著名学者胡适指出："为学要如金字塔，

既能广博又能高。"学习不仅要广博,而且要专精,只有打通不同的学科,成为基础宽厚、博学多艺者,才有可能瞄准学科发展的前沿,在本学科领域做出出类拔萃的成绩,成为一流的专家。所谓厚积薄发,由博返约,才是治学之道。

2. 博通古今学贯中西知行统一

中国现代史上的学术大师,大多中西俱萃、新旧兼备,既有深厚的传统学养,又精通西学。徐光启曾曰:"欲求超胜,必先会通。"此所谓"会通",不仅指文理会通,还包括中西会通、古今会通。只有这样,才能做到上下自如,左右逢源,触类旁通。江苏大学以一流综合性大学自期,理应把"博通古今,学贯中西"作为努力的目标,虽不能至,心向往之。博学不仅是指要学习书本知识,注重课堂教育,而且要善于在生活实践中学习,将课内与课外结合起来,追求认识与实践的统一。高校师生应满怀对文明进步的渴望和对自然、社会的关怀,重视参加社会实践活动,在实践中接受知识、丰富知识、检验知识、更新知识,使得学有根基。

3. 教学相长终身学习求知不倦

《礼记·学记》曰:"学然后知不足,教然后知困。知不足,然后能自反也;知困,然后能自强也。故曰:教学相长也。"这就是说,教与学、教师与学生是相互启发、相互促进的,学而不厌、诲人不倦是学问进步的不二之途。人的生命是有限的,但客观世界是无限复杂和永恒发展的,尤其是在知识生产、知识更新频率加快的现时代,若不甘落伍,不想被时代边缘化,就必须树立终身学习的观念。所谓学无止境,活到老,学到老。在江苏大学的图书馆、教室里,经常能看到一些鬓发斑白的老教授埋头研读的"镜头",不禁使人感慨,敬佩之心油然而生。大学应率先成为学习型组织,养成不耻下问、求知不倦、人人向学的良好学风,这是学校发展的希望所在。

(二)求是

解放思想　实事求是　务实行事

与时俱进　勇于创新　锐意改革

严谨治学　崇尚科学　追求真理

《汉书·河间献王传》云:"修学好古,实事求是。"唐代史学家颜师古把"实事求是"四个字释义为"务得事实,每求真是",意思是说做学问要以事实为根据，逐一探求真实的结论。宋代理学大师、教育家朱熹，更是把"实事求是"作为长沙岳麓书院的办学宗旨，书院大门的正上方悬挂有书写"实事求是"四个大字的匾额。从整个中国古典文论的传统解释来看，"实事求是"是对严谨治学学风的概括，本非哲学命题，是毛泽东首次赋予其马克思主义思想路线的科学含义。毛泽东在《改造我们的学习》一文中指出："'实事'就是客观存在着的一切事物，'是'就是客观事物的内部联系，即规律性，'求'就是我们去研究。"作为校训的"求是"，兼有上述两层含义，反映的是治学之道和工作原则，即科学的精神。

1. 解放思想实事求是务实行事

辩证唯物主义告诉我们，解放思想与实事求是是辩证统一的。科学研究、学术探讨需要解放思想，开展实际工作也需要解放思想，但都要从实际出发，所得出的结论要符合客观规律，经得起事实的检验，力戒因循守旧和主观武断。学校各级领导和广大师生员工要有前瞻意识，关心高等教育的发展，研究高等教育发展的规律，大兴调查研究之风，切实加强与改进工作作风和研究作风，了解国情、校情。决策或干事，应有雄心壮志，也要尊重客观规律，实事求是，讲事实，干实事，既反对小富即安、不思进取，又反对夸夸其谈、好高骛远。要紧密联系实际，以扎实的功夫，求一流的业绩。

2. 与时俱进勇于创新锐意改革

客观世界是不断变化发展的，我们的思想认识要随着客观世界的变化发展而不断进取，突破陈规，开拓创新，任何思想僵化或决策保守，都可能葬送我们的事业。创新是一个民族的灵魂，是一个国家兴旺发达的不竭动力。创新也是科学的本质和科学发展的动力。学校各项事业的发展取决于创新和改革，要大力倡导改革精神，加强创新素质教育，培养学生的创新人格、创新方法和创新能力。广大教师干部要致力于教育教学改革，致力于理论创新、科技创新、制度创新。唯有改革与创新，学校的事业才有生机和活力。全校师生应成为改革与创新的参与者和受益者。

3. 严谨治学崇尚科学追求真理

大学生的主要任务是学习，要有踏实的学风、探索的勇气、发现真理的慧眼；大学教师的职责是既传授知识，又创造知识，既教书，又育人。求学、教学、治学都要具有科学的态度和科学的精神，把"求是"作为自己的天职。所谓科学的精神，也即求实的精神、质疑的精神、创新的精神、探索的精神、勇攀高峰的精神，说到底是实事求是的精神。"路漫漫其修远兮，吾将上下而求索"，学术研究不应急功近利，更不能粗制滥造、抄袭拼凑、欺世盗名，高等学府尤其要提倡科学，反对迷信，反对虚伪。要努力成为先进文化的创造者和传播者。无论是自然科学研究，还是哲学社会科学研究，其基本任务是透过现象看本质，揭示研究对象的规律，发现真理，弘扬真理。

（三）明德

> 爱岗敬业　服务社会　升华人生
>
> 遵纪守法　明礼诚信　修身养性
>
> 自强不息　厚德载物　团结进取

《尚书·君陈》云："黍稷非馨，明德惟馨。"四书之一的《大学》开宗明义便是："大学之道，在明明德，在新民，在止于至善。"中国儒家特别重视"人之所以为人之道"，所谓"三不朽"——立德、立功、立言，即以德为首。古人尚能如此，生活于物质文明与精神文明相对发达时期的今人，尤其是文明程度最高的大学知识群体，就更应该有高尚的道德情操，以"明德"为做人的根本。

1. 爱岗敬业服务社会升华人生

一个合格的人才应该既红又专，而红首先必须做到专，否则红便无从体现。高校教师要热爱党的教育事业，爱岗敬业，执着教研，苦练内功，掌握本领，不断提高教学、科研水平。全体师生员工均应确立正确的世界观、人生观、价值观，不断提高道德修养，以天下为己任，树立全心全意为人民服务之心、报效祖国之志，把自己的所学反哺社会，乐善好施，做"一个高尚的人，一个纯粹的人，一个有道德的人，一个脱离了低级趣味的人，一个有益于人民的人"（毛泽东《纪念白求恩》），在服务社会中获得人生的升华。

2. 遵纪守法明礼诚信修身养性

良好的伦理道德是社会有序的必要条件，作为知识精英的大学师生，尤其要修身养性，知书达理，遵纪守法，诚恳待人，不自欺欺人，自觉遵守社会主义法律和学校的各项规章制度，维护公共秩序，努力成为基本道德规范的模范践行者、先进道德的弘扬者和社会正义的捍卫者。大学教师要恪守科研道德和学术规范，以身垂范，反对学术腐败。"千教万教教人求真，千学万学学做真人"，一个不知道怎样做人的人、一个道德水准低下、人格卑污的人，本领越大，对社会的危害性也就越大。以道德素质为内核的人文素质教育，不仅仅是人文社会科学工作者的事，专业课教学也应渗透人文素质教育的内涵，使之成为高校实施人文素质教育的重要渠道。

3. 自强不息厚德载物团结进取

江苏大学要向一流大学进发，不仅要有自强不息、不甘落后的精神，还要有如大地般博大与宽厚的胸怀，有海纳百川的气度，对于不同的学术观点，要允许自由争鸣，鼓励学科间的相互交流、理解与合作。"自强不息，厚德载物"是一种精神、一种人生态度、一种人生境界，更是一种在激烈的竞争中能立于不败之地的重要德行。高校教师要克服文人相轻的恶习，养成精诚团结、协作攻关的团队精神和锐意进取的美德。许多重大科研攻关项目，不是某一个人或某一个学科所能解决的。要对当代重大的社会与人的理论问题做出贡献，必须有人文社会科学工作者和科技工作者、经济工作者的通力合作。江苏大学的多学科综合性优势，为促成这种合作提供了条件。

（四）内在关系

"博学、求是、明德"六字校训，体现了我们中华民族的教育精神，凝聚着当代高等学校的办学理念，具有整体之美。"博学"主要是指知识的积累与拓展，它是"求是、明德"的前提和基础；"求是"是指教学和科研的精神与原则，它是"博学、明德"的深化和体现；"明德"是指做人的准则与人生境界的提升，它是"博学、求是"的灵魂和目标。三者之间有着内在的逻辑联系，由表及里，层层递进，环环相扣，充分展现了学校的丰厚底蕴。

置身于新的世纪，面对新的发展机遇和挑战，江大人将永远牢记"博学、求是、明德"的六字校训，励精图治，奋发前行，为中华民族的伟大复兴和人类文明的进步，做出自己应有的贡献。

（作者：董德福）

释义之二：大学要率先成为学习型组织

江苏大学是 2001 年 8 月 28 日经教育部和江苏省人民政府批准，由原全国重点大学——江苏理工大学和镇江医学院、镇江师范专科学校三校合并组建的。为了把江苏大学建设成为一所以工为主，理、工、医、教结合，科技与人文交融，多学科协调发展，综合实力处于全国同类院校前列，并具有一定国际知名度的高水平、开放式的教学研究型综合性大学，根据创建学习型组织的要求，我们确定以"博学、求是、明德"作为校训，立足新起点，创建新机制，努力提高办学质量，实现事业的跨越发展。

博学——这是对知识追求的强烈愿望，也是对每个人自身发展和完善的客观要求。早在两千多年前，我国大教育家孔子就对学习给予了高度重视。他认为，君子应"博学于文，约之以礼"。"玉不琢，不成器，人不学，不知道。""学然后知不足，教然后知困。知不足，然后能自反也；知困，然后能自强也。"因此，每个师生员工都要有强烈的求知欲望，广泛涉猎，使自己具有宽广的知识面和渊博的学识。除了学习各种专业知识外，还要学习其他相关知识。学理工的不妨看些人文社会科学方面的书籍，学文科的不妨看些自然科学方面的书籍。特别要重视学习马克思主义的理论，解决好认识和改造客观世界的立场、观点、方法问题。要多学点马克思主义哲学，这无论是对我们从事自然科学还是从事社会科学教学和研究的同志来说，有益无害，都会有极大的帮助。确如陈云同志说的："学点哲学，终身受用。"当前，尤其要继续认真学习邓小平理论和江泽民同志"三个代表"重要思想，这是指导我们新的实践的马克思主义。

求是——这是整个学习过程的重要阶段。学习的目的是获得知识，求得创新。毛泽东同志在《改造我们的学习》一文中指出，"'是'就是客观事物的内部联系，即规律性，'求'就是我们去研究"。要从"实际情况出发，从其中引出其固有的而不是臆造的规律性，即找出周围事物的内部联系，作为我们行动的向导。"要使学习取得实效，就必须紧密联系我国改革开放和现代化建设的实际，紧密联系高校改革和发展的实际，紧密联系个人工作的实际，进行思考，弄清楚影响事物发展的多方面之间的相互联系及其客观规律。这样才能有所发现、有所发明、有所创造，增强正确观察、分析、处理问题和辨别是非的能力。

明德——这是学习的升华。《大学》开宗明义便是"大学之道，在明明德，在新民，在止于至善"。寥寥数语，充分反映了学习的本质和深刻的内涵。学习的目的就是正心、修身，为了齐家、治国，为了美好未来。要通过学习，树立科学的世界观、人生观、价值观，不断提高道德修养，与自然、与社会、与他人建立融洽和谐的关系，在推动社会发展的同时不断完善自己。大学是学习、研究和宣传马克思主义理论的重要阵地，我们在教学和科研工作中必须把坚持马克思主义基本原理同丰富和发展马克思主义相结合，同学校的改革和发展的实践相结合，增强解决改革和发展中的实际问题的能力。

当然，创建学习型组织并不是大学的最终目的。对大学来说，创建学习型组织的指归在于通过创建过程中所做出的各种努力，引发出一种不断创新、不断进取的理念，形成全新的管理运行机制，使学校日新月异，焕发出勃勃生机，更加充分地发挥人才培养、科学研究、社会服务这三大基本功能。

（作者：朱正伦）

释义之三：江大校训人文精神之审美
——写在江苏大学成立第十年之际

2011 年，江苏大学已进入第十个年头了。伴随着新成立的江苏大学前进的步伐，一则新人耳目、耐人寻味、启人奋进的江大校训应运而生。"博学、求是、明德"，3 个词组，6 个汉字，落落大方，任重道远。校训之于江大人，是照耀航程的灯塔，是指引征途的路标，是激励创新的战鼓，是鼓舞斗志的号角。

品读校训，如饮醇醪，齿颊留香，其味无穷。校训，乃江大精神之魂，师生做人之本。它承载着优秀的华夏文化传统和丰厚的人文精神意蕴，穿过时空的隧道，带着 21 世纪的雨露、空气和阳光，生机勃勃，遍及校园的每个角落，铭刻师生的心田脑海。那么，江大校训，究竟包蕴哪些人文精神与审美价值？其魅力何在呢？笔者不揣简陋，聊以浅说，以为共勉也。

先说"博学"

博学者，虚怀若谷、博采广纳之谓也。《论语·子张》云："博学而笃志，切问而近思，仁在其中矣。"意思是说，广泛学习并做到持之以恒，遇到问题就请教别人，直到弄懂为止，加之不断思考那些切合人生的实际问题，那么，仁义也就蕴含其中了。孔老夫子把"博学"二字提高到他一生念念不忘、苦苦追求的"仁"的高度来认识，可见"博学"是何等重要啊！《中庸》亦云："博学之，审问之，慎思之，明辨之，笃行之。"此乃孔子之孙子思对其祖父

"博学"观点的深入阐发,二者都把"博学"置于为人处世的首位。自先圣孔子以来,多少仁人志士在"博学"观的感召下,为民族之振兴、中华之崛起而"焚膏油以继晷,恒兀兀以穷年"(韩愈《进学解》)。在当今知识爆炸、信息密集的时代,对于高校的广大师生来说,"博学"显得尤为重要。而中国加入WTO以后,与世界各国的交往更为广泛而密切,倘若没有足够的知识储备,就势必成为世界交流的"聋子""瞎子""哑巴"(抑或"半聋""半瞎""半哑"),如此这般,何以与世界接轨?于国于己又有何益?这就要求我们广大师生在教好、学好本专业课程的同时,还要涉猎本专业之外的相关领域,力求打通文理、一专多能。江苏大学作为涵盖工学、理学、医学、文学、经济学、法学、管理学、教育学八大门类的综合性大学,无疑为培养具有综合素质的复合型人才提供了一个坚固而硕大的良好发展平台。我们应该利用优势,博学广纳,乘势而上,教学俱进。

以上所论乃"横向"之"博学"也,而要真正做到"博学",还应该做到"纵向"之"博学"。古往今来,楷模众矣!隋唐时代著名的医学家和药物学家孙思邈活到101岁时还说:"白首之年,未尝释卷。"南宋伟大的爱国主义诗人陆游暮年时读书兴趣不减当年,他说:"白发无情侵老境,青灯有味似儿时。"晚明爱国诗人顾炎武说得更干脆:"君子之学,死而后已。"当代仅有初中毕业文凭的世界著名数学家华罗庚,不仅数学成就蜚声中外,而且诗词文章亦华美风流。他不仅是自学成才的楷模,还是"活到老,学到老"的典范。他晚年时自拟的一则座右铭说得非常好:"树老怕空,人老怕松。不空不松,从严以终。"他委实是名副其实的纵横双向、货真价实的"博学"者。逝世于98岁高龄的国学大师季羡林先生,其晚年仍坚持每日凌晨4时即起,读书、写作,乐此不疲,四季皆然,令人敬佩!我们江大人,所追求的自当是大师们的这种"博学"境界。

次说"求是"

求是者,寻寻觅觅、追求真理之谓也。《汉书·河间献王传》云:"河间献王德以孝景前二年立,修学好古,实事求是。"这里的"实事求是",即根据实证,求索真知的意思。明代王阳明说过:"君子之学,惟求其是。"梁启超的《论中国学术思想变迁之大势》亦认为:"本朝学者以实事求是为学鹄,颇饶有科学的精神。"其中的"实事求是",便含有马克思辩证唯物主义的精髓。"实事"，指客观存在的一切事物；"求"，指研究；"是"，指客观事物的内部联系，即规律性。"实事求是"，也就是说我们的学习与研究要从实际情况出发，努力找出周围事物的内部联系，探求其发展的规律性，发现真理，运用真理，以指导实际工作。就我们的教学与研究来说，就应当从我国现有的政治经济文化建设与发展的国情出发，勇于进行教学内容与方法的改革，深入探讨教学规律，为祖国四化建议服务。北大老校长蔡元培说得好："科学研究必须与国家及社会密切联系，俾国家得学术之用，社会得学术之益。"这就十分明确地指出了"求是"的宗旨就是要有益于国家与社会的根本道理。

我国知识分子素有追求真理的光荣传统。从伟大的爱国主义诗人屈原"路漫漫其修远兮，吾将上下而求索"的发唱，到鉴湖女侠秋瑾"只身东海挟春雷"的抒怀，再到周总理"邃密群科济世穷"的呼唤，几千年来，时代不同，人物各异，但所表达的心声如一，即为"强国富民"而求索不止，奋斗不息。"发扬革命传统，争取更大光荣"。先辈们在旧社会那么艰难困苦的环境下依然奋力"求是"，追求真理，而今天我们生活在如此美好的环境中，就更应加倍"求是"，以杰出的教学成果和带有普遍指导意义的科学理论成就奉献社会。"求是"，除了要求教学与研究必须具有科学的精神和态度外，还必须强调要按照事物的实际情况办事，不夸大，也不缩小，做到像胡适所说的那样，"有几分证据说几分话，有七分证据不能说八分话"。有了"实事求是"的科学精神与态度作支撑，我们的教学科研成果才能站稳脚跟，有补于世。我国著名历史地理学家谭其骧先生说得好："求是师求真，要求是、求真，必先辨是非真假。要明辨是非真假，关键首在能虚衷体察，弃绝成见，才能舍各宗派之非之假，集各宗各派之是之真。学术之趋向可变，求是之精神不可变。"他还对"求是"的重要性做了一个十分形象的比喻："历史好比演剧，地理就是舞台，如果找不到舞台，哪里看得到戏剧。"谭先生是从他的历史地理学专业的角度来论证脚踏实地、实事求是进行科学研究之重要性的。我国著名气象、地理学家竺可桢对"求是"别有深解，他曾说："求是就是奋斗精神、牺牲精神、革命精神和科学精神。"他又多次强调说："科学家的态度应该是不盲从，不附会，不屈不挠，只问是非，不计利害。"他还严正指出："大学是社会之光，不应随波逐流。"学术先贤的谆谆教诲，字字金石，掷地有声，振聋发聩，刻骨铭心。

末说"明德"

明德者，知书达理、恪守仁德之谓也。《尚书·君陈》曰："黍稷非馨，明德惟馨。"黍稷粮食只香一时，所以并非真正的"香"；而勉行德政，积善成德，才能流芳百世，此乃真正之"香"也。通过对比，强调了"明德"的重要性。《大学》云："大学之道，在明明德。"郑玄注曰："谓显明其至德也。"《论语·里仁》曰："德不孤，必有邻。"意谓有德之人，不会孤独，一定有人跟随他。《左传·庄公二十四年》则把"立德"摆在人们各行事业的首位，其云："太上有立德，其次有立功，其次有立言。"《大戴礼记·武王践阼》曰："行德则兴，倍德则崩。"将深省。刘义庆的《世说新语·贤媛》说："百行以德为首。"韩愈《潮州请置乡校牒》说："以德礼为先而辅以政刑。"现在，学校评定优秀教师、三好学生，也都是以"德育"为首要条件。自古迄今，"明德"，已成为我国人民的共识。就教师而言，"明德"，就是要忠诚党的教育事业，关爱学生，甘坐冷凳，作风正派，执着教研。不做空头文，不做水分文，不做欺世盗名文，更不做抄袭剽窃文，恪守科研道德，反对学术腐败。就学生而言，"明德"，就应当确立为中华崛起而发奋学习的宏大志向，尊师守纪，关心政治，善于学习，乐于助人，艰苦奋斗，积极向上。无论教师，抑或学生，都必须做到安身立命，"明德"在先。舍此，别无他途也。

由上可知，"博学""求是""明德"六字校训，既具古色古香之雅韵，又含新世新意之美质，古为今用，不亦乐乎？文字无声，魅力自在。

江大校训的魅力，还体现在它高度概括了人之素质的整体之美，且三者之间别具严密的内在逻辑关系。对江大师生的教学与科学来说，"博学"，是对知识结构与知识总量的严格要求。"非学无以广才"，它是教学科研的起码条件。"求是"，是对科学态度与精神的严格要求。百川归海为"求是"，它是教学科研的最终目的。"明德"，是对思想品格与道德的严格要求。万事德为先，它是教学科研的根本保证。倘若将人的整体素质比作一座宝塔，那么，"明德"则为塔座，"博学"则为塔身，"求是"则为塔尖。无"博学"，则无以"求是"。无"明德"，则"博学"与"求是"则如沙滩建塔、空中筑楼矣！终因缺乏基础而一败涂地、害人害己。譬之以花卉，"明德"为"根"，"博学"为"花"，"求是"则为"果"。三者相连，互为依托；彼此辅成，缺一不可。

其实，我们还可将"博学""求是""明德"三者归结到"求学"与"做人"这两个至关重要的人生"穴点"上。"博学""求是"归为"求学";"明德",则为"做人"。只要把这两个人生"穴位"点准了、点稳了、点好了,那么我们就能成为一个德才兼备、有益于国家与人民的人。钱穆先生曾就"做人"与"求学"的关系问题发表过很好的意见,他说:"做人的最崇高基础是求学,求学的最高旨趣是做人。爱家庭,爱师友,爱社会,爱人类,是做人与求学的中心基础。对社会事业有了解,对人类文化事业有贡献,是做人与求学的向往目标。"陈毅同志曾以诗的语言来强调"求学"与"做人"的双重困难性,告诫人们要知难而上,百炼成钢,诗中有:"应知学问难,在乎点滴勤。尤其难上难,锻炼品德纯。"江泽民同志考察中国社科院时亦曾指出:"做人、做事、做学问相统一,是中华民族的优良传统,只有坚持老老实实地做人,踏踏实实地做事,扎扎实实地做学问,才能成为一名对祖国对人民有贡献的学问家。"说到底,最终还是落实到"做人"与"求学"这两个关键点上。"做人""求学",寥寥四字,意义之大,终身切记。

综上所述,江大校训既言约意丰、古为今用,适应时代的审美特征,又具逻辑严密、易记易通、简便实用的审美效果。品读再三,"别有一番滋味在心头"。然而,校训再美,倘不落实,便形同虚设,何益之有? 故只有让江大校训扎根于我们的心坎上,融化在我们的血液里,并落实在我们的行动上,使其转化成我们江大人本质力量的对象化——把江大建设成为国内同类院校中处于领先地位,在国际上有较高知名度的教学研究型综合大学。到那时,在蓬勃发展的全国高校中,必将是"春色满园关不住,一枝红杏出墙来",由此而折射出江大校训的独特风采与无比魅力!

(作者:李金坤)

五、 江大精神: 自强厚德 实干求真

释义之一:我看"江大精神"

当前,学校正处于加快推进研究型大学建设、努力创建世界一流学科建设大学和江苏高水平大学的重要机遇期和快速发展期,学校发展的脚步越快,越需要精神的支撑和引领。

首先,何为精神? 从表象上看,精神就如同一个人的骨架,古人讲"人无

骨不立"。也就是说，一个人如果没有骨架的支撑，就会萎靡不振，而有之则会"神采飞扬"。哲学上对精神内涵的表述则是：精神是过去事、物的记录及此记录的重演，它是长期积聚、不断扬弃形成的内化于心、外现于行的"精气神"。

其次，何为大学精神？"大学精神"是大学自身存在和发展中形成的具有独特气质的精神形式的文明成果。从这一表述上看，大学精神说到底是"人"的精神，是"大学人"的精神，它是一所大学师生理想、信念、情操、行为、价值和道德水平的标志。大学精神虽无形但决不虚无，它是以现实的载体作为依托而存在的。比方说，大学精神的本质特征是通过创造精神、批判精神和社会关怀精神来具体展现的，而大学教风、学风和干部职工工作作风等也都是大学精神的具体表现。这就是每一个大学人的"精神底子"，是体现每一位师生品位境界的精神坐标。

由此可见，大学精神作为一所大学的灵魂，它是全校师生的精神归依，它对大学的发展起着方向性、决定性的作用。弄清楚大学精神对大学存在与发展的作用，对加快学校高水平大学建设无疑具有重大意义。为此，学校在制订的"十三五"规划中，明确把挖掘凝练江大精神作为一项重大的文化工程加以部署。"十三五"的开局之年，学校就正式启动了江大精神的凝练挖掘工作。经过广泛征求全校师生意见和深入讨论，最终凝练形成了"自强厚德，实干求真"这两句话八个字。这八个字中，"自强""实干"体现了创造精神，"求真"体现了批判精神，"厚德"则体现了社会关怀精神。两句话八个字完全符合大学精神的本质特征，且表述简约流畅、逻辑缜密、一气呵成，具有整体之美，是融入几代江大人骨子里的精神气质。

第一，这是中国传统文化的精髓传承。

先说"自强厚德"。这四个字出自《周易》："天行健，君子以自强不息。地势坤，君子以厚德载物。"意思就是说君子效法天，要像天那样不断运行，不断努力。君子取法地，要积累道德，方能承担事业，也就是"厚德载物"。而"厚德载物"又可以有两种解释，那就是是把"厚"看成动词，还是形容词。如果看成动词，意思就是：先要培植、加重德性，然后可以承载万物；如果看成形容词，意思就是：只有以厚重、稳固的道德为基座，才能承载万物。这两种意思，本质上没有什么差别。但一个"载"字，说明了"德"和"物"

之间的主、属关系。《礼记·大学》中有一个很有意思的排列。在这个排列中，君子心目中的轻重关系分五个等级：第一是德，第二是人，第三是土，第四是财，第五是用。结论是：德为本，财为末。这里，"土"是作为"物"的滋生者出现的。现在人们喜欢把那些只重物、不重德的有钱人称之为"土豪"，就是这个道理。因此，在古人眼里，自强是自立之道，厚德是立人之道，人们要效法天地，就要在学、行等各方面都要不断努力。古代不少学者巨儒，都能深刻体认这种精神并自觉加以践履。如孔子有一次在河边对学生们说："逝者如斯夫，不舍昼夜。"就是激励他的学生要效法自然，珍惜时光，努力进取。

再说"实干求真"。东汉班固所著的《汉书·河间献王传》中，提出了"修学好古，实事求是"。"实事求是"，是指一种求真务实的治学、处世态度。"实事"，即客观存在着的事物；"是"，即客观事物内在的规律性；"求"，即揭示客观事物内在规律性的功夫和过程。"求"是纽带，一头挑着"事"，一头挑着"是"。用毛泽东的话说，"求"就是去粗取精、去伪存真、由此及彼、由表及里的探索过程。换句话讲，"求"的过程，就是"实干求真"的过程。此后，宋明理学又提出了"格物致知"和"知行合一"的思想。所谓"格物致知"，就是通过实践过程探求原理法则；所谓"知行合一"，就是指若想获得真知，就必须把了解知识的理论与具体的实践行动结合起来。这里的"实践"就是指"实干"："格物"就是"疑误定要力争"，就是特别强调质疑、求异、辨伪在治学中的重要性。学会批判性思维和创新，历来是读书人和社会中坚的清醒与坚定，这是大学永恒的主题。习总书记曾反复强调："空谈误国，实干兴邦，实现中华民族伟大复兴，需要一代又一代中国人共同为之努力。"总书记这是在告诉我们：实现美好蓝图，只有通过实干求真才能完成；发展中的各种矛盾，只有通过实干求真才能破解；事业里的一切辉煌，只有通过实干求真才能铸就。

所以，这两句话八个字既是中国传统文化的精髓传承，也概括出了江大人内心深处刚健有为的进取精神，批判创新、追求真理的科学精神，体现了江大人追求真理、勇于承担的社会责任心和使命感。

第二，这是江大快速发展的真实写照。

学校的办学历史可追溯到三江师范学堂。探究三江师范学堂肇始的根由，不难看出，学堂的创办，就是源自于晚清名臣刘坤一、张之洞、魏光涛等怀着教育救国的理想，寄希望于"师夷长技以自强"，通过发展教育实现社会的改造和进步，这就是千百年来流淌在中国仁人志士血液里的那种"地位清高，日月每从肩上过；门庭开豁，江山常在掌中看"的崇高精神追求。而后学堂办学虽迭经兴废，但"三江"的后人们硬是凭着一股执着的韧劲和顽强拼搏的精神，在战火纷飞及社会动荡的艰苦条件下，培养造就了一大批堪称民族中坚和社会栋梁的经世致用之才。随着新中国的成立，"三江"的学脉由南京大学、南京工学院等校薪尽火传。到了20世纪60年代，又是一批早期出国留学的知名学者，为贯彻毛泽东同志关于"农业的根本出路在于机械化"的指示精神，毅然放弃国外优厚的生活条件回到祖国，以南京工学院汽车、农机与拖拉机两个专业为基础组建了镇江农业机械学院，并通过整合吉林工业大学排灌机械专业及其研究室和南京农学院农机化分院的力量，汇聚了一批来自五湖四海的老师，在当时的荒山野岭，励精图治、艰苦创业，仅用了10多年的时间，就把镇江农业机械学院建设成为全国88所重点大学之一，并成为全国首批具有博士、硕士学位授予权的单位，成为我国第一家承担为发展中国家培养高级农机技术和管理专家任务的高校，出色地完成了那一代人的历史使命。1998年，在全国高校办学体制改革调整中，学校又成为首批"中央与地方共建，以地方管理为主"的转制高校。学校既面向全国，又立足地方；既依托行业，又服务区域。学校兼具行业背景和地方高校的双重优势得到充分彰显，广大师生用自己辛勤的汗水在推动行业振兴和服务地方经济发展中走出了一条转制高校建设发展的成功之路，学校被有关领导誉为"省属工科院校的排头兵"。

2001年8月经教育部批准，同处镇江一市的江苏理工大学、镇江医学院和镇江师范专科学校合并组建江苏大学，这是学校办学体制的又一次重大调整。三校师生以此作为加快学校事业发展的难得机遇，充分利用三校学科交叉互补的综合优势，坚持"规模发展与质量提高相结合、外延扩张与内涵充实相结合、布局调整与结构优化相结合、基础加强与特色创建相结合"，用了五年的时间，就快速实现了办学规模、教学改革、学科建设、科技创新、师资建设、实验室建设及基本建设七方面的突破，基本形成了九大学科共融一体、江大学子同处一园的办学格局。进入"十一五"，学校紧扣"提升内涵，强化特色"发展主题，瞄准高水平大学建设目标，坚持教学质量、拔尖人才、强势学科、自主创新"四个优先"，聚焦内涵建设，狠抓"国字头"项目，学校的国家级教学成果奖、国家级科技成果奖、国家级特色专业、国家级精品课程、国家级实验教学示范中心、国家人才培养模式创新实验区、国家优秀教学团队、国家级大学科技园、国家级工程技术研究中心、国家重点学科、全国百篇优秀博士学位论文、教育部"长江学者特聘教授"、国家杰出青年基金、百千万人才工程国家级人选等不断实现突破，学校的综合办学实力显著增强。江大师生又一次以自己的辛勤汗水与艰苦努力走出了一条合并高校建设发展的成功之路。

特别是"十二五"期间，学校紧紧围绕"建设工科特色更加鲜明，若干学科国内一流、国际有影响，多学科协调发展的高水平、开放式教学研究型综合性大学"奋斗目标，坚持"提升内涵，强化特色"发展主题，深入推进人才强校、特色发展、国际合作、凝心聚力"四大战略"，以"国字头"和国际化为抓手，大力实施人才培养、队伍建设、学科引领、科技攀登、国际开放、资源集聚、基础保障管理创新、党的建设等系列工程。学校高水平大学建设不断取得新进展，学校核心发展力、综合竞争力、改革创新力、社会影响力显著增强。进入"十三五"，学校又进一步以创建"高水平、有特色、国际化研究型大学"为引领，自觉站在国家"双一流"和江苏高水平大学建设的大格局下，以全面实施"十三五"规划为主线，全面提升办学能力和水平。工程学、材料科学、临床医学、化学和农业科学进入 ESI 排名全球前 1%（并列全国第 41位、江苏第 5 位）。中国管理科学研究院《2017 中国大学评价》学校列第 41位，2016 年《泰晤士高等教育》亚洲大学和全球大学排名学校分别列亚洲第195 位和全球第 864 位，2016 年 USNEWS 全球排名学校列第 977 位，等等。

因此，可以说，无论是转制高校建设发展的成功之路、合并高校建设发展的成功之路，还是近年来学校高水平大学建设所取得的突破性进展，都是全校师生干、实干、努力干、创造性干、竭尽全力干的结果，无一不是"自强厚德，实干求真"江大精神的真实写照。

第三，这是江大人生涯发展的基本遵循。

1941 年，时任清华大学校长梅贻琦发表《大学一解》，文中说："学校犹水也，师生犹鱼也，其行动犹游泳也，大鱼前导，小鱼尾随，是从游也，从游既久，其濡染观摩之效，自不求而至，不为而成。"这就是著名的"从游说"。这段话很有意思，就是说大学就像一片汪洋大海，老师是水里的大鱼，学生是水里的小鱼，大鱼带着一群群小鱼游，小鱼跟着大鱼游，游着游着，小鱼也就变成了大鱼。正是在游的过程中，学生们通过借鉴、理解、模仿而最终成才。"从游说"的核心，不仅是科学知识的传授与学习，更多的是大学精神的传承与弘扬。在大学这座知识的殿堂里，无论是教师还是学生，都肩负着两大任务：一是"养成健全之人格"，二是"研究高深之学问"。试想，如果缺乏"自强厚德"的精神，如何"养成健全之人格"；如果没有"实干求真"的精神，怎能"研究高深之学问"。现在再细细品读江大"自强厚德，实干求真"这八个字，越发觉得其意蕴十分丰厚，大学所倡导的"独立不迁"的批判精神、"上下求索"的顽强意志、"宁为玉碎，不为瓦全"的傲然风骨、"先天下之忧而忧，后天下之乐而乐"的人文情怀，以及"己所不欲，勿施于人"的道德原则无不包含其中。从这一点上讲，对江大全体教师来说，只有将"自强厚德，实干求真"融入自身的育人工作之中，才能成为江大精神的承载主体；对全体学生来说，只有将"自强厚德，实干求真"融入学习生活之中，同学们的学识文化、道德伦理、人格气质才能得到全面提升，才能不沦为"精致的利己主义者"，同学们的未来才能走得更远、走得更好。

因此，"自强厚德，实干求真"这是所有江大师生生涯发展、创造自己未来美好人生的基本遵循。

第四，这是研究型大学建设的动力源泉。

"自强厚德，实干求真"的江大精神，来源于全校师生的实践，又对全校师生的实践产生导向和激励作用。它不仅内化为全校师生的思想观念和精神支柱，更转化为学校在加快推进研究型大学建设进程中的强大精神动力。可以讲，这两句话八个字，既传承了优秀的历史文化传统，又赋予了鲜明的时代特征和与时俱进的本质特征，具有激励性、凝聚力和向心力。特别是当前，学校已站在向研究型大学迈进的新阶段，处于攻坚克难、向研究型大学转型发展的关键时期。转型发展既是机遇，更是使命。如果我们今天在转型发展中落伍，明天我们将在高校队伍中掉队。要推进研究型大学建设，就是要与强的比、与快的赛、与勇的争，这注定是一场攻坚战和持久战。在这一奋斗过程中，我们特别需要一种信念、一种精神、一种勇气和一种斗志。面对研究型大学建设的巨大挑战，我们必须"自强厚德"，不能有一点点妄自菲薄；面对研究型大学建设的艰巨任务，我们必须"实干求真"，不能有一丝丝的放松懈怠。全校师生唯有以滴水穿石的毅力，以"拼命三郎"的韧劲，"自强厚德，实干求真"，才能不断突破制约学校研究型大学建设的瓶颈难题，才能在国家"双一流"和江苏高水平大学建设中不断取得新进展。

站在新的历史起点，承载新的使命。现实和未来都将见证，"自强厚德，实干求真"的江大精神必将是激发全校师生矢志推进国家"双一流"和省高水平大学建设的不竭动力和力量源泉。

（作者：颜晓红）

释义之二：领悟"江苏大学精神"

所谓"大学精神"，是大学在办学的历史过程中形成的学校特有的文化追求、价值理念和师生共有的精神品质，是一所大学独拥的社会品格，也就是鲁迅先生所称的"校格"，是大学文化的精髓和核心，是大学的灵魂和存在发展的基石。哈佛有"与真理为友"的精神，耶鲁有"独立自由"的精神，北大有"思想自由、兼容并包"的精神，清华有"厚德载物、自强不息"的精神……它们在一所大学中随着时光荏苒而代代相传、生生不息。江苏大学从19世纪三江师范学堂起步，伴随着新中国的发展而展翅高飞，在百余年的办学过程中铸就了深厚的文化底蕴，也凝练了"自强厚德、实干求真"的江苏大学精神。

一、"自强厚德"是一代代江大人奋发图强的精神史诗

"自强"是江大人艰苦奋斗的写照。早在春秋时期，著名的思想家屈原就在他的《楚辞·九章·怀沙》中，最早提出了"自强"思想。《易经》也提出了"天行健，君子以自强不息"，认为一个有道德的人应当如大自然日月运行不息那样，自我努力，奋发图强。《礼记》也讲道："知困，然后能自强也。"自强是中华民族的传统美德，是一个人活出尊严和价值的品格，是一个人健康成长和成就事业的动力，是一个人积极进取和不甘落后的表现。一代代江大人传承了中华民族的自强精神，在变化的环境中践行使命，在困难中坚守责任，不畏艰苦，攻坚克难，矢志不渝，拼搏向上。特别是在建校之初，各个校区建校均环境简陋，条件艰苦。没有教学设施就自己动手修建，生活条件简陋就自己想法改善，早期基建的所有拾土、平地和种树工作几乎都是学校师生人力完成，这只是江大人"自强"的一个视角而已，为了人生理想和祖国的教育事业，他们在教育、科研的各项工作中都是不畏艰难，自强不息，阔步前行。

"厚德"是江大人文化涵养的沉淀。"厚德"出自于《周易》:"地势坤,君子以厚德载物。"也出现在多处古代经典名著之中。刘向《淮南子·氾论训》:"故人有厚德,无问其小节。"《三国志·魏书·袁绍传》:"当今为将军计,莫若举冀州以让袁氏。袁氏得冀州,则瓒不能与之争,必厚德将军。"著名学者梁启超于1914年曾以"自强不息""厚德载物"勉励学生。"厚德"是中华民族的优秀品质,江大人作为中华民族的优秀儿女,始终传承厚德精神,树立正确的世界观、人生观、价值观,不断提高道德修养,以德立人,立德于学,修德积学,学校发展的各个时期都有厚德模范的涌现:德艺双馨的"最美基层干部、中国好人、第四届全国道德模范提名奖"邵仲义、"爱心天使"陈静、"给我一个家"团队等,是他们用实际行动阐释着江大人的"德行"和江大校园文化内涵。

二、 "实干求真" 是江苏大学勇于开拓创新的精神印迹

"实干"是江大人成就事业的法宝。"实干"精神多次出现在新中国历代领导人的讲话之中,毛泽东同志大力倡导"实事求是,力戒空谈"。邓小平同志在南方讲话中强调"世界上的事情都是干出来的。不干,半点马克思主义也没有"。江泽民同志曾多次要求"各项工作要落实、落实、再落实"。胡锦涛同志反复强调"求真务实,真抓实干"。习近平同志在三次不同时间的讲话中都谈到要牢记"空谈误国,实干兴邦"。实干兴邦是中国共产党人一贯强调的执政理念,也是我们党的优良传统,正是一代又一代共产党人的实干,才让我们比历史上任何时期更加接近中华民族伟大复兴的目标。学校历史上的两江师范学堂时期的校训"嚼得菜根,做得大事"就饱含了"实干"的要求。江大人始终坚持中国特色社会主义的道路自信、理论自信、制度自信、文化自信,始终保持真抓实干、开拓创新的精神,在学校建设发展和推进人民满意的教育事业过程中,总是党政同心、上下一致地"干、实干、努力干、创造性干、竭尽全力干",为国家培养了大批爱国的栋梁之材。

"求真"是江大人追求科学的概括。所谓"求真",也是"求是","求是"最早出自《汉书·河间献王传》:"河间献王德以孝景前二年立。修学好古,实事求是。"颜师古注:"务得事实,每求真是也。"后来毛泽东同志给予"实事求是"新的解释,他指出:"'实事'就是客观存在着的一切事物,'是'就是

客观事物的内部联系，即规律性，'求'就是我们去研究。"深刻揭示了实事求是的科学内涵和基本要求，这也成为毛泽东思想的核心。直到现在"实事求是"仍然是中国共产党的核心指导思想。坚持"实事求是、求真务实"是坚持马克思主义科学世界观和方法论的本质要求。江大人在办学过程中始终坚持并贯彻落实马克思主义、毛泽东思想、中国特色社会主义理论、"三个代表"重要思想、科学发展观和习近平系列讲话精神，尊重事实、追求真理、勇于创新。潜心研究高等教育发展规律，紧密联系实际推进教育改革，教学上严谨治学，培养学生踏实的学风、探索的勇气、创新的人格。学术上讲求民主、兼容并包，大兴调查研究之风，致力于理论创新、科技创新，恪守科研道德和学术规范，反对学术腐败，对不同的学术观点允许自由争鸣，鼓励学科间的相互交流和合作，培养精诚团结、协作攻关的团队精神，始终保持了勇于探索、追求真理、风清气正的学术氛围。

三、 "自强厚德， 实干求真" 精神将引领研究型大学建设

"自强厚德"作为我国优秀传统文化的重要内涵，集刚健和柔顺两种不同的特质于一身，是中华民族的特有品性，是中华民族几千年来熔铸成的民族精神。"实干求真"是伟大祖国繁荣昌盛的思想灵魂，更是实现"两个一百年"宏伟蓝图和中华民族伟大复兴目标的坚实保证。江苏大学人深受中华民族优秀传统文化精髓的熏陶，更受益于新中国的富强发展。原江苏理工大学从 1902 年一路走来，1961 年 9 月，校本部从南京移址镇江后招收了第一届学生；原镇江医学院创建于 1934 年；原镇江师范专科学校始建于 1958 年。回顾学校创业史就是一部"自强厚德，实干求真"的历史，催人奋进。一代代江大人经过百余年的艰苦创业，不懈努力，创新进取，追求卓越，学校各项事业都实现了跨越式发展：杂草丛生的荒坡洼地变成了园林和花园式的校园，单科性学院变成了综合性研究型大学，办学核心指标、人才培养质量、科技创新能力、学科建设水平、师资队伍力量、学生综合素质、教育国际化程度、党建工作发展等都达到了前所未有的高度，综合实力和核心竞争力位居全国高校 50 强，中国管理科学研究院《2017 中国大学评价》学校列第 41 位，2016 年《泰晤士高等教育》全球大学排名学校列第 864 位，USNEWS2017 世界大学排行榜学校列第977 位。

人无精神不立，校无精神不兴。"自强厚德，实干求真"内涵丰富，立意高远，既总结传承了学校的历史文脉和优良传统，又立足于时代精神和学校实际，涵盖了教育思想、科学精神、人文特征、时代特色等内容，是江苏大学的文化核心和精神旗帜，每一个江大人都应该领略学校深邃厚重的文化底蕴，独特的精神气质和理想追求，传承、守望、实践并提升"江苏大学精神"，使之发扬光大、历久弥新；并在"江苏大学精神"的引领和感召下，凝心聚力，以立德树人为根本，坚持走以质量提升为核心的内涵式发展道路，全面提升学术竞争力、科技创新力、文化软实力和国际影响力，大力推进"双一流"、"江苏高水平"、研究型大学建设，努力为建设创新型国家、实现"两个一百年"奋斗目标和中华民族伟大复兴的中国梦贡献新的力量。

（作者：陈远东）

第三节　江苏大学环境文化育人实践

校园文化是指学校在其发展过程中所创造的精神财富的总和。校园作为学校的物质财富之一，其环境本身就是文化的一种表现，是文化的载体。它提供了空间场所，记载了历史沧桑，展现了校园精神，孕育了校园文化。因此，景观化校园对于反映与烘托校园文化有重要作用。本节围绕江苏大学生态环境建设、主题氛围营造、人文景观、标志性建筑，介绍经验做法，讲述发生在其中的难忘故事，体现整洁美丽、宁静有序、积极向上的校园育人环境对师生正能量的引导作用，同时抒发全校师生热爱江大、热爱母校、爱校如家的真挚情感。

一、　校园生态环境建设

近年来，江苏大学科学规划、整体布局，合理改造、狠抓维护，形成"春有花，夏有荫，秋有果，冬有绿"的美丽景色。事实上，早在 2008 年学校就获得"全国绿化模范单位"称号，目前，校园绿化覆盖率达 60%。

学校利用绿植制作"江大校训"和"江大精神"等特色景观，在校园名贵树木上精心制作悬挂"双语"树牌；以镇江市海绵城市建设为契机，推进海绵校园建设，建设"江大绿道"，提升玉带河水质，美化玉带河沿线景观；先后建成梅园、学子林、园丁林、百竹园、樱花大道、牡丹园、芍药园等特色景观，全面提升校园景观环境，打造美丽校园。

（一）梅园

梅　园

江苏大学梅园位于江苏大学研究生公寓楼南侧，园内种植梅花上百种，约一千六百多棵，是江苏大学校园的重要景观之一。春暖花开时节，梅园内成百上千株梅花竞相绽放，吸引众多师生和市民来此"打卡"，梅园也一跃成为镇江市新晋"网红"景点。

（二）牡丹园

牡丹园

静湖牡丹为河南科技大学所捐赠，品种繁多，汇聚了国内外 41 个品种；色泽亦多，以黄、白、红、粉、紫、绿为主，牡丹之王花王牡丹、重瓣复色的金阁牡丹、色泽艳丽稀有的绿幕隐玉、花型独特的银红巧对、仪态万千的虞姬艳妆……也已成为校园的重要景观之一。

牡丹园记

小序：岁当庚子，江苏大学蒙河南科技大学友情馈赠名品牡丹。友于情深，事花惟谨，乃专辟牡丹园，勒石纪之。

名花佼佼，四时争妍。铁骨迎春，冬梅斗寒挺立；幽栖山林，春兰馥郁飘香；不妖不染，夏荷冰清玉洁；抱茎不屈，秋菊傲雪凌霜。品格高标，各擅胜场，昔人以王者高士誉之。

然则足令众芳宾服，独占花魁者，非牡丹其谁？姹紫嫣红逢谷雨，倾城倾国赏花。世人争道：雍容华贵，姚黄魏紫婀娜；国色天香，豆绿赵粉妩媚。二乔青龙墨池卧，洛阳红醉酒杨妃。芍药虽好，略输茎软，更欠一缕香。

噫！一枝独秀，孰若群芳争艳；万紫千红，欢如交响钧天。乃当深植厚培，恩谢灌园之叟；赏花怀友，情传河洛弟兄情。愿和风拂煦愿和，四时寰宇常春！

（作者：笪远毅）

江大牡丹园赋

何其荣也！芸芸百卉，牡丹尊王。兹花故里，赫赫洛阳。培植于隋，鼎盛于唐。夺魁于宋，享誉花王。千品九色十花型，魏紫姚黄最荣光。何惧冰雪，春风吐香。抗旨武后，气节贞刚。风姿绰约娇媚，富贵国色天香。根皮花瓣，酒酿药汤。祈求吉昌同愿，国花市花辉煌。古今文艺皆颂，万户喜挂厅堂。此之谓：阅尽大千春世界，牡丹终古第一香。

何其幸也！河南科大，恩重峻嵩。己亥国庆前夕，慨捐牡丹花丛。两千余株，品目卅丰。豫苏千里，手足情隆。移植静湖，铸情谷中。四面葱葱郁郁，一湖淙淙融融。此之谓：宝物天下欣分享，花王东迁展新雄。

何其乐也！牡丹安家，满坡鲜葩。一方胜景，群芳竞发。赤如朝日，白如月华。淡如水墨，殷如丹霞。或欣欣兮语畅，或寂寂兮思遐，或把酒兮歌舞，或临湖兮琵琶。江大名片靓丽，陶冶情操无瑕。此之谓：湖光花海春意闹，万紫千红美无涯。

何其谐也！牡丹雅园，花木同天。芍药似仙，杜鹃如燃。桃李竞秀，杨柳蹁跹。栀子香远，莲叶翠鲜。紫薇花密，广玉兰嫣。樱花兮粉白杂，桂花兮金银连。樟槐兮高且直，松柏兮寒不迁。小草兮满阶绿，冬青兮四季妍。湖映万境，画图天然。师生流连，读思无边。此之谓：天人和谐花木秀，美美与共谱新篇。

行文至此，情意犹深；草诗一首，聊表赋心：

天香国色遥迁新，悦目清心涤俗尘。京口洛阳兄弟好，高山流水友谊珍。最欣富贵无狂气，可爱娇媚有厚仁。双一齐争鞭快马，静湖纵览长精神。

（作者：李金坤）

（三）樱花友谊园

樱花园

樱花友谊园位于江苏大学本部新校区园丁林东侧、梅花园西侧，是在镇江市对外友好协会的积极协调与 KYB 公司的大力捐助下开建的。樱花园占地面积近 10000 平方米，分为两期建设，一期种植的 750 棵 6 个品种樱花树木全部由 KYB 公司捐助。

（四）学子林

江苏大学学子林近 5 万平方米，自 2006 年 5 月 28 日工程正式启动，学子林一直备受校各级领导和师生的关注。

学子林主要动员即将离校的大四学生为母校"添一片新绿"。2006 年活动开展第一年就募集了 5.4 万元，认种了 712 棵树木，包括桂花、樱花、梨树、海棠、紫薇等 11 个树种。广大毕业生积极响应，以班级、党支部或个人名义捐献，以这种特殊的形式向母校献礼。

学子林

学校对学子林的建设从政策、财政、宣传等方面给予了大力支持，使江大的校园建设不断优化，为创建和谐生态校园创造优良的条件，从而进一步促进了学校育人工作的开展。

（五）"双语"树牌

"双语"树牌

树木挂牌，是学校绿卫人给校园树木精心制作的"第二代身份证"，让师生更多地认识了解校园里的树木，同时也增强了师生爱绿、护绿意识。通过统计、收集、整理、校对和制作，树木挂牌包括乔木和灌木，共涉及雪松、香樟、法桐、银杏、栾树等100多个品种。树牌包含中文名、英文名、科属和古诗文选段赏析等内容，并设有二维码，只需用手机微信扫一扫，即可进入植物品种主页，主页上除了有植物的基本信息，还有该植物形态特征、生长习性和病虫防治等科普知识。

（六）海绵工程

海绵工程休闲区域

2015年4月，镇江市入围全国首批海绵城市建设试点城市，江苏大学校本部被市政府列入海绵城市建设范围。

作为镇江市海绵城市建设两大重点工程之一，江苏大学海绵改造工程采取海绵改造与校园景观提升相融合的方式进行。工程建筑面积20余万平方米，包括新建重力流湿地、环园健身步道、雨水净化植物园、休闲健身广场等区域。其中，玉带河两侧的海绵绿化按层级栽植榉树、水杉等各种亲水植物，并配置耐涝耐旱、有渗滤净化作用的植物，更加体现出湿地公园的效果。

该工程最大的亮点是，玉带河清淤拓宽后增加了2万平方米水体面积，库容则增加近1万立方米。经过人工调试，雨水走向由原先的"直排"入河，改变为如今经配水渠和重力流湿地，均匀分配到过滤介质中，通过介质的净化再排入河道，去除对水体产生影响的有害杂质。沿河13个重力流湿地，总面积约9800平方米，日处理能力达5万立方米。

此外，玉带河河岸两侧根据在校大学生、教师、周边居民等不同需求，开辟了社团活动、健身、休闲、儿童游乐等多种休憩空间，为广大师生提供了良好的环境。

二、 主题教育氛围营造

（一） 结合重大活动节点，加强校园景观亮化设计

庆祝中华人民共和国成立 70 周年主题氛围营造

学校以国庆、中秋、开学季、毕业季等重要时间节点为契机，加强校门、主干道路、草坪、迎松路沿路梧桐树的亮化设计；定期维护更新校园电子屏，滚动播放"新闻周报"、系列专题片等各类弘扬社会主义核心价值观、歌颂真善美、传播正能量的主题内容，充分发挥文化宣传阵地的育人功能。

（二） 以开展主题教育为抓手，打造灯杆文化

灯杆文化

学校大力打造灯杆文化，4种造型共230块宣传牌挂上了校园主干道的路灯杆，涵盖文明校园创建、礼敬传统文化、校史校训等校园主题，以及新中国成立70周年、社会主义核心价值观、党风廉政等主旋律内容，在校园里成为一道独特的灯杆文化风景线，为主题教育营造了浓厚的宣传氛围。此外，还在部分楼栋办公区域墙面布置廉政书法作品、廉政标语牌等，陶冶师生情操，筑牢师生共同的精神家园。

（三）着力营造4·29纪念活动浓厚氛围

4·29纪念活动氛围营造

60年前，毛泽东批示"农业的根本出路在于机械化"，镇江农业机械学院应运而生，有了镇江农机学院，才有后来的江苏大学的办学特色。

2019年4月29日，落实习近平总书记"大力推进农业机械化、智能化"重要论述暨纪念毛泽东主席"农业的根本出路在于机械化"著名论断发表60周年报告会在江苏大学召开。农机领域各界权威代表齐聚江大，共同回顾我国农业机械化发展历程，进一步理清新时代我国农业机械化、智能化的发展思路，为助推农业农村现代化建言献策。此后，学校将每年4月29日作为纪念活动日，举办耒耜国际论坛，在主干道、重要楼宇等区域通过展板、横幅、电子屏、雕塑等多种形式进行宣传，着力营造浓郁的"知农爱农、强农兴农"氛围。

三、 人文建筑景观

（一） 汝山

历史风云话汝山——江苏大学校本部人文史迹漫记

江苏大学是一座高等学府，不仅在学科设置、人才配备和物质条件方面具有很强的优势和潜力，而且学校所在的镇江市是揽胜东南、驰名全国的历史文化名城。朱方古邑、京口江山，一向被誉为"天下第一江山"（梁武帝语）、"江南第州"（元代朝鲜诗人李齐贤语）。古代曾为浙西镇海军府，现代也做过江苏省会。学校命名江苏大学，自是名实相符。

校本部所在地汝山位于镇江城东京岘山和古丹徒县城（今名丹徒区）之间，是秦始皇最后一次东巡的驰道所经。秦始皇命令穿着赭色囚衣的三千刑徒开凿这段驰道成功，因而将原名谷阳的县治改称丹徒。旧有城池在北江（长江）之滨，早已坍没江中，后才移设于今丹徒镇。这座古丹徒县治一直存在到唐代初年方才合并于西面的京口，即今天的镇江城区。

汝山之名早见于六朝人山谦之著《南徐州记》，一名女山（古代女、汝同音）。汝山虽是宁镇江山脉尾闾的一座江滨小山（高仅110多山米，面积约0.4平方公里），然而"山不在高，有仙则名"，它以三国时期名人孙策的行猎遇刺事件而名垂史册。东汉末年群雄割据，孙坚父子崛起江东。孙坚死后，其长子孙策年轻有为，英勇善战，人称"孙郎"，在其舅父丹阳太守吴景的支持下占领吴郡（今苏州），杀了原吴郡太守许贡，兵锋直达长江南岸。有一次孙策本人为筹集军粮暂驻丹徒县城。那时候这一带地方尚未完全开辟，森林覆盖，野兽出没。孙策喜爱打猎，一日只带少数随从出城行猎，为追赶一只大鹿独骑行至汝山附近，突遇埋伏道旁的三个伪装成军士的刺客，自称是为许贡报仇。孙策猝不及防，竟为毒箭射中面庞。孙策立即拔箭引弓射杀此人，因伤重返回吴郡疗治，终于毒发而亡，年仅26岁，临终前将军国大权交与其弟孙权继承。孙权虽更年轻，但稳健胜过乃兄，团结张昭、周瑜、鲁肃等一班英豪人物，平定江东各地，建立了京口铁瓮城，奠定了吴国的基础。

汝山第二次显名是在南宋末年出了位民族英雄陆秀夫。《京口山水志·汝山》记载，"宋陆忠烈公秀夫宅在山下"（现已不存）。陆秀夫祖籍盐城，而他本人是在丹徒成长。他自幼接受本地陈家湾（今汝山乡政府所在）的名塾师孟逢大、孟逢原兄弟俩的良好教育熏陶，品学兼优，后应科举考试，与文天祥同榜。陆秀夫与文天祥一样始终忠于南宋王朝，坚持抵抗蒙古人统治，他在宋元崖山大海战宋方失败后，背负幼帝赵昺蹈海而死，同时跳海殉国者10余万人。宁为玉碎，不为瓦全，可谓惊天地而泣鬼神。当日陆秀夫有个儿子恰巧不在难中，日后回到汝祖宅，所以丹徒一带至今仍有陆秀夫后裔绵延不绝。

明末遗民诗人谈允谦有诗咏赞汝山下的万寿寺："近看京岘朝云出，遥听焦严鹤夜鸣。陆相门前新海涨，宗丞墓上左松生。"（宗泽墓在京岘山，与陆秀夫故居相近），这些都表明了今江苏大学汝山校本部邻近的风景名区之佳美和文化土壤之深厚。

（作者：王骧）

（二）五棵松

五棵松

五棵松的情怀

当你迈进江大的校门，穿过梧桐大道，一组五棵苍劲的松树矗立在面前，使你忍不住驻足仔细端详一番。

她没有长在黄山悬崖峭壁上的松树那样奇特并闻名于国内外，她不像高原的石松，苍凉而傲岸，峥嵘而森严，凝重而坦荡。

她也没有故宫里那株在一个小瓦盆已经生长了300年的老松树那样历史久远。

她更没有李白笔下蜀道的松树"连峰去天不盈尺，枯松倒挂倚绝壁"那样的意境。她只是几棵极普通可也并不失高大、挺拔之风范的雪松，但是，她却是江大校园的历史见证。

在国家困难的时期，一群年轻的拓荒者扛着测绘的标杆，成天奔波于东山、西山之间，硬是在这曾经是野狼出没的荒山野岭里踏出了一条条山道。渴了，舀一杯玉带河里的水；饿了，拾一把山柴做饭。风餐露宿，废寝忘食，任劳任怨，无私奉献。

拓荒者在精心规划的时候没有忘记，要亲手栽种五棵松，不仅作为拓荒的纪念，也作为学校发展的见证。

于是在校园的醒目之处出现了经过精心挑选的五棵松树。从此，五棵松作为学校发展的见证者，记下了学校发展的点点滴滴……

是她，听见了打柱机的第一声轰鸣，不久，教学、实验、宿舍等大楼拔地而起，这在当时来讲还算是十分现代的建筑群出现在镇江的东郊。

是她，迎来了第一批人类灵魂的工程师。他们听从党的召唤，离开繁华的闹市，离开自己的亲人，打着背包来到了这里，他们要在这里为人民的教育事业鞠躬尽瘁并享受"桃李满天下"的喜悦。

是她，亲眼看见第一届如饥似渴的求知者来到了这知识的殿堂。琅琅的读书声打破了这千年沉睡的山野。

同样是她，记忆着学校在那"史无前例"的年代里饱尝的艰辛。

但更使她自豪的是，改革开放以来学校翻天覆地的变化：从一个一般性的工科院校发展成为多科性的工科院校，在高校体制大变革的洪流中，学校又紧跟时代的脉搏，三校合并组建了江苏大学，从而使学校综合实力处于全国百强高校的行列之中。

五棵松感到无比的欣慰。是啊！三校合并，给学校的发展安上了腾飞的翅膀。

讲堂群的投入使用、科技馆的落成、高标准体育馆的对外开放、玉带河的整治、校前区的绿化、炒货场职工公寓的竣工、一栋栋新的学生宿舍出现在西山、江滨医院成建制地并入学校、1200 亩新校区规划的完成以及东、西运动场的相继完工，还有那学科、科研建设骄人的成果……一件件、一桩桩，令人振奋，催人奋进。

五棵松从来没有今天这样喜悦，因为经过江大几代人的辛勤劳作，她身边的环境更美了，一个美丽的公园化的校园出现在镇江的东郊。五棵松从来没有今天这样高兴，因为校本部、中山校区、梦溪校区、北固校区、江滨医院五地校园文化的逐渐融合，使江大人的精神面貌焕然一新，师生员工空前的团结，心往处想，劲往一处使，一个生气勃勃的江大展现在世人的面前。

如今，五棵松不仅成为学校发展的见证人，她更是江大五地结合的象征。为了使她能傲然挺拔地矗立在校园里，江大人给予了太多的呵护和关爱。辛勤的园丁为她修剪、浇灌。无情的风雨摧毁了她们的一员，江大人立即补栽上，始终保持她那完美无缺的整体形象。五棵松与江大人息息相关，不是吗？

盛夏，她为来往的学子遮阳。雨天，她撑着"大伞"为大家挡雨。她还成为学子们开展一些活动的集中、出发地点。在广告栏里，你经常会看到这样的消息："××班的同学请注意，×月×日早晨6点钟，请大家在五棵松集中……不见不散。"当新生来到学校，总会和他的家人在五棵松下摄影留念，五棵松会再三嘱咐，"现在你已经成为江大的一员，在这里要为祖国而学。"

当老生毕业离开学校，也会来到五棵松下与之告别，五棵松会发出美好的祝福，"不管你们走到哪里都要为江大争光"。

在学校第一次党代会召开之际，五棵松又向江大人发出了最美好的祝愿：相信江大人在党委的领导下，一定会将学校建设成为一所"以工为主、理工医教结合、科学与人文交融、多学科协调发展，综合实力处于全国省属院校前列并具有定国际知名度的教学研究型、开放式的综合性大学"。

这就是五棵松的情怀！

（作者：凌山）

（三）玉带河

玉带河遐思

玉带河，多么美丽动人的名字！一条小河流水潺潺，那般蜿蜒曲折，那般闪亮飘逸，像玉带一样的镶嵌在绿色的大地上。或许你在桂林、富春江某处曾见过、流连过，但我要告诉你：玉带河在我们的校园里流过。

让我们把脑海中存储的画面倒回到20世纪60年代初，站在校本部建成不久的基础课楼顶向南巡视，玉带河从西边的京岘山和汝山源头一路逶迤向东飘来，斗折蛇行地在当时不大的校园内流过，过不远转了一个90度的大弯，穿过王龙桥，汇聚于南边古老的大运河。初夏时节，河两岸阡陌纵横，南风吹来，郁郁葱葱的禾苗似绿色的天鹅绒在飘动。河畔数株垂柳，柳丝随风摇曳，如同临水正在梳妆的少女。这边高高的枫树杨树，枝叶葱茏，树上缀满了一串串似爆仗的果实，近旁一座石拱小桥横枕在玉带河上，恰似一座绝佳的盆景小品。当你闲暇信步于河畔小径，看到水草在河中缓缓地舞动时，才察觉清澈的河水在静静地流淌，偶尔还可看到河中一群游鱼，"皆若空游无所依，日光下澈，影布石上，怡然不动，俶尔远逝，往来翕忽，似与游者相乐"（柳宗元《小石潭记》语）。倏忽，一只翠鸟从岸边草丛中鸣叫着像箭一般向远方飞去，这才划破了由禾苗、树木和水草组成的宁静。每年汛期，大雨滂沱之后，玉带河河水随之猛涨，水流呈汹涌状也会漫过河的堤岸，一时淹没一些低洼的农田。那只不过是玉带河发了一次小小的脾气，不几日又会恢复她美丽宁静的容颜。自然造化的玉带河，总长也不过三四千米，弯弯曲曲一直默默灌溉着两岸的土地，直到迎来了在她身边崛起的一座高等学府。

玉带河

闪闪发亮的江苏大学校牌挂起来了，创建江苏省乃至全国一流大学的新征程已经开始。一号楼的设计蓝图为玉带河带来了希望的曙光！你看，一号楼通往校门的甬道上，五棵松葱茏苍翠，玉带河的清流做圆环状点缀其间，宛如一条玉带缠绕在江苏大学校园里。再喜看丹徒水道的重建，古老的运河焕发青春，玉带河又可以从南边古运河里获取源源不断的清流。当我们徜徉在玉带河边，一定能见到，春有柳绿桃红，夏有浓荫鸟鸣，秋有枫红菊黄，冬有玉琢冰清。

（作者：李光久）

（四）江大十景

百年校史

滚滚长江东逝水，浪花淘尽英雄。校史馆记录时光流逝，每一帧照片都是岁月的馈赠，历史推动着历史，溢满昨日深情，你我并肩，细数过往，爱校荣校，见证成长。

荷香苇畔

荷塘成南北走向，横卧樱花园旁，池塘清幽，苇草环生，间有野鸭嬉水，似与游者相乐。远观一池青翠红粉，活泼可爱，跃入双眼；近赏可闻香远益清，怡淡灵雅，沁人心脾。清涟相映，翠叶相称，莲花相生，亭亭净植，隐逸端庄。

勤人之谷

菁菁校园，莘莘学子，笃其志，争分秒。勤人谷地，仰望晴空，下有圆形台阶，被分割成均匀规矩的扇形，中正庄严，阶上日晷笃定矗立，石质祥云在下，天干地支在上，岁岁年年有载，日日夜夜可证。

巍巍江山

发源于三江，驻守于镇江。三江楼耸立于校之中央，登楼可睥睨四方，迎曦送月，吞日月之光。金山、焦山、北固山，三山楼由此得名，依傍三江，自立自强。三江三山，可谓求学之佳地，知识之殿堂。

梅雪争春

梅树成群相生，梅花傲寒自开。花开清丽，暗香涌动，子欲逐香寻芳，可见冬雪纷扬下，粉妆玉砌，梅花悄绽于枝头，不惧春寒料峭，花开几度，不早不晚，不急不缓，静待春来。

活力西山

青翠的绿色撞击着火红的岁月。看奔跑的速度、扣篮的角度，听音乐的温度、比赛的热度。每一度都活力四射，青春的力量在这里张扬，迎着朝阳，送走晚霞，西山一直是青春的模样。

学子林海

毕业学子，临行别意，表感恩之情，捐学子之林。十年光景，已自成风景。竹林自在，挥洒如意，间有二三访客，错落相隐，谈笑轻语。内藏一古坛，果树环绕，春来枝繁叶茂，夏时清幽蒙络，秋收硕果满枝，冬时气寒性温。

五松迎客

自学校中门入，两侧梧桐高大巍峨，遮天蔽日，缘路行，可见一圆坛，坛中有松五棵，其下草木葱茏，旁有泉水叮咚，松树高大巍峨，直指天际，树干粗壮遒劲，不枝不蔓，气势不凡，展坚贞之意，迎高洁之客。

玉带长河

玉带河横亘在学校南侧，呈东西走向，状若玉带，颜若玉色。两岸芦苇丛生，微风过处，摇曳生姿，似少女羞涩低头，又如孩童活蹦乱跳。玉带河上添两座小桥，旁有步道，是谈天的好去处。

藏书之馆

馆外，等候的长列是清晨的风景线。馆内轩敞，书海浩繁，璨若星河；书香萦怀，岁月静好。书藏古今中外，谛听圣贤之道，心怀家国天下。圆形的旋转楼梯是别具一格的设计，层层盘绕，渐次升高，引人步步向上，争一个锦绣前程。

（作者：林雅慧）

（五）梦溪十景

梦溪校区十景游

那是一个仲秋时节的清晨，天空湛蓝，蓝得明净透亮，阳光发出柔和的光辉，澄清又缥缈。江苏大学梦溪校区古色古香的琉璃瓦校门楼，在朝阳的映照下，透出绿宝石般的光，仿佛闪亮的绿灯，欢迎着每一位师生及来宾的光临。

我和朋友迈入校园向右拐，沿着环溪路往北走，首先扑入眼帘的是一块矗立于宣传橱窗之间的"校园记"碑。此碑的底座，相传为唐代画圣吴道子手笔的孔子圣象碑之底座。人事变迁，梦溪沧桑，这尊石碑仿佛在向人们叙述着校园变迁的历史。

再向北，过"思稼"门，便来到了浴室"寄奴泉"下，传说这儿曾是"寄奴古井"原址。刘裕为南宋开国皇帝，他出身贫苦，幼年丧母，托养于婶母，故乳名寄奴。刘裕居寿丘山麓，其宅旁有井，甚便饮用，后人称为寄奴井。

继续往北，食堂左拐上台阶、经锅炉房右转弯，便踏上了幽深的寿丘东路。路西边是一面爬满藤蔓的陡峭石驳山体、山坡下一排浓密的柏树和黄松一直往前延续，引导我们走到路尽头。再登上台阶，便进入了盘山小道。但见青砖铺地，葡萄架、石栏、石桌、石凳、石笋及翠竹、草坪，将校园后山精心刻画成了一道人见人爱的幽幽风光带。信步走在环山道上、一幅悠悠岁月图便浮现眼前。我们脚下的这块膏腴之地，就是镇江域内三山之一的寿丘山（另二山为日精山和月华山）。因为此处为刘裕青少年时代傭耕织履的生活所在，故称帝后赐名为"寿丘"。

在寿丘山上，有两幢女生宿舍楼特别引人注目，这就是"文心斋"和"文宗斋"。这是为纪念刘勰"文心雕龙""文宗斋里铸文心"鼓励学生勤奋好学而特命其名的。

由工会楼沿着桃李路往南，便来到了图书馆花园"兰畹"。园内繁茂的树木花草簇拥着一方造型奇特的自然太湖石。有人说它像个学者，也有人说它像个神仙。据史书记载，爱国诗人陆游在乾道六年（1170）六月二十二日曾登览此处。在这尊自然的抽象雕塑前方，便是沈括座像。但见这位老者右手执书卷，左手握化石，神情专注，神采飘逸。再向南穿竹丛、过假山，经长廊，便至存中亭（沈括字存中）。这是一座临岩而筑的六角亭，是为纪念我国古代著名的科学家、政治家沈括而建造的。

从存中亭左转往南，便是一条古朴的砖石"求是"路。当我们路过美术系书画"两宜"院时，阵阵金桂、米兰香沁人肺腑，让人陶醉。进入院内，但见西府海棠树下"万仞宫墙"楷体大字断碑嵌在南墙角，这该是古代文庙留下的遗物吧。在"两宜"院的对面是男生宿舍楼"藏粗斋"。1600多年前，这儿曾是"金戈铁马，气吞万里如虎"的刘裕之故宅。《舆地志》云："（丹徒官）在城南，宋武帝躬耕丹徒，乃受命，耨粗之具颇有存者，皆命藏之以留于后。"为莫忘这一典故，牢记劳动本色，故以"藏粗"命名。

出"藏粗斋"往下，向西，一座小巧玲珑的"以升亭"显得分外秀气夺目，这是学校为纪念我国工程泰斗、桥梁专家——茅以升，特在其故居南侧建斯亭。过理化楼往南，穿紫藤架步下台阶，再顺着缠满爬山虎藤蔓的操场石驳伟岸往东，便见一排粉墙黛瓦的二层楼房静卧眼前，相传这儿便是"梦溪"的遗址。据载，沈括在30岁时，曾梦见一风景秀美之地，数年后沈括来此观其地，不禁又惊又喜，觉得宛然是"梦中所见之地"，于是弃浔阳之居，筑室于京口之陲，将门前一条小河命名为"梦溪"，将庭院取其名曰"梦溪园"。他晚年在此潜心撰著八年，完成了举世闻名的不朽著作《梦溪笔谈》。

盈盈秋水，柔柔秋日，茫茫秋野，浓浓秋色，"扶桑正值秋光好"。游罢校园十景虽已临近傍晚，但我们依然兴致不减，难以舍去。望着梦溪楼前那片被秋日金辉染成紫光红晕的夹竹桃花，我们无不由衷地赞叹道：好一座钟灵毓秀寿丘山，好一处美景如画梦溪园。

（作者：周润生）

（六）江工十景

晓江晨光

清晨雾浅，早莺啁啾，停步于江堤。远眺黛黛连山，青青水色，东去波涛一望无际，旭光喷薄而出，令人神清气爽。

白堤芳草

江迈石堤绵长，堤上芳草萋萋。淡淡草香，沉沉石色，给人以意幽心远之感。可坐听浪拍岸石，可行吟一江春水。风微时青丝袅娜，风聚时豪气干云，皆为游之兴事。

绿柳揽晴

碧空湛湛，白云悠悠。江滩上柳林青翠，草花芳菲，使人陶然忘返。在此小憩于苦学之后，嬉戏于假日之中，无不心旷神怡。

彤云金浪

桃花缤纷时节，满山油菜花亦盛绽，西山桃林如彤云浮游半空，其下一片金色海洋，两花争娇竞俏。春意盎然，孰不为之醉乎？

西山夕照

黄昏夕阳半落，余晖满天，立于西山操场回望暮天，如血残阳，似火晚霞，牵起多少遐思，无怪乎诗云："夕阳无限好！"

素石朴雕

主楼前喷泉石塑，朴中见华，课下畅谈于像旁。漫步于池畔，斜倚玉色雕像，聆听沥沥水声，不亦乐乎？

玉蕈抱荫

男宿舍区前的蘑菇亭，娟秀小巧，雅致玲珑，朵朵如伞抱荫，护凉于酷暑。夜来共友人比肩而坐其中，仰观星空皓月，该是何等诗情画意！

园林小景

物理楼前一座小小园林，仿自无锡。曲廊环池，藤草绕膝，拱门洞开，石径蜿蜒，持书诵读其间，琅琅无忌，岂非自在逍遥？

夜影荷塘

行政楼前荷塘风光，夜游更为旖旎，风过处垂柳拂栏杆，水草弄波纹。过小桥，穿亭榭，绕假山，步草坪，环荷塘一周，可尽赏月影幽幽，灯影粼粼，水中塑像窈窕。喷泉幻如彩梦，如此良宵！

三友迎宾

校门处有一石坛。坛中五松挺拔，气势俊伟，其后东草坪有一只巨型花篮。花季来时有群芳斗妍，旁边三株矮树，错落有致，气质不俗。三景宛如三友，朝朝共处，岁岁相伴，同守于校门，笑迎嘉宾。

（作者：郑瑾）

四、 标志性校园建筑

（一）基础课楼

蜗居在基础课楼的日子

衣食住行中"住"的问题从古至今一直是人们关注的焦点，唐代著名诗人杜甫就曾写下"安得广厦千万间，大庇天下寒士俱欢颜"的名句。20 世纪 60 年代初我与爱人毕业后被分配到镇江农业机械学院工作，一个学期的时间，200 多位师生蜗居在尚未完工的基础课楼，在那小小的方寸之地边工作、边教学、边生活。虽然距今已逾半个世纪，但往日蜗居的种种经历和乐趣至今仍历历在目。还记得报到那天是 1961 年 9 月 11 日，我们买了每人一元两角的火车票带着行李从南京来到镇江，按分配通知找到位于苏北路（现长江路）的镇江农机学院招待所。板凳还没坐热，我们就被安排上了一辆大卡车，大卡车在坡连坡、弯接弯的沙石镇澄路（现学府路）上飞驶，一路滚滚沙尘将我们送到后官庄建筑工地，这里就是新生的镇江农机学院所在地。

报到地点是现在江苏大学校本部一区一座平房中仅十几平方米的简陋的办公室，接待的领导是教务处长翁家昌先生。我们被分配的住处分别是：男教职工宿舍在尚未完工的基础课教学楼 205 室，女教职工宿舍是 304 室。当年 10 月招收的农机、汽拖、机制、内燃机、铸造（后改为排灌）5 个专业的 224 名新生也被安排住进了基础课楼。女同学和女教师住一室，双层床上铺安排女生住，下铺则是女教师。当时，学校的教学办公室、教室、宿舍蜗居在刚刚封顶的三层基础课楼里，后楼的图书馆、卫生所也都在基础课楼"安过家"。真正是"一楼多用"。

当时的教学和生活条件十分艰苦，大家都记得陈云阁书记常常说的话，"苦、苦、苦，比不过红军长征两万五"。基础课楼外体工程虽基本完成，但内部安装仍在继续施工，我在讲台上讲课，工人在安装窗户上的玻璃，两人各干各的活儿，互不干扰。记得有一次，负责摇上下课铃的小孙睡过了头，大家迟迟听不到下课铃声，下课一问缘由，大家哄然大笑。师生们经常一起参加义务劳动，吃的是井水，走的是泥巴路。没有自来水，卫生间不能使用，晚上在宿舍放一只尿桶。每天早起，值日生的任务就是倒尿桶。秋日里，大家早上洗漱都是在玉带河边进行。那时的玉带河曲曲弯弯从田野中穿过，河水清澈见底，可以细数水中的游鱼。当时大家有个共同的信念：一切都会好起来的。

今天的江苏大学校园楼宇林立，车水马龙，往昔那玉带河水清清、春风甜甜、秋月明亮的生态环境已只能在梦中回味。

20世纪末，为了建造现在的三江楼，基课楼被拆，了无踪迹，这成为不少师生心中的一大遗憾。那栋不高的红色小楼将永远静静地停驻在大家的记忆中。因为它承载了我们那一代人太多的青春印记，大家在小小的"蜗居"里认真工作，勤奋学习，处处洋溢着团结友爱、勤学上进的气氛。琅琅的读书声和室外鸟鸣声交织在一起，真可谓"风景这边独好"。

（作者：李光久）

（二）三江楼

三江楼

放歌一号楼

啊，金秋！啊，丰收！在丰收的金秋，我镇日凝眸，仰望着我们的一号楼。劳工神圣啊，我亲爱的兄弟！铁铸的肌肉，伟岸的身躯。铁臂移山，汗珠砸地。拔山凌空，高楼兀立。这巍峨的大厦啊，分明是伟岸的大丈夫，分明是我亲爱的劳工兄弟！

垂柳婀娜，临池里妆；乔松笔立，国之栋梁；古樟垂盖，丹桂飘香。升阶拾级，入我殿堂。莘莘学子，负笈江东，志存高远，情系父兄。虚心向学，涵泳古今中外；诚意求知，沉潜文理医工。切磋琢磨，博学求真。小叩大鸣，金玉其音。不辞"人之患"，但为孺子牛。教授酣陈兴国策，醒狮怒吼鬼神愁。

衣裾飘舞，长发飞扬。登高楼之巅，踌躇顾望。天空地周，山迢递兮水苍茫。校园如画，玉琢红妆。大江拥"江大"，朝宗太平洋。豪杰闻鸡舞，淘沙有大浪。逆水可行舟，努力莫彷徨。

第一江山一号楼，英才辈出第一流。虎啸风生奔四化，龙腾电闪惊五洲。在这丰收的金秋，我镇日凝眸，仰望我亲爱的一号楼。

注：一号楼后更名为三江楼。

（作者：笪远毅）

（三）图书馆

图书馆

江苏大学图书馆是一座综合性的高校图书馆，由校本部馆和北固分馆组成，另设有文学院、外国语学院、管理学院、艺术学院4个资料室，使用统一的集成管理系统并实行通借通还。本部馆现有馆舍面积 43969 平方米，设有 17 个阅览室、20 个研究包间、2 个研讨室，可提供阅览座位 3900 余个，拥有远程视频会议室、多功能影视报告厅、空中教室等信息交流活动空间，馆内环境优美、舒适，设施先进、完备。

图书馆馆藏资源丰富，涵盖人文科学、社会科学、自然科学与应用技术等学科领域。截至 2019 年 12 月，累计馆藏中外文纸质图书 281 万册、电子图书 175 万余册、中外文纸质报刊 1405 种、电子报刊 24600 多种，全文数据库 75 个、二次文献数据库 16 个，同时还自建"农业装备工程""赛珍珠"等特色文献数据库。"农业装备文献资源中心""国际赛珍珠文献资源中心"将成为国内外文献资源种类最多、原著作品最全的机构。"江大文库"收集了上千份教师手稿、备课笔记等珍贵资料，收藏展示原中共中央政治局常委、国务院副总理李岚清同志捐赠的 7000 多册图书。

图书馆设有综合办公室、研究支持中心、学习支持中心、文化传播与发展中心、特色资源建设中心、运行保障服务中心、教材建设服务中心、科技查新中心、科技信息研究所 9 个部门。全体馆员秉承"读者第一、服务至上"的宗旨，努力为读者营造文明、有序、舒适、开放的学习和信息利用环境，实现集"藏、借、阅、查、咨、育"6 种功能为一体的开放式服务，为江苏大学的教学和科学研究提供强有力的文献信息服务保障。

图书馆目前拥有"图书情报与档案管理"一级学科硕士学位授权点，形成了情报理论与技术、专利情报与知识产权战略、信息资源组织与管理等特色鲜明的研究方向。教育部科技查新工作站查新数量和质量位居全国前列，ESI 分析评估中心面向省教育厅和省内外高校开展学科建设信息咨询，亿百特信息服务有限公司为企业和高校提供专利分析、专利代理、决策咨询、系统开发等服务。以 HSK、ACCA 考点、耶鲁学堂等为基础构建的学习中心为大学生开阔视野、提升国际化水平发挥了图书馆教育职能。建成的全国图情学界首家"信息行为分析实验室"，研究成果逐渐显现。创办的学术期刊《图书情报研究》，办刊质量和发行量不断提高。

（四）励志亭

励志亭记

1977 年恢复高考，意义重大。历经十年浩劫，阴霾初散，百废待兴，人才奇缺，亟须作育。当年12月，因"文革"停考而无缘继续深造的十二届570多万考生同场应试。我们有幸与27万上榜考生同行，使命般地登上了破冰的航船。

励志亭

特殊年代使我们成为特殊的群体：来自各行各业，既有应届少年，亦有年过而立已为人父母的"老三届"。我们深知自己所担负的历史重任，格外珍惜来之不易的学习机会，追求知识如渴如饥。苦战精神是我们终生的财富和动力。

恩师无私相授，学子寒窗苦读，教学相长，幼木成林。我们凭借从母校获得的知识与技能，不断追求进取，无私奉献于各行各业，亲身参与了改革开放的伟大事业；在见证中华民族腾飞的同时，我们也收获了丰硕的人生。

时光流逝，岁月如梭，人生代谢，能有几时？俊杰英才，磨难自勉，励志成才精神不灭。毕业30周年，重回母校，欢聚之日，回首往事，能不感慨系之？特捐建此亭，名以励志，期与后来无穷届之校友共勉。

（作者：杨建宁、赵德安）

（五）小白楼

在学校主教学楼——三江楼右前侧，两栋小楼掩映在茂盛的梧桐树间。小楼名副其实，一栋两层，另一栋三层。走进小楼，颇带时代气息的水磨石地板、鹅黄色木桌椅诉说着历史。

在 20 世纪八九十年代,学校的排灌机械团队用积攒的科研经费修建了这两栋小楼。一栋修建于 1983 年,花费 23 万元;另一栋修建于 1995 年,花费 55 万元。在那个年代,高等教育不断发展的需要与教育经费严重短缺的矛盾日益突出,拔地而起的两栋小楼,记录下的是一代科研工作者催人奋进的创业史。

小白楼

说到小楼,离不开追溯江苏大学流体机械学科的"前世今生"。

1959 年,时值三年困难时期,粮食产量严重下降。为解决我国农业旱涝保收的问题,著名排灌机械专家戴桂蕊多次调查全国排灌机械生产和使用情况,向原国家科委和原农业机械部递交报告,建议成立排灌机械的研究机构和相关专业。时任国务院副总理兼国家科委主任的聂荣臻亲自批示,原农业机械部实施,在吉林工业大学试办排灌机械专业,建立排灌机械研究室。

得知排灌机械专业和研究室可能南下的消息,时任镇江农机学院党委书记兼院长陈云阁求贤若渴,立刻亲自带队到长春向戴桂蕊伸出了"橄榄枝"。

1963 年,原农业机械部决定将吉林工业大学排灌机械专业及排灌机械研究室成建制转入镇江农机学院。戴桂蕊带领一干专家人才,包括教师、科研人员、六级以上工人和一个班的学生等 100 余人迁到镇江。

学校发展初期,基建经费十分有限。"当时,办公用房非常紧张,全校所有行政机关都挤在一栋小小的三层楼里,卫生所也曾在楼里'安过家',真正是'一楼多用',"原排灌机械研究室负责人金树德回忆,"在这样艰苦的条件下,学校毅然腾出行政楼的第三层供排灌机械研究室独立使用。"

由此，镇江农机学院艰苦奋斗的创业序幕徐徐拉开。

1981 年，研究室获批扩大为研究所，编制从 35 人增至 50 人。随着研究所发展规模逐步扩大，办公面积捉襟见肘。20 世纪 80 年代初，研究所决定在原行政楼的西南侧修建办公场所，从结余的科研经费中拿出了 23 万元。历时一年多建设，1983 年，1000 平方米的两层小楼建成，也成为当时校园里最豪华的楼栋。

名为"排灌楼"，实际上，学校的重要会议都集中在小楼二楼的会议室召开。小楼的办公室布局也是精心安排的，研究所领导班子以身作则，南面办公室都作为科研人员办公室，北面办公室才留作领导办公室。工作之外，小楼的业余生活也同样鲜活，逢年过节教师家庭聚会、新教师结婚新房过渡……互相扶持、彼此照应让这个团队紧紧地凝聚在一起。

20 世纪 90 年代初，江苏大学在排灌机械研究所的基础上成立了流体工程中心，下设流体机械、排灌机械、环境工程、质量工艺 4 个研究方向的研究所。1995 年，发展最为迅速的流体机械研究所花费 55 万元建成一栋大约 1500 平方米的三层小楼，作为流体所新研究基地。

漫漫 60 载，在几代人不懈努力下，由排灌机械研究室发展而来的江苏大学流体机械学科成为国家重点学科，流体机械工程技术研究中心成为国家水泵及系统工程研究中心，拥有国内一流、国际先进的流体机械及工程试验条件和设备，在全国同类学科高校中处于领先地位。

（作者：高雅晶）

（六）校史馆

参观校史馆随想

十年前，江苏大学、东南大学等几所高校在南京共同庆祝办校 100 周年，共同追溯校史到 1902 年张之洞等创办的三江师范学堂。2012 年是江苏大学传承办校 110 周年合并组建 11 周年。校史馆经过两年多的筹备，于 10 月正式对外开放。我已退休多年，关于学校发生的事知之甚少，有此机会，何不去参观参观。

进展区，我就迫不及待地先看"三江学堂"。这里有课桌长凳，先生在课堂讲课，真的是学堂。摆放着钳工锻工用的各种工具，诸如锤子、锉刀、老虎钳等，说明当时的学生不仅学书本知识，还学生产操作技能。在学堂里，有一副对联吸引我的眼球，于是驻足欣赏："学而不厌参圣道，诲人不倦传仁风。"是呀，千学万学学做真人，千教万教教人求真。只有经过勤奋学习，才能知情达理，才能获得渊博知识。教育工作者的使命，就是"视教育若生命、学校若家庭、学生若弟子"，才能称得上"万世师表"。前人的教诲，后人要传承。

校史馆

当参观到"镇江农业机械学院"展区时，那幅五棵松前、玉带河北岸校门的黑白照片，勾起我对学校的回忆。我们共同度过那三年经济困难艰苦的岁月，共同经历那十年"文化大革命"浩劫的年代。如今，镇江农机学校这校名已成历史名词，但是她给我们留下了一颗闪闪发光的星星，它就是1978年国务院公布的第一批全国88所重点高校之一，至今仍是江苏大学对外宣传的名片。

从三江学堂起，100多年的变迁，名校经过变换、衍生、组建，到江苏大学，足有15个之多，但是前14个的规模，都无法同今天的江大相比拟：3000亩面积的校园，4万余名在校学生。江苏大学成立时，时任江苏省长季允石为其题词，寄予厚望："新起点，新征程，新辉煌"。

二楼和三楼的展厅里展出的产品、模型、图表、图片、奖章、奖状，真是琳琅满目、目不暇接、眼花缭乱。所展出的展品，仅"国"字号的项目、名单，就不知有多少。诸如，国家重点学科、国家级实验教学示范中心、国家级人才培养创新实验区、国家级科技成果奖、国家级教学成果奖、全国优秀教师、国家杰出青年科学基金获得者等，数不胜数。如不来目睹，哪知江大教学、科研成果如此辉煌。

（作者：杨光元）

（七）中国农机文化展示馆

中国农机文化展示馆

在大学的办学过程中，校史馆、展示馆等都承载着大学的光荣历史与灿烂梦想，对传承人类文明之火种、夯实大学精神之根脉都具有十分重要的意义。纵观世界一流大学，建立与其学术地位相匹配的展示馆，已经成为提升在校师生科学素养和文化品质的重要方式，是大学深厚学术和文化积淀的重要标志。江苏大学一直致力于服务国家农机事业的发展，是国家首个以推动农业机械化为使命设立的全国重点大学，是国内农机科教中心和产学研基地，形成了"工中有农，以工支农"的办学特色，蕴藏着丰富的农机文化资源。同时，筹建中国农机文化展示馆，对学校未来发展具有重要意义：

第一，开发教学途径，丰富学校教育内涵。在功能上支持、提升课堂教学与科学研究，使理论学习从平面化到立体化，从书本化到实物化，丰富学生的"第二课堂"，激发师生的科研热情，增强师生文化认同感和凝聚力，扩大校园文化的社会影响，提升学校的软实力。

第二，推进学术研究，助力学科建设发展。高校展示馆的陈列和展示具有知识性、专业性、系统性和学术性，是特色专业科研的资料库和展示平台。打造中国农机文化展示馆能够为今后的农业装备教学、科研、生产、推广提供翔实可鉴的史料，为学术机构、科研单位、生产企业提供基地服务；能够吸引更多相关专业的专家和学者到馆参观，不仅为学校师生与国内外专业领域的专家学者之间，也为农业装备企业、学术机构之间的进一步交流合作提供契机。

第三，实现文化辐射，普及科学人文精神。中国农机文化展示馆其丰富的展示和浓厚的大学氛围，将有利于社会科学普及教育的具体实现。以建设中国农机文化展示馆为契机，构建自由、共享的文化氛围，展现江大人艰苦创业的精神风貌，弘扬自强不息的民族精神。大力推进中国农机文化展示馆数字化、全媒体化建设，进一步发挥其在文明传承和文化交流过程中的桥梁纽带作用，更好履行科学创新、立德树人的历史使命。

第四，立足农机学科，服务国家发展战略。中国是拥有五千年历史的农业大国，农业的根本出路在于机械化，农业机械化也是农业现代化的重要组成部分，农业机械化的实现过程在一定程度上就是推进农业现代化的过程。江苏大学农机专业是学校的发展底色，对全国农机发展具有引领性、前瞻性作用，建设农机展示馆将充分展示江苏大学农机专业的品牌影响力，进而引领农机智能化发展方向，以展为媒，做全国典范，服务于学校一流学科和高水平研究型大学建设，大力推进农业机械化、智能化，更好服务国家发展战略。

（八）校名文化产品服务中心

校名文化产品服务中心

校名文化产品以校名、校徽、校训，以及校园代表性建筑物和景观形象等学校主要标识为创作要素，代表着学校在社会公众中的形象，蕴藏着丰富的人文历史内涵。妥善保护并合理利用校名文化，对于树立学校形象、凝聚校友和师生的爱校之心具有重要意义。成立江苏大学校名文化产品服务中心对提升学校文化形象和促进校园文化建设具有深远影响。

同时，为进一步规范学校校名文化产品开发和授权管理，实现对校名文化产品的开发、生产和销售的有效监控，维护学校品牌形象以及合法权益，促进校园文化建设，学校制定发布了《江苏大学校名文化产品授权管理和经营办法》。

（九）耒耜大楼

耒耜大楼

耒耜是象形字，为中国古代的一种翻土农具，形如木叉，上有曲柄，下面是犁头，用以松土，可看作犁的前身。"耒"是汉字部首之一，从"耒"的字，与原始农具或耕作有关。可以说，耒耜的发明开创了中国农耕文化。而江苏大学，一所以农机起家、具有"工中有农，以工支农"的鲜明特色和独特情怀的高校，其浓厚的校园文化氛围与"耒耜"二字所富含的文化底蕴十分契合。为进一步浓郁农机特色校园文化氛围，强化农机学科建设和学科教研工作，打造高水平的学科教学团队，学校投资建设耒耜大楼。2020 年 4 月 29 日，江苏大学耒耜大楼启用。

第六章　新时代高校文化育人的特色品牌

　　江苏大学大力强化文化育人功能，深深植根于本校文化深厚的土壤中，不断激发校园文化创新创造活力，充分挖掘和利用学校历史文化和当下新的文化资源，不断丰富文化教育的实践经验，以适应新时代文化育人的发展需求，打造了一系列校园文化特色品牌，使文化真正在校园里"活起来"，充分发挥其价值引导功能、精神凝聚功能和人格塑造功能，在潜移默化中对大学生的成长成才产生了深远的影响。

第一节　江苏大学文化育人典型示范

　　典型示范是新时期深入推进大学生思想政治教育工作的重要举措之一。先进典型能对社会起到启迪、教育、引导和激励作用。培育和选树师生身边的先进典型，为师生树立可观、可感、可比、可学的榜样形象，通过典型示范，可以实现受教育者与先进典型之间的良性互动，教育引导师生特别是广大学生做社会主义核心价值观的坚定信仰者和积极践行者。

　　一直以来，江苏大学高度重视典型示范对大学生的熏陶和引领作用，通过制度、内容、形式等多方面的不断创新，探索典型示范在学校思想政治工作中的创新应用。学校立足高校自身特色，通过历届"感动江大"人物的评选活动，逐步构建起体现时代特征、符合道德文明发展方向、具有江大特色的校园文化，鼓励师生努力追寻崇高的精神境界，启示师生在立德树人的执着坚守中书写不凡业绩，成就壮美人生，进而营造出有利于培养大学生健康向上、积极进取，促使学生发现自我、完善自我的大学人文环境。

一、 目标思路

（一） 工作目标

通过"感动江大"人物评选活动，深入挖掘和宣传学校涌现出的先进典型人物，积极培育和践行社会主义核心价值观，弘扬中华民族至真至善至美的传统美德，展示江苏大学师生员工良好的精神风貌。

通过评选活动增强先进典型的示范引领作用，用生动事迹诠释社会主义核心价值观的真谛，用身边的榜样激励师生们积极向上、开拓创新、奋发有为，在全校形成宣传先进、学习典型的良好氛围，引导师生树立正确鲜明的价值导向，促进师生发现感动、传递感动，推动全校上下形成崇德向善、见贤思齐的良好风尚，不断丰富"自强厚德，实干求真"江大精神内涵，以实际行动推进学校各项事业高质量发展。

（二） 工作思路

通过"感动江大"人物评选工作与学校思想政治教育工作相结合，学校进一步推进文化育人工作，加强宣传力度，提升活动层次，深化育人成效。

1. 体现一个主旨

"感动江大"人物评选工作始终坚持体现加强新时代大学生思想政治教育工作这一主旨。通过活动开展，以情动人，以理服人，以行带人，以德育人，不断提高思想政治教育工作的针对性和有效性，使得思想政治教育工作成为能够抵达大学生心灵的教育，引发、触发和唤起大学生的情感体验和道德情绪，继而能够促使大学生自觉调节自身的道德行为，营造崇德向善、见贤思齐的良好校园文化育人氛围。

2. 贯穿一条主线

"感动江大"人物评选工作始终围绕丰富校园文化这条主线。榜样是看得见的哲理，典型是触得到的标杆。学校通过多种方式、多种渠道、多个层次向师生宣传先进典型的优秀品格和感人事迹，把"讲道理"和"讲故事"结合起来，扩大典型事迹的影响力和覆盖面，以师生喜闻乐见、易于接受的方式开展典型示范及文化育人工作。

3. 搭建一个平台

"感动江大"人物评选工作离不开氛围营造、舆论引导和平台支撑。学校为评选出的"感动江大人物"搭建展示平台，有效调动广大师生参与到"感动江大"人物评选与展示工作中来。

4. 遵循一个目标

"感动江大人物"评选工作遵循服务于江大教师成名成家、江大学生成长成才这一目标，协同各方面力量实现协同育人，引领倡导师生对中华优秀传统文化的挚爱，对工作和事业的坚守，对社会主义核心价值观精神的弘扬，为师生的精神成长赋能。

二、 实施方法

（一）健全机构，完善组织领导

学校成立"感动江大"人物评选活动组委会，由分管校领导任主任，党委办公室、校长办公室、党委组织部、党委宣传部、党委学工部、党委研究生工作部、人事处、教务处、工会、团委、发展与对外合作办公室等单位主要负责同志为委员。组委会下设办公室，挂靠党委宣传部，负责评选活动的日常工作。学校形成了工作机构组织协调、职能部门分工落实、师生员工广泛参与的工作机制。

（二）顶层设计，逐步完善落实

1. 分步实施

具体评选步骤为：（1）学校印发《"感动江大"人物评选通知》，利用校内媒体做好宣传发动工作。（2）各二级党组织及单位推选合适的候选人物，填写"江苏大学'感动江大'人物推荐表"，加盖基层党组织印章，并附推举理由及候选人事迹材料。个人或团体也可自荐。（3）活动组委会对推荐候选人进行初步遴选，确定"感动江大"人物提名候选人。（4）通过"感动江大"人物评选专题网、学校官方微信微博等校园媒体平台宣传提名候选人事迹。（5）通过"感动江大"人物评选专题网、学校官方微信专题推送等方式对提名候选人进行师生投票。（6）活动组委会对提名候选人进行综合评议，参考网络和微信投票及宣传信息反馈等情况确定入围人选名单，并在全校公示。根据公示结果，确定正式人选名单报学校党委审定。学校发文表彰，并举行"感动江大"人物颁奖仪式。

第四届"感动江大"人物颁奖典礼暨 2020 迎新年晚会

2. 引育并重

一是强化养成教育。利用新生开学典礼、毕业典礼、思政第一课、事迹报告、颁奖典礼等契机，开展典型教育活动，让学生在仪式、活动中感悟典型力量。二是实施渗透教育。将典型事迹、典型故事等内容编印成校本教材，将先进典型教育与思想政治教育相互渗透，在潜移默化中增强师生学习典型的积极性和主动性。三是注重文化教育。制作以先进典型人物为原型的电影、校园话剧、微电影等文化作品，通过高品位的校园文化活动，深入挖掘先进典型的内心世界，将典型人物和团队的感人事迹融汇其中，推动其精神在学校师生中落地生根，为学校事业发展注入永不衰竭的精神动力。

（三）加强宣传，营造浓郁氛围

学校通过校报刊载、专题网站、新媒体刊登等线上线下形式，多种渠道宣传先进典型事迹，通过举办隆重的颁奖典礼，加强仪式典范，启迪师生不计名利、甘于奉献，把自己的命运同国家和人民的利益紧密联系在一起，实现从"小我"到"大我"甚至"无我"的精神升华、人生跨越。

三、经验总结

感动来自平凡，榜样就在身边。自 2007 年第一届"感动江大"人物评选活动开展以来，学校已经举办了四届"感动江大"人物评选活动，共计评选出近 40 名身边的先进典型。学校通过各方参与推动"感动江大"人物评选顺利进行，形成以下两点体会：

一要体现时代特色。一个时代有一个时代的特点，一个时代有一个时代的典型。不同时代的先进典型都有一个共同特点，就是人生的真正价值在于对社会的责任和贡献，他们始终把自己的命运同祖国、同民族的兴衰联系在一起，知难而进、奋发拼搏，用自己的汗水和聪明才智，乃至热血和生命，为国家为人民做出了贡献。在新时期、新形势下，先进典型的选塑、评选、学习、宣传必须着眼于教育对象的需求，从师生实际出发，创造性地开展文化育人活动，提供一种既有时代性又有先进性的文化大餐。

二要恪守育人初心。始终坚持立德树人初心，遵循文化育人宗旨，用积极、健康、向上的校园文化来感染人、教育人、引导人，创设一个"时时受教育、处处受感染"的道德教育环境。先进典型没有固定标准，需要不断进行探索，以一种开放、多元、包容的心态，积极主动地谋求多元互动模式，切实推动道德的精神力量根植于师生内心，丰富师生精神世界，增强师生精神力量，满足师生精神需求。

四、 成效彰显

随着"感动江大"人物评选的持续推进和深入，学校在先进典型塑造方面取得了一系列连锁效应。

（一）典型示范成效显著

学校先进典型不断涌现，逐步形成一批示范群体，汇聚了以江苏大学关心下一代工作委员会、农业工程学科团队、"早安镇江"公益团队为代表的示范群体。

其中，"给我一个家""四点钟学校"等团队在内的江苏大学关心下一代委员会，荣获"全国教育系统关心下一代工作先进集体""江苏省教育系统先进集体""江苏省教育系统关工委优秀工作团队"等荣誉称号，关工委金树德同志获得"全国关心下一代工作先进工作者"荣誉称号，"给我一个家"获得全国校园文化建设优秀成果二等奖，"奇思妙想点燃创新之火"荣获"全国十佳创新案例"和江苏省教育系统工作创新一等奖，"四点钟学校"荣获江苏省教育系统工作创新一等奖，全省教育系统推广学校"关爱超市"工作经验，学校承办全国教育关工委创新工作案例交流会。

在农业工程学科领域，第二届"感动江大"人物毛罕平获评"中国农业机械化发展60周年杰出人物"，他兼职担任农业部设施园艺工程专家组组长、江苏省农机化科学技术委员会主任，参与国家和江苏省科技发展和项目顶层设计，为我国农机事业发展做出了重要贡献；荣获了江苏省"333 高层次人才培养工程"第一层次培养人选、国务院政府特殊津贴、江苏省六大人才高峰建设荣誉奖、江苏省农机科技创新先进个人等荣誉。

收获机械团队中，第四届"感动江大"人物徐立章荣获第十六届中国青年科技奖，作为第一完成人获教育部科技进步一等奖 1 项，荣获 2013 年全国百篇优秀博士学位论文提名奖，先后入选国家油菜产业技术体系岗位科学家、江苏特聘教授、江苏省"333 高层次人才培养工程"中青年领军人才等。

第三届"感动江大"人物获得者、汽车与交通工程学院大学生组成的"早安镇江"公益团队，自发帮助孤寡老人做一些力所能及的事，让老人能排解内心的孤苦，让他们感受到社会的温暖和关爱。"早安镇江"公益团队成立于2012 年，团队成员每天去学校食堂做义工，帮助食堂擦桌子、打饭、收拾餐台和拖地等，将获得的爱心早餐免费送给周围的孤寡老人，每周四、周六早上6：40 出发送到周围需要的老人家中，风雨无阻，共送出早餐 4000 余份，帮助过近 30 位老人。大学生志愿者用一份份热腾腾的早餐，给"老吾老以及人之老"做出了最后的注脚，也温暖了镇江的每个清晨。

（二）文化成果丰富多样

在"感动江大"人物的示范引领下，全校师生服务社会意识明显增强，各类志愿服务成果层出不穷。

"弘扬雷锋精神 营造大爱校园"项目、"十载传承磨铸育人精品 关爱文化提升大学精神——江苏大学坚持开展'给我一个家'活动"项目等获得全国校园文化建设优秀成果二等奖；学校连续三次在全国校园文化建设优秀成果评比中榜上有名，位居省属高校前列。学校报送的作品荣获全国高校第四届礼敬中华优秀传统文化"特色展示项目"称号，全国共 30 项，江苏有 2 项获奖。

"爱心天使"陈静的感人事迹搬上银幕，拍摄成电影《小城大爱》面向全国发行放映。由学校师生创作演出的舞台剧——《永远的黄丝带》，以陈静的事迹为题材，用话剧、合唱、舞蹈等多种形式表现了"情系陈静、爱在镇江"的主题，在每年开学季面向新生公演。

学校组织开展"江大之梦"微电影展映活动，其中多部微电影以"感动江大"人物为原型。《青春圆梦》讲述了孤儿大学生张志勇在江大找到一个家，在爱心家长和学校的支持帮助下，赴哈佛大学深造的励志故事。这部微电影也获得了首届全国高校网络宣传思想教育优秀作品"微作品"特等奖。以"大眼睛"支教团队为原型拍摄的微电影《第七年》《第十年》记录了大学生志愿者在安徽金寨支教的故事。大学生们秉承"扎根一个地方，改变一个地方"的理念，多年来扎根安徽大别山区开展支教活动，帮助山区留守儿童健康成长，积极筹集资源援助山区建设。

（三）社会声誉反响良好

经过多年的努力和积淀，"感动江大"人物评选活动塑造了一批先进典型，相关做法获得了社会媒体的广泛宣传，以及兄弟高校的认可和好评，不仅在校园中传递着向善、向上、向真、向美的正能量，也向社会广泛辐射。《光明日报》《中国教育报》《中国科学报》《新华日报》、江苏卫视等多家国家级、省级媒体先后多次报道"感动江大"人物。

第二节 江苏大学文化育人品牌建设

品牌性校园文化活动是被广大师生广泛认可的，具有示范性、标志性，覆盖面广、影响力大的独具特色的校园文化活动的总称。它集中体现大学精神，是学校育人的重要载体。健康向上、特色鲜明、与时俱进的校园文化活动可以潜移默化地影响学生的世界观、人生观与价值观。同时，因为品牌性校园文化活动具有鲜明特色的导向性、集中时间的聚集性、一致认可的共识性，所以培育品牌性校园文化活动对提升校园文化建设层次、提高教育教学效果、增强高校的综合实力、提升学生综合素质起到积极的作用。品牌性校园文化活动以培养专业技能、提升综合素质、塑造健全人格为目标，是学生们了解各种文化、展现个性风采、交流人文思想的重要舞台。校园文化活动的品牌化建设将大力拓展校园文化的育人作用，促进校园文化建设持续发展。

江苏大学在校园文化建设过程中，十分注重特色品牌文化活动的打造。在不断总结学校文化育人理论与实践成果基础上，结合学校实际，深挖文化育人资源，积极策划特色校园文化活动，不断创新形式、丰富载体，经过长期的积累沉淀、设计策划、总结凝练、宣传推广等过程，逐渐形成了一系列的特色鲜明、具有引领示范作用的文化育人特色品牌活动。

一、 中华经典吟诵大赛

（一）基本概况

中华民族传统文化历史悠久、源远流长，蕴藏着丰富的文化价值，是几千年来中华文明不断进步的重要产物，更是人类社会不可或缺的重要精神食粮，将其发扬光大并流传下去，是我们当代中国人义不容辞的责任。同时随着我国对外开放速度的加快，中西方文化交流融合程度的加深，我国的传统文化面临着严峻的考验。高校作为培养高素质人才及社会主义核心价值观建设的主要阵地，承担着弘扬中华优秀传统文化的重要使命，面对外来文化的猛烈冲击，如何使我国传统文化在世界民族之林立于不败之地，成为摆在高校面前不得不深思的一个问题。

由诗词、绘画、音乐等构成的优秀传统文化，也以多种形式得到传承与发扬，从中能找到民族精神之力，发现民族智慧之光。正是如此，在人才培养过程中如何逐步让广大师生吸收其中精华，进而将其内化为实践行动力，始终都是人才培养的重要目标。就高校而言，如何接续优秀传统文化并体现其价值，需要以相应的载体作为支撑。

2016 年，江苏大学党委宣传部响应中宣部、教育部、国家语委等部门近年来关于吟诵抢救、整理、研究、教学、推广等工作的倡议，全面落实中共中央办公厅、国务院办公厅《关于实施中华优秀传统文化传承发展工程的意见》，积极营造浓郁的校园语言文化氛围，打造弘扬传统文化品牌活动，在全校师生中举办了首届中华经典吟诵大赛。

江苏大学第三届中华经典吟诵大赛

中华经典吟诵大赛至今已成功举办三届，主题分别为"吟诵中华经典 体悟中华文化""吟诵中华经典，传承中华文化——喜迎校第四次党代会顺利召开""吟诵中华经典 致敬抗疫精神 践行强农使命"，深受广大师生欢迎，对推广中华传统文化发挥了积极作用。

（二）主要做法

1. 精心策划组织

每年的下半年，江苏大学党委宣传部都会积极联合校工会、文学院在全校范围内开展中华经典吟诵大赛活动，充分发动全校各单位师生积极参与，创新表现形式，丰富展现手段，推荐各具特色的优秀朗诵作品进行参赛。大赛分为初赛、复赛和决赛三个阶段。初赛由各分工会自行组织，复赛采取对报送视频评审的方式进行，决赛采取现场朗诵比赛的形式，最终产生大赛的一二三等奖。整个活动一般历时一个半月，在全校范围内充分调动了师生参与中华经典朗诵的热情，营造了良好的传承中华传统文化校园氛围。

2. 努力扩大活动效应

每届中华经典吟诵大赛结束后，江苏大学党委宣传部充分利用官微、官网等宣传平台，对大赛评选结果及特色作品均开展不同形式的宣传，同时在学校迎新年晚会等各类庆祝活动上积极推荐优秀作品进行展演，不断强化活动效果，浓郁校园文化氛围。

（三）活动成效

1. 涌现出一批优秀的经典诵读作品

首届中华经典吟诵大赛中，教职工联队表演的《古诗联诵》，如同一篇"文学史"，以提纲挈领的方式将悠长的文明、浩瀚的文学作品娓娓道来，点明了大赛主旨。各参赛队的吟诵篇目既有古代名篇《劝学》《醉翁亭记》，也有近现代经典作品《春天，遂想起》《雨巷》等；一等奖作品《月之魂》，用饱含深情的吟诵充分展现出中华经典咏月作品的艺术美、情感美与意蕴美；《少年中国说》《木兰辞》等获奖作品均畅快淋漓，振奋人心；服装、道具及配乐等方面也都别出心裁。第二届吟诵大赛中，江苏大学教师朗诵队伍朗诵的原创作品《方块字，我当如何赞美你》，以及参赛作品《祖国啊，我亲爱的祖国》《劝学》《我爱你，中国》等都别具匠心，充分展现了师生们对于中华经典的热情与追求。第三届吟诵大赛中，既有《琵琶行》《致橡树》《祖国啊我亲爱的祖国》等传统名篇，也有讴歌党的丰功伟绩和伟大抗美援朝精神的《红船，从南湖起航》《鸭绿江之歌》等佳作，以及讲述抗疫故事、礼赞抗疫精神的诗文作品，参赛队将对经典诗文的诚挚情感和音律之美演绎得淋漓尽致，为观众呈现了一场高潮迭起的视听盛宴和文化之旅。

2. 育人效果取得明显成效

中华经典吟诵大赛已经成为学校弘扬中华优秀传统文化、传承民族精神、树立社会主义核心价值体系和提高语言文字应用能力的重要载体。通过经典诵读行动的开展，学校精神文明建设、校园文化建设取得明显成效，广大师生社会主义核心价值观得到强化，以爱国主义为核心的民族精神得到增强，社会主义荣辱观进一步明晰，勇于奉献、乐于助人的精神得到提升，更加明确了自身的社会责任，文化素质、道德修养有了很大提高，大大助推了学校文化育人水平的提高。

3. 获得多项表彰

为进一步打造中华经典诵读优秀作品，学校以江苏省每年组织的"诵读中国"经典诵读大赛为抓手，积极选拔推荐优秀作品进行参赛，其中朗诵作品《祖国啊，我亲爱的祖国》荣获 2019 年江苏省中华经典诵读大赛教师组三等奖；《共产党宣言（节选）》《向人民报道》分别荣获 2020 年江苏省中华经典诵读大赛大学生组二等奖，《马克思写给燕妮的情书》荣获教师组二等奖。

二、 校园热点面对面

（一）基本概况

江苏大学正处于事业发展的快速推进期，"双一流"、高水平研究型大学建设、创新创业人才培养、高层次人才培养和引进、思想政治工作、大学生成长成才等，都是校园师生非常关注的热点话题。

自 2017 年 6 月起，党委宣传部主办策划开展"校园热点面对面"系列活动，通过对话和访谈的形式，学校管理者与师生员工面对面，听取学校发展大计、管理制度解说、基层疑惑解答，探讨与交流学校发展过程中的热点问题，努力为"双一流"创建和高水平研究型大学建设营造同心协力、和谐奋进的校园文化氛围。

截至 2020 年 12 月，活动分别聚焦"双抓双促""大学教学""学习贯彻十九大精神""学科建设""中国高等教育""本科教育""江大文化与江大精神""校院两级管理办法"等主题，已成功举办 8 期。

校园热点面对面系列活动之"校史馆里说文化"

校园热点面对面系列活动之"实施校院两级管理，促进大学治理现代化"

（二）主要做法

1. 创新活动形式

江苏大学校园热点面对面采取视频短片与专题解读相结合、专题访谈与自由提问相结合，以及问题征集与问题回复相结合的灵活形式，全面系统传达当前学校相关热点问题的具体做法、成效经验及发展规划，认真听取学校领导、职能部门及学院领导、一线教师、大学生代表、管理人员、退休老同志等各级各类人员提出的建议和意见，并对师生关心的热点问题进行解疑释惑。通过这种面对面的形式，倾听来自基层一线的声音，同时也直接传递正向声音，推进各方有效沟通与交流，以更加务实的工作作风和更加有效的工作举措，为学校事业发展新局面营造良好的文化氛围。

2. 充分做好调查研究

一是根据中央、省市，以及学校相关教育方针政策及工作部署安排，选取事关全局的重点、热点问题作为活动策划主题。二是针对活动主题，调研走访相关学院、部门及个人，全面收集、梳理、总结相关工作的具体进展，为专题解读提供素材。三是针对基层一线，广泛征集问题，筛选出最具代表性的问题进行现场解答。

（三）活动成效

1. 统一了思想，达成了共识

通过面对面对校园热点的深入解读、答疑解惑，广大师生对学校各项事业发展的方针政策、规划蓝图及问题措施等都有了更深入、更全面、更权威的认识和了解，拉近了一线师生与校领导及管理部门之间的距离，排除了思想干扰，激发了干事创业的热情，增强了顾全大局的意识，坚定了理想信念，逐步把学校的统一部署转换为行动自觉，营造了全体师生凝心聚力、共谋发展的良好氛围。

2. 转变了作风，提高了工作实效

校园热点面对面坚持以人为本、问题导向，在活动开展前，面向广大师生进行问题收集，并进行现场互动，正面解答了科研条件、职称晋升、绩效考核等关系学校民生工程、青年学生成长成才、青年教师成名成家等师生切身利益的现实问题，听取了师生在"双抓双促"大走访大落实、贯彻落实党的十九大精神、本科教育、"双一流"建设、江大文化与江大精神、校院两级管理等学校各项事业发展方面的意见和建议，把广大师生的利益作为一切工作的出发点和落脚点，在服务改革、服务基层、服务师生、促进发展上出实招、动真格，为学校教育教学、科学研究及师生发展提供更高质量的服务。

三、 高雅艺术进校园

（一）基本概况

高雅艺术能陶冶情操、净化心灵，提高人的审美能力，给人带来美的享受。在当今社会文化渐趋大众化、流行化的形势下，在高校普及高雅艺术对提高校园文化建设的层次和品位、充分发挥校园文化的教育功能大有裨益。让高雅艺术走近大学生身边，让高雅艺术在校园里生根发芽，对促进大学生全面健康发展具有重要意义。

2004年，中共中央、国务院出台了《关于进一步加强和改进大学生思想政治工作的意见》，明确指出文化部门和艺术团体要推进"高雅艺术进校园活动"，丰富校园文化生活，提升学生的艺术修养，各个高校也将这项活动作为繁荣校园文化的手段。2005年开始由教育部、文化部、财政部联合发起"高雅艺术进校园"活动，以音乐、舞蹈、戏剧为主要内容，以"走近大师、感受经典、陶冶情操、提高修养"为主题，走进校园、走近学生。

为认真贯彻落实中共中央国务院《关于进一步加强和改进大学生思想政治教育的意见》精神，积极响应教育部关于开展"高雅艺术进校园"活动要求，大力弘扬社会主义核心价值观，提升师生人文素养，丰富校园文化生活，亲近高雅艺术，和谐校园氛围，江苏大学自2007年开始正式推进"高雅艺术进校园"活动。

自开展以来，高雅艺术进校园活动始终以立德树人为根本任务，以改进美育教学、提高学生审美和人文素质为目标，紧紧围绕"走近大师、感受经典、陶冶情操、提高修养"的主题，开展了内容丰富、形式多样的活动，先后组织高雅音乐、京剧、火花艺术、陶笛、书法、篆刻、版画、苏州评弹、古筝、话剧、交响乐等30余场。

（二）主要做法

1. 积极申报高雅艺术进校园展演项目

积极申报江苏省高雅艺术进校园展演活动及江苏戏曲名作高校巡演等活动，先后组织师生观看淮剧《送你过江》、苏剧《国鼎魂》等戏曲名作，通过对经典曲目的经典演绎，辅之生动有趣的普及讲解，使广大师生对艺术的体验从兴趣与娱乐层面提升到认知与鉴赏层面。在活动的示范带动下，学校努力破解制约美育发展难题，主动联系南京市话剧团引进话剧《风雨秦淮》《杨仁山》《行知先生》等剧目；与镇江市政协联合开展"书画进校园"活动；充分利用团委大学生艺术社团等组织，积极开展陶笛、书法、歌舞剧、古琴等符合当代大学生审美习惯的文艺节目……逐渐探索了一条推进美育教学、提高学生审美和人文素养的有效途径，充分营造了格调高雅、充满活力的校园文化环境，对社会主义核心价值观、中华优秀传统文化基因浸润学生心田具有十分积极的作用，形成了较高的知名度，产生了较大的影响力。

2. 积极推进高雅艺术进课堂

大学生对高雅艺术认识的广度与深度，直接影响其对高雅艺术的兴趣与理解。要改善大学生对高雅艺术的认知，必须提升大学生的文化素养，循序渐进地提升其判断力和审美能力。江苏大学以课程为载体，不断增加影视音乐鉴赏等艺术类选修课，引导学生学习了解多种文化及艺术，形成健康的艺术素养，从而引发他们审美的变化、思想的变化和行动的变化。学生在知识储备和心理状态都有所准备的情况下，不会对高雅艺术望而却步，高雅艺术进课堂一定程度弥补了高雅艺术活动的不足，也大大提升了高雅艺术育人效果。

新年音乐会特邀江苏省交响乐团走进江苏大学

（三）活动成效

1. 搭建了立德树人新平台

高雅艺术进校园活动启动以来，始终强调要通过艺术育人，不断挖掘艺术育人的内涵，深化艺术育人的作用。在活动主题上，围绕"走近大师，聆听经典，陶冶情操，提高素养"，强调通过感受艺术，陶冶情操，来提高思想修养和艺术素养。在活动目标上，强调全面贯彻落实中央精神，引领学生弘扬优秀传统文化，吸纳人类先进文化的成果，提高艺术修养和文化素质，促进学生全面发展。在育人效果上，既有现场的即时性，通过艺术形象的现场精彩展现让学生及时受到教育，也有沉淀的隽永性，在不断回想、加工的过程中，巩固和深化育人效果，既提高了艺术素养，也提高了思想修养。经过多年的发展，高雅艺术进校园活动已经成为学校立德树人的重要平台，大学生的生活品味、审美情趣、个人素养正在潜移默化地改变着。

2. 形成了常态化发展格局

学校结合学生发展需求，积极开发、利用校内外优质艺术资源，加强校外合作，吸引多方力量参与，基于多资源、多渠道、多方式等情形，科学策划高雅艺术进校园活动主题、内容形式和演出场次等，以传播范围广、操作性强以及学生喜闻乐见的艺术展演为主，坚持年年开展，活动数量与质量不断提升，大力推动了高雅艺术进校园的常态化发展。

四、 五棵松讲坛

（一） 基本概况

人文教育是高等教育的基石。加强大学生的人文素质教育，促进科学精神与人文精神的融合，是培养创新型人才的必然要求。为进一步浓郁学校的人文教育氛围，引导广大师生丰富人文知识、拓宽人文视野、提升人文素养，自2012 年起开办江苏大学"五棵松讲坛"，年均举办40～50 场，旨在重点依托校内人文教育资源，搭建人文教育平台，提供丰富人文讲座，提升校园文化品位，并将这一活动逐步培育成学校的文化品牌活动。

（二） 主要做法

1. 加强组织领导，严格规范管理

党委宣传部负责"五棵松讲坛"活动的统筹安排，每年组织当年"五棵松讲坛"的申报工作，对各学院申报的选题进行审核、筛选，确定并编制"五棵松讲坛"计划，在全校范围内集中发布。各申报单位负责讲坛的具体组织与宣传工作，讲坛海报和会场需使用"五棵松讲坛"标识。党委宣传部负责讲座费的筹措。

"五棵松讲坛"标识

2. 加强主题策划，提升教育实效

引导各学院党委、党总支从立德树人这一高等
教育根本任务的高度，充分认识搭建这一人文教育平台的意义和必要性，积极
挖掘本单位教育资源，物色好教师，设计好选题，积极申报。讲座选题可以包
含哲学社会科学、政治经济形势、历史文学艺术、励志心理教育、法律伦理问
题、科普文化知识、科技发展知识、健康养生知识等，主讲教师以校内教师资
源为主，也可以适当吸纳校外专家，原则上要求具有博士学位或副教授以上职
称（含副教授）教师或副处级以上（含副处级）干部。在加强大学生人文素
养教育的同时，将此作为展示教师风采的新舞台和培养青年教师的新平台，不
断激发教师参与人文讲坛的积极性。

（三）活动成效

1. 丰富了学校思想政治教育形式

五棵松讲坛是集课堂教学和课外教学、理论与实践一体的教育平台，是传
统的课堂教授之外，延伸课堂学习内容、构建知识共享平台和传播先进教育理
念的重要补充。讲坛以解决学生认识问题和实际问题为目标，引导学生自觉学
习运用先进理论、先进思想、科普知识与社会技术知识，相较于传统目标单
一、主题单一的讲座活动，五棵松讲坛的目标与主题都呈现出多样化、实用
化、系统化、系列化等新特点，既能增进知识、开阔视野，又能弘扬践行社会
主义核心价值观理念。五棵松讲坛已成为学校重要的思想政治教育阵地，在提
升思想政治教育的吸引力，针对性，实效性等方面发挥了重要作用。

2. 深化了校园文化内涵

五棵松讲坛既是开启学生视野的一扇窗口，也是推进学术交流的一个平
台，更是营造文化氛围的一座基石。专家学者的讲座报告，饱含着对大学生切
实的人生指导、深厚的文化熏陶及广泛的学术引领，同学们听到的是独到深刻
的观点和见解，感受的则是学者们平凡又伟大的学术人生。经过多年的坚持与
建设，五棵松讲坛已形成"理论性与实用性、专业性与通识性、学术性与通俗
性"相统一的文化风格，是江苏大学人文素质教育的亮点特色。讲坛开办以
来，定期组织、定期举办，引领了校园话题和校园舆论，繁荣了校园文化，从
思想道德层面、育人环境及氛围营造等方面提升了校园文化品位。

五、 辉煌一课

（一）基本概况

为深度挖掘、广泛宣传教师中先进典型，充分发挥校内专家、名师、学者典型示范和带动作用，努力营造"学无止境，教无止境，教书育人无止境"的浓厚教学氛围，不断丰富校园文化建设内容，自 2016 年起，宣传部、教务处、人事处、工会、图书馆等部门联合举办"辉煌一课"活动。活动邀请知名老教授讲授治学为师心得，分享执业经历与教学经验，帮助青年教师不断提升教育教学水平，努力打造一支高素质的专业化教师队伍。截至目前，已成功举办 4 期，分别围绕"精彩人生 辉煌一课""农机情怀 科教人生""情系泵业 科教报国"等主题，邀请退休老教师戴立玲、赵杰文、李德桃、关醒凡现场传授宝贵教学经验。

精彩人生　辉煌一课

（二）主要做法

1. 充分发挥名师效应

精心筛选不同学科德高望重的知名老教授重返讲台，为青年教师和学子开办大型公益课程，通过现场演示课堂教学、访谈、自由提问等形式，传授教学设计案例，分享职业经历与科研心得，帮助青年教师站稳讲台、站好讲台，让广大年轻教师和莘莘学子学有标杆、行有示范，薪火相传，把退休教授宝贵的经验心得转化为学校无形的精神财富。

2. 加大宣传引导

活动开展前充分利用展板、电子屏、官网主页大图等宣传载体，设计主题宣传图片，努力营造浓厚活动氛围，吸引更多师生积极参与现场授课。活动正式进行时，授课过程全程录像，官博现场直播，并邀请校外媒体做专题采访报道。活动结束后校报、电视台、官微等校内媒体平台专题推送，《江苏教育报》、中国江苏网、澎湃新闻等校外媒体纷纷报道江苏大学举办的"辉煌一课"活动。

（三）活动成效

1. 激发了青年教师教书育人的热情

辉煌一课活动强化教学指导和教学分享，充分发挥了教学名师、优秀教师的示范引领作用，将具有推广价值的独特的教学经验传递给青年教师，激发了青年教师教书育人的工作热情，并在比较中看到自身差距与不足，增强了青年教师对自身承担课程的教学责任和育人责任的深度理解和自觉实践，坚定了奋力追赶、赶超一流的斗志。

2. 树立了良好的师德师风

辉煌一课活动始终坚持业务建设与思想建设并重。老教授们的治学为师心得分享无不体现着他们对学生的热爱、对课堂的热爱，以及不怕困难、吃苦耐劳的工作作风和百折不挠、勇于探索的科研精神，他们用自己的教育教学和人生经历引导青年教师坚守教书育人本分，坚守立德树人初心，坚守追求一流的学术梦想，坚守师德师风的红线，从德才两方面详细传授了"如何做一名合格的大学老师"，以榜样的力量推动了学校师德师风建设。

总而言之，品牌性校园文化活动的活动形式灵活多样，但永恒不变的是始终将立德树人作为活动的宗旨，紧扣时代脉搏，紧跟时代步伐，与时俱进、不断创新，对学生进行润物无声的社会主义核心价值观教育、理想信念教育、民族精神教育、诚信教育、感恩教育等，使其更好更快地成长成才。同时，品牌性校园文化活动作为一种隐性的教育形式，以其独特的功能和魅力，对广大师生的思想道德、文化素养、人生品位及审美观念产生重要的影响。

第三节　江苏大学文化育人特色成果

学校办学历史是对大学精神的传承，它在深层次上是一种文化存在和文化现象，也是一笔宝贵的教育资源。高校独具特色的历史文化，是一所学校薪火不息的文化纽带，是凝聚大学生的精神符号，是推动校园发展的内生动力，也是校园文化的核心层次。加快推进教育现代化、建设教育强国、办好人民满意的教育，必须坚持"扎根中国大地办教育"。同样的，对一所高校而言，要增强文化育人的实效性，离不开深入挖掘整理学校的办学传统，传承弘扬学校的办学精神，并结合时代要求，激活校史文化的生命力，自觉推动校史文化的阐释创新。

江苏大学在长期的办学过程中，深挖办学历史，彰显办学特色，长期积淀形成了独具特色的农机文化、水泵文化、篆刻文化等，在提升办学水平、培养创新型高素质人才方面发挥了重要作用。

一、 农机文化

（一）基本概况

自"师夷长技以自强"的三江师范学堂，到为贯彻毛泽东同志关于"农业的根本出路在于机械化"指示精神的镇江农业机械学院，从江苏大学组建后的跨越发展和转型发展再到今天的高水平大学建设，百年江大，始终与祖国农机事业发展同呼吸共命运。历代江大人心系国家、情系教育，用行动诠释"发展教育，振兴农业"的办学宗旨，所体现的正是中国知识分子常思国之民生的家国情怀，富有深厚的文化底蕴，是中华传统文化中最深沉、最宝贵的精神资源之一。

基于江苏大学以农机起家、以农机为特色的办学历史，学校充分挖掘农机文化特色和精神内核，经过深刻的文化思考与文化整合，不断加强校园文化顶层设计，以农机文化为特色，将其内涵、功能、表现等作教育学意义上的开发和诠释，高度提炼农机文化在立德树人方面的核心内涵，既用好第一课堂，又丰富完善第二课堂，通过特色文化形式大力传承、弘扬与践行学校建设与发展中的家国情怀，最终实现在强化学科发展的同时，有力促进农机文化传播，强化特色校园文化建设，推动广大师生思想境界不断升华。

（二）主要做法

1. 坚持以史励志

学校将传承弘扬办学历史中凝练而成的"自强厚德、实干求真"江大精神作为"农"字特色家国情怀教育的核心内涵。通过开展征集"江苏大学精神"

评选活动、"江苏大学精神解读"专题报告会，促进广大师生了解学校深厚的农机底蕴，阅读砥砺奋进的江大故事，主动将个人梦融入中国梦，始终与祖国同频共振。同时，学校通过举办"江大之梦"微电影节、征集"江大之梦"微电影剧本、"江大之梦"微电影首映礼等系列活动，以师生喜闻乐见的文化新样式再现学校建设发展中江大人的执着追求和拼搏精神，形成了一批《燕归来》《青春圆梦》《第七年》《背面》《一位耄耋老人的学术情怀》《涂径：用坚持奏响青春最强音》等原创精品微电影，不断升华广大师生思想境界。

2. 秉承以文化人

学校深入挖掘校园文化引领功能，打造"农"字特色的校园文化品牌，将家国情怀主题教育与理想信念教育、形势政策教育、社会主义核心价值体系教育、中华优秀传统文化教育等结合起来，树立为农机奋斗终生的职业理想和人生信仰。学校不断挖掘校内外人文教育资源，校党委书记、校长持续为新生、毕业生作"做有家国情怀的逐梦人"主题报告，以曾受到周恩来总理接见的学校流体机械及工程学科奠基人、著名农机专家戴桂蕊教授退休后仍心系科教兴国伟业，潜心治学的我国农机学科奠基人高良润教授等学校一大批毕生致力于农机教育和科研事业的专家学者为先进典型，号召广大师生坚持科学创新，勇攀高峰，无私奉献，为国家经济建设努力奋斗。充分利用五棵松讲坛、辉煌一课、耒耜论坛等系列讲座式课程，邀请了一批农机专家、名师、学者，如中国工程院院士、农业机械设计制造专家陈学庚，农业信息化领域专家赵春江，全国时代楷模、农业科学家赵亚夫，内燃机领军人物李德桃等，进校讲学，与师生分享他们的"农"字情怀，以农机人自强实干的奋进史激发师生的光荣感和使命感。举办"落实习近平总书记'大力推进农业机械化、智能化'重要论述暨纪念毛泽东主席'农业的根本出路在于机械化'著名论断发表60周年报告会"；在习近平总书记给全国涉农高校书记校长和专家代表回信一周年之际，召开进一步贯彻落实习近平给全国涉农高校的书记校长和专家代表的回信暨对江苏大学重要批示精神大会，进一步明确学校农机发展特色和办学思路，加快推进农机特色一流大学创建工作。推进落实"095工程"项目，成立"知农爱农，强农兴农"宣讲团，围绕坚守"强农兴农"使命、学校农机历史及特色发展、创新科学研究、农业工程学科发展及师生典型等主题展开宣讲，并拍摄制作宣讲视频，上传至"空中课堂"，供全校师生观看。开通"知农爱农为农·

我的江大情怀"专题网站，集学校知农爱农为农相关活动动态、主题宣讲、江大情怀等于一体，进一步推广与展示"知农爱农，强农兴农"宣传教育效果。专题网站与"空中课堂"一起成为传播学校历史、办学特色，培养师生"知农、爱农、为农"情怀的线上宣传阵地。

进一步贯彻落实习近平给全国涉农高校的书记校长和
专家代表的回信暨对江苏大学重要批示精神大会

3. 注重以"物"传"神"

2012年，学校校史博物馆建成，成为集中展示学校百年历史与文化的主要载体。开馆以来，年均接待10000余人次，带领广大校内外人士领略学校农机学科的悠久历史和最新的农机科技研究热点，全方位生动展示了一部历代江大人艰苦奋斗、百折不挠的"创业史"，呕心沥血、孜孜不倦的育人史，发奋图强、服务国家的报国史，追求理想、锻铸灵魂的精神史，将根植于江大之中的"农机文化"因子广泛传播。2019年，为更好服务国家战略，进一步推进一流学科和高水平研究型大学建设，回顾教学科研成果，展现办学特色，打造学科和校园文化建设新亮点，学校结合办学历史和学科特色规划筹建中国农机文化展示馆，展示馆将通过大量图片和实物展陈、情景还原、视频等构建科普、学术、文化、实践、国际交流等五大功能融合的文化教育平台，不断丰富育人内容，提升育人实效。此外，为强化氛围营造，校园显著位置策划设计摆放体现农机特色、与农机相关的雕塑作品；制作专题宣传画册；通过校园网主页大图、校园电子屏、校园横幅、灯杆道旗、五棵松桁架等文化载体，不断浓郁农机特色校园文化氛围。

入学新生参观校史馆

4. 践行以行育人

学校坚守服务"三农"的责任，不忘初心，传承使命，精心组织"农"字特色的全国大学生智能农业装备创新大赛、农业机器人创新创业大赛、智能机器人创意大赛等学科竞赛，不断激发学生自主学习和探究的动机，提高学生的学科兴趣和专业素养；大力推进"三下乡"社会实践活动，吸引和鼓励师生围绕关注科教兴国、"三农"、环境保护等开展科技支农、实地考察、文化下乡等形式多样的实践活动，形成一批以"美丽中国·美丽乡村""农村农业机械现代化""丝路之音"为代表的优秀社会实践团队，充分发挥知识技能优势，为乡村建设提供文化、科技、卫生、法律等方面的支持。学校毕业生积极服务乡镇及以下基层单位，在选调生、大学生"村官"和服务西部计划、苏北计划中发光发热，传播着科技兴农之火，创造着农村与个人紧密相连的发展之路。

"东方红"杯第一届全国大学生智能农业装备创新大赛

5. 坚持以合促新

高校间国际交流合作可以为学校打开一个面向世界的窗口，在吸收国外先进教育文化理念和资源的同时，也提高了学校的国际影响力和知名度。20 世纪80 年代，学校就先后为亚太地区、联合国工业发展组织举办 10 期农机培训班，培养了来自 34 个国家的 110 名学生，国际交流合作的历史由来已久。着眼于新时期农机行业发展新趋势和新要求，瞄准"一带一路"、农业农村优先发展战略机遇，学校持续加强国际交流合作，把"农机文化"的种子播撒到全国乃至世界各个角落，使学校"农机文化"在开放交流中彰显生命力。学校通过"耒耜论坛"、"金山论坛"、"一带一路"国际人才培养产学联盟、"一带一路"国际人才学院、"一带一路"产学合作研究院及"一带一路"农业现代化国际合作发展论坛等高水平学术论坛、科教平台，邀请国内外专家、学者聚焦农机研讨前沿问题，加强研究成果互动，为教育科研和政策决策者搭建沟通交流的桥梁。

2020 "一带一路"农业现代化国际合作发展论坛

（三）主要成效

1. "农"字情怀不断植入广大师生心中

60 多年来，学校培养了我国第一批农机本科、硕士和第一位农机博士、博士后，为国家输送了近 9 万名农机装备人才和全国超过三分之一的农机龙头企业管理者，受联合国工发组织委托代表中国为 39 个发展中国家开展多期农机管理干部培训班；研制出我国第一台半喂入自动脱粒机等多项国家首台套农机产品；获国家科技成果奖数占全国农机领域国家奖的 13.6%，形成了"工中有农，以工支农"的鲜明特色与独特情怀。

学校通过开展"农"字特色家国情怀教育活动，显著提升了校园文化活动的层次，形成了独具特色的校园文化氛围。通过创新校园文化建设，让广大师生在感知家国情怀教育的同时时刻保持"农"字情怀，以实际行动践行兴农使命，投身于国家战略需要和"三农"实际。

近年，在学校多元化的活动和立体丰富的内容影响下，涌现出一大批扎根农村、关心民生的优秀师生员工和集体，如创办企业、让农村秸秆"变废为宝"的青年创业者刘春生，两赴西部支教的中国大学生自强之星徐振霞；等等。学校优秀做法和师生先进典型事迹多次得到《光明日报》、《中国教育报》、《中国科学报》、中国江苏网、中国教育新闻网、江苏电视台、镇江电视台等多家主流媒体的关注和报道。

2. 服务经济社会发展的能力大大提升

习近平总书记多次在"两会"期间谈及"三农"问题，提出乡村产业振兴、乡村人才振兴、乡村文化振兴、乡村生态振兴、乡村组织振兴"五个振兴"的乡村振兴"路线图"。作为围绕"农"字创特色的综合性大学，江苏大学应是乡村振兴战略的先锋部队。

江苏大学认真贯彻落实习近平总书记"大力推进农业机械化、智能化"的重要指示、给全国涉农高校的书记校长和专家代表的回信和对学校重要批示精神，以国家实施乡村振兴战略为契机，积极响应国家号召参与精准扶贫，大力实施乡村振兴文化传承与创新研究计划、文化人才培养计划、文化下乡服务计划，努力担起为乡村振兴提供人才与技术支撑的历史使命，倡导青年学子走出象牙塔，关注城乡可持续发展，持续不断为乡村建设提供文化、科技、卫生、法律等方面的支持。组织支农类社团为载体的大学生支农调研实践，鼓励学生深入农村，在支农支教过程中践行"三农"精神，心系"三农"问题。加强对农村水稻等农作物产量与质量、农业机械化水平等问题展开调查实践，开展驾驶智能和无人化农机装备进行农业机械化生产的示范活动，宣传科学生产知识，提高农业机械化生产意识，推广现代农业新技术，实践专业，服务"三农"。让广大师生真正走出校门，充分发挥所学专业优势，服务国家、服务社会、服务人民。

学校农业工程学院科研团队为赵亚夫的越光
再生稻"量身定制"了一台智能化再生稻联合收获机

二、 水泵文化

（一）基本概况

自毛泽东主席"农业的根本出路在于机械化"著名论断发表以来，中国排灌机械事业从小到大、从大到强，得到了迅速发展，对我国农业乃至整个社会经济发展起到了巨大的推动作用。伴随着中国排灌机械事业的迅速发展，江苏大学排灌人紧跟国家事业发展的步伐，对接国家战略，呼应时代发展，在排灌机械领域持续发力，一支排灌机械研究的"轻骑兵"在发展中成长、在成长中壮大，从江苏镇江起步，一路耕耘，领先全国、走向国际。

（二）主要做法

1. 为国解难，成立排灌机械研究室

中华人民共和国成立之初，我国农业生产力处于较低水平，在生产设备极其落后的情况下，努力让全国的老百姓吃饱穿暖成为我国政府的第一目标。

1959 年，时值困难时期，粮食产量严重下降，国民生活极端困难。毛泽东同志提出，农业的根本出路在于机械化，并要求机械化问题四年以内小解决、七年以内中解决、十年以内大解决。江苏大学的前身镇江农业机械学院正是为解决这一最急迫的民生问题而成立的，学校自建校起就担负着服务中国农机发展、培养中国农机高级人才的办学使命。

在全党大抓农业的背景下，著名排灌专家戴桂蕊教授为解决我国农业旱涝

保收的问题，多次进行全国排灌机械生产和使用情况的调查，并向国家科委和原农业机械部递交调研报告，建议成立排灌机械的专门研究机构、专业和工厂。时任国务院副总理兼国家科委主任聂荣臻亲自批示，原农业机械部实施，1962 年在吉林工业大学试办排灌机械专业，建立排机械研究室。排灌机械研究室作为农业机械部的二类研究所，设有 35 个单独编制，科研业务由农业机械部直接领导，行政关系则由吉林工业大学具体负责。

得知排灌机械专业和研究室可能南下的消息，时任镇江农业机械学院党委书记兼院长的陈云阁求贤若渴，立刻亲自带队到长春向戴桂蕊伸出"橄榄枝"。通过努力，1963 年，原农业机械部决定将吉林工业大学排灌机械专业及排灌机械研究室成建制转入镇江农机学院。戴桂蕊带领一干专家人才，包括教师、科研人员、六级以上工人和一个班的学生等 100 余人迁到了镇江。

学校发展初期，基建经费十分有限，教学设施、实验设备、工作条件、生活条件都极为困难。当时，办公用房非常紧张，全校所有行政机关都挤在一栋小小的三层楼里，在这样艰苦的条件下，学校毅然腾出行政楼的第三层供排灌机械研究室独立使用，真正是"一楼多用"。一场艰苦奋斗的创业序幕徐徐拉开。

随着中苏关系恶化，中国的发展举步维艰，缺少汽油柴油，所有的排灌机械都动不起来，只能以煤为燃料来带动。在当时的情形下，为了解决国家燃油紧缺问题，排灌机械研究室日夜奋斗，集中力量搞内燃水泵，解决动力燃烧的问题，先后在镇江丹徒、常熟大义镇建立内燃水泵试验泵站。

排灌机械研究室从成立之初，便奠定了为我国经济建设服务的方向。随着大庆油田的开发，汽油的供应状况逐渐改善，内燃水泵、中低速柴油机等研究不再适应形势发展，研究室亟待寻求新的研究方向。

2. 抢抓机遇，实现节水灌溉百年大计

节水灌溉是百年大计，我国是一个干旱缺水严重的国家，淡水资源占全球水资源的 6%，人均只有 2300 立方米，是全球 13 个人均水资源最贫乏的国家之一，而且我国水资源在时空分布上很不平衡，东多西少、南多北少，导致约四分之一的省份面临严重缺水问题。

从 20 世纪 50 年代起，我国就开展了节水灌溉技术的研究，到了 70 年代中期，北方上百个城市缺水情况严重，农业耗水量很大，国家开始试验推广喷灌、滴灌等节水灌溉技术，水利部等八部委发文开展节水灌溉技术研究，排灌机械研究室再一次看到了发展的机遇。1977 年，研究室受原农机部和水利部的委托，首次组织全国摇臂式喷头系列联合设计组，开始了节水灌溉技术研究。

无经验、无设备、无场地，是研究室的三大拦路虎。但是，面对国家节水灌溉的技术急需，面对自身发展的强烈渴求，研究室全体研究人员心往一处想、劲往一处使，牢牢地拧成了一股绳。当时的联合设计组集中了各省市 20 多名工程师代表，在校园的稻田中做喷灌试验。风速是一项影响试验参数精度的重要因素，镇江地区只有凌晨 1 点左右的风速才满足试验要求。在夜晚寂静的校园里，领导干部带头，老师们、工程师们，一人一件雨衣、一双雨靴，待在办公室静待适宜的时机，一到点便冲进农田争分夺秒地开展试验。

经过近一年的潜心研究，联合设计组在 1978 年设计出 10 种规格的摇臂式喷头系列——PY1 系列，并在当年获得全国机械工业科学大会奖。接着，他们又继续研制了第二代低压系列和 PY2 系列金属摇臂喷头及全射流步进式喷头系列、轻小型低能耗喷灌机系列及喷灌用金属薄壁钢管系统，完善了喷灌设备及设施。

这项成果不仅为广大干旱地区解了燃眉之急，促进了农业生产的发展，还产生了巨大的经济效益。全国 80% 以上约 200 多家喷灌机厂都使用研究室提供的系列图纸技术进行生产，研究室研发的喷灌技术在 20 多个省（区、市）得到不同程度的应用和推广。20 世纪 70 年代末 80 年代初，校园里车水马龙多是奔着排灌机械研究室而来的。

随着在节水灌溉领域全国领先地位的确立，研究室的影响力和知名度进一步扩大，承接的课题也越来越多。1981 年，研究室获原农机部批准扩大为研究所，编制从 35 人增加到 50 人。当时，研究所管理模式灵活，平时个人依据各自方向开展研究，一旦接到重大任务便齐心协力、共同攻关。

20 世纪 70 年代末 80 年代初，结合家庭联产承包责任制的实行，研究所又以敏锐的洞察力迎来了第三次的发展机遇。当时农村只有适合大面积灌溉的排灌设备，不再符合联产承包到户的个体需求。《人民日报》上的一篇报道讲述了石家庄一名妇女背着孩子跑到沈阳水泵厂购买家用水泵，这给研究所新的启发，他们向上级部门建议开发适合家庭使用的微型泵，很快得到立项批示。研究所再次组织全国联合设计开发，将全国重要工厂的技术人员集中到学校开发研制小型潜水电泵和微型泵，设计的系列产品很快投放到市场，深受农民的欢迎。

至此，研究所归口的节水灌溉和潜水电泵两个研究方向都一炮打响，研究所成为全国知名的研究中心，全面开展行业技术服务。

排灌机械研究所充分发挥高校科研机构知识人才密集、信息渠道多、课题来源广的优势，坚持科研面向生产，在生产中寻找课题，使科研成为生产的开路先锋，获得了显著的经济效益和社会效益。然而，秉承艰苦奋斗的优良传统，研究所将不断充盈的科研结余全部用作教育教学、办公条件改善和实验室建设，建成了世界一流、亚洲最大的室内喷灌试验厅。

3. 乘势而上，排灌机械多点开花

1993 年，为进一步发挥各研究方向的人才队伍优势，学校在排灌机械研究所的基础上成立了流体机械工程技术中心（简称流体中心），下设流体机械、排灌机械、环境工程、质量工艺 4 个研究方向的研究所。

快速工业化阶段，我国主要污染排放总体处于增长态势，环境质量总体处于恶化趋势。在污染防治轰轰烈烈的推动进程中，泵行业的重要性不言而喻。为适应环境保护的需要，流体机械工程技术中心又一次洞悉机遇，服务需要，开展相关研究。

其中，流体机械研究所研究的污水污物潜水电泵，解决了石油、化工、污水处理等许多工业部门的急需，填补了国内空白，促进了我国污水污物潜水电泵行业的发展和技术进步，被国家科委列为国家级新产品，研究项目也获得国家教委科技进步一等奖。开发的无堵塞泵被 50 多家工厂生产，总产量占据全国无堵塞泵总产量的一半以上，在国内形成了一定的影响。

环境工程研究所通过跟踪市场与企业生产实际，了解到国内广泛用于废水、污水处理的常规设备多为单功能型，自成体系，难以匹配，导致工程能耗高、效益低，安装调试困难。经过攻关，流体中心研制了具有先进水平、填补国内空白的环境设备和污水处理自控系统，短短 4 年时间就完成了 40 项承包工程。

创办于 1982 年的农业工程类科技期刊《排灌机械》，于 2010 年更名为《排灌机械工程学报》，是全国农机系统优秀科技期刊，入选中国农业核心期刊。期刊全面系统地反映排灌机械行业、专业发展水平，及时、准确地报道新理论、新技术、新方法、新成果和国内外最新研究进展，促进了学术交流与合作，推动了排灌事业的发展。

作为机械工业定点的全国水泵技术培训中心，以及我国泵类产品质量监督检测的主要基地之一，流体中心举办的水泵设计暨水泵试验技术培训班已经举办了 60 多期，培训学员约 4000 余名。培训班在教材、教学安排等方面积累了一整套成功的经验，培训的学员学有所用，回厂后做出了一定的贡献，因此培训班长盛不衰，享有很高声誉，深受工厂好评。

4. 大展身手，奋战大型泵站工程

南水北调工程是我国实施的一项重大战略性工程，能为这项重大工程做力所能及的工作，成为流体机械工程技术中心全体人员的共同心愿。在埋头试验的十年间，泵研究专家关醒凡教授领衔的团队心中只有八个字，那就是"南水北调水力模型"。

团队成功开发的 12 个不同比转速的系列轴流泵模型，全部通过了水利部等组织的南水北调工程水泵模型天津同台测试，综合技术指标达到国际同类模型的领先水平。在南水北调东线工程已竣工的部分中，流体中心设计的高效水力模型应用在 14 个主泵站、7 个支线泵站中，南水北调东线工程总装机 102 万千瓦，若按节省运行费用 5% 计算，每年可节省约 1.75 亿元。

流体中心注重基础理论研究，潜心研究的潜水泵理论与关键技术、离心泵无过载设计方法和无泄漏传动被国内水泵生产企业普遍采用，引领了水泵行业的高速增长与繁荣。离心泵无过载设计方法、无泄漏传动均获国家专利并推广应用。目前，已为国内超过 1/4 的水泵企业提供了技术服务。

泵企林立的浙江温岭市，因为与江苏大学的产学研"联姻"而被称为"中国水泵之乡"，仅大溪镇的潜水泵年产量就达 1000 多万台，出口占产量的 50% 以上，有多家生产企业成功上市，解决了十几万农村劳动力的转移和就业，走出了"农民靠水泵致富"的乡村振兴新路径。

历年来，流体中心获国家科技进步奖 5 项，授权发明专利 80 余项，出版著作及标准 70 余部，80% 以上的科研成果已成功转化为生产力，与 1000 多家企业进行了多种形式的技术合作，开发新产品 400 余种，在南水北调、三峡工程、引滦入津、东深供水、大湖流域综合治理等国内外大中型工程上广泛应用，为我国泵行业的技术进步和经济发展做出了重要贡献。

发展中，流体中心的身份也在经历一次次升级：1999 年组建江苏省流体机械工程技术研究中心，2011 年组建国家水泵及系统工程技术研究中心，2014 年成为首批江苏省产业技术研究院流体工程装备技术研究所。

进入 21 世纪以来，随着研究领域的拓展，节水节能环保型流体机械、海水淡化用泵、核电用泵、煤矿透水抢险用泵等的研究深入，团队多项成果应用于国防装备中。

5. 国际交流，传递排灌机械领域江大声音

跻身全国仅有的两个国家重点学科，标志着江苏大学流体机械及工程在泵基础理论研究方面的国内领先地位的确立。江大流体人还在思考探索，如何做到国际领先，传递排灌机械领域的中国声音、江大声音。

近年来，团队坚定不移地走国际化的路线，用更广阔的视角来看待世界，通过国际化的人才培养、队伍建设、科研及学术交流活动等凸显特色，提升质量。团队面向前沿，适应需求，加强国际学术交流，深入国际科学研究合作，与美国、欧洲、新加坡、澳大利亚等 40 余家国外著名高校或企业开展技术合作及科研交流活动。通过"送出去"和"请进来"的国际人才交流方式，举办国际学术会议和国际前沿讲座，开设外教课程，使用外文原版教材等，让师生经常、及时地接触到国际学术前沿的新信息、新知识和新方法，提升师生的学术水平，促进学科建设。主办或协办流体工程、农业工程、空化国际论坛等在本学科有影响力的国际会议，多次在国际会议上作大会邀请报告，宣讲研究成果，扩大流体中心在国际同行中的学术影响力。

特别是江苏大学流体工程装备节能技术国家国际联合研究中心成功入选国家国际联合研究中心，成为我国流体工程装备领域唯一的国家级国际联合研究中心。该研究中心通过国际合作整合全球科技资源，增强我国流体工程装备自主创新能力，提升国际科技合作的质量和水平，增强行业国际科技合作，发挥引领和示范作用，进一步提升江苏大学流体机械及工程学科的国际辐射和影响力。

（三）主要成效

1. 江大流体机械学科领先全国同类学科

从前身镇江农业机械学院排灌机械研究室创建之日起，团队就奠定了为国

家经济建设服务的方向。20 世纪 60 年代，为了解决国家燃油紧缺问题攻坚克难；20 世纪 70 年代，为了解决农业节水增产急需日夜奋斗；20 世纪 80 年代，适应联产承包制的微型泵研究、喷灌机具的研究进一步深入且日益系统化，并开始小型潜水电泵的设计，参与农机类相关标准的编制，实验设施也日臻完善；20 世纪 90 年代，适应国家环保事业发展开展污水污物泵的研发，继续发挥喷灌机设计和泵水力设计及理论研究方向的优势，从各种中小型工业用泵、轻工业用泵的研究开发入手，以高难度的特种泵为主要研究对象，在工业用泵领域打开了局面；21 世纪以来，积极参与国民经济主战场，针对国家重点工程、重大装备用泵等关键性、基础性问题进行系统的工程化研究与开发，持续地向行业提供适应规模化生产的新技术、新产品和新工艺。

在几代人不懈努力下，由排灌机械研究室发展而来的江苏大学流体机械学科已经成为国家重点学科，流体机械工程技术研究中心已经成为国家水泵及系统工程研究中心，拥有国内一流、国际先进的流体机械及工程试验条件和设备，在全国同类学科高校中处于领先地位。

2. 不懈奋斗的团队精神激励着一代又一代的流体人

发扬团队精神，进军科技工作主战场，是团队几代人坚守的传统，也是团队长期以来在科学研究道路上克敌制胜的法宝。排灌机械研究团队昂扬的斗志、旺盛的干劲、饱满的热情、团结的作风，一直留存至今。排灌机械研究团队与国家同行，与时代同步，胸怀梦想的新一代排灌人将秉承初心，不懈奋斗，为实现农业机械化、智能化插上科技的翅膀，为服务乡村振兴战略贡献智慧力量。

2020 年 11 月 13 日，习近平总书记视察江都水利枢纽，其中，江都第四抽水站采用的正是江苏大学自主研发的 TJ04 - ZL - 02 号优秀水力模型。通过水力模型等比例放大制造了 7 台大型立式轴流泵机组，单机容量 30m3/s，单机功率 3000KW，2010 年 6 月 23 日通过了验收。运行 10 多年来，保障了南水北调东线源头泵站机组节能高效、安全稳定运行。

水泵是液体输送系统的"心脏"。南水北调跨流域调水东线工程是世界规模最大的梯级泵站工程，分三期建设，需建 51 座大型泵站。其中，低扬程泵作为南水北调东线工程的核心动力"心脏"，性能直接决定着调水成本和运行可靠性。

以关醒凡教授为首的江大流体机械工程技术科研团队，围绕南水北调国家战略需求，历时 20 多年，三代人接续奋斗，成功研发了国家亟须的系列高性能低扬程泵水力模型，广泛应用于南水北调工程东线一期工程、南水北调中线工程低扬程泵站和引江济淮工程，约占总数的 70%。目前，江苏大学设计的系列低扬程泵水力模型还广泛应用于长三角、珠三角、黄淮海、东北平原等地的防洪排涝、水资源调配、水环境改善、农业排灌等重要领域。成果显著提升了我国大型低扬程泵的技术水平，综合技术指标达到国际先进水平，获江苏省科学技术奖一等奖、中国产学研合作创新成果奖一等奖等。成果已转让荷兰、日本、德国等行业骨干企业 100 余家，产量约占全国同类产品总产量的 60% 以上。

目前，南水北调二期工程即将开工建设，江苏大学流体中心科研团队将主动对接国家需求，服务国家重大水利工程建设，为南水北调二期工程研发新一代水力模型技术，为确保南水北调多项工程成为优化水资源配置、保障群众饮水安全、复苏河湖生态环境、畅通南北经济循环的生命线奉献江大智慧。

三、 篆刻文化

（一）基本概况

篆刻艺术渊源自殷商，算来已有三千年的历史，它同书法一样具有深厚的东方艺术特色，表现着中国传统的审美意识和哲学思想，是中国人精神的象征之一。方寸之间，气象万千，篆刻凝聚独特而丰富的艺术表现形式和丰厚的文化内蕴，特别是北京奥运会的中国印，更是把中国的篆刻艺术推向了巅峰，也推向了世界，令每一个国人都由衷地感到了骄傲与自豪！党的十八大以来，以习近平总书记为核心的党中央高度重视弘扬、发展与创新中华优秀传统文化，多次强调中华传统文化的历史影响和重要意义，并赋予其新的时代内涵。江苏大学在长期办学过程中，一直十分注重中华优秀传统文化的传承与创新，并通过推广篆刻艺术着力打造独具特色的江苏大学校园文化。

（二）主要做法

1. 强化顶层设计

学校于 1989 年创立梦溪印社，印社印稿、教学研讨曾编入了 1993 年版中国印学史第一部印学专业年鉴《中国印学年鉴》。为贯彻十八大提出的文化大发展大繁荣精神，落实李岚清同志关于推广与普及篆刻艺术的意见，将思想政治教育贯穿于篆刻艺术推广，学校成立了篆刻艺术研究会，组建了教职工篆刻艺术协会、大学生篆刻艺术社团和浮玉印社，并成为镇江地区篆刻艺术推广示范点高校。为保证篆刻文化传承过程规范、可持续发展，学校健全完善篆刻艺术推广机制，先后出台《江苏大学篆刻艺术研究会章程》《江苏大学大学生篆刻协会章程》等规定，明确各类社团的功能定位、主要职责、运作模式。《江苏大学篆刻艺术推广实施方案》的制定，明确了学校篆刻艺术推广工作的任务表和路线图。学校始终坚持"古为今用、推陈出新，有鉴别地加以对待，有扬弃地予以继承"的方针，推动篆刻艺术的创造性转化与创新性发展，引导师生树立和坚持正确的历史观、民族观、国家观、文化观，增强中国人的骨气和底气，增强中国特色社会主义的道路自信、理论自信、制度自信、文化自信，既继承了传统优秀文化，又推进了特色校园文化建设。

江苏大学篆刻协会成立大会

2. 多举措全面推进

一是推进篆刻艺术进课堂。学校在原有全校性公共选修课的基础上，增设"篆刻作品欣赏""篆刻艺术"等专业选修课，并纳入艺术类专业培养计划。开设专题讲坛，定期邀请篆刻艺术名家、篆刻艺术爱好者进行篆刻艺术的历史文化、技艺技法、名家名品的系统讲授。同时充分利用第二课堂开展印学理论与创作研究，提高学校篆刻艺术教育的专业化水平，形成具有学校特色的篆刻艺术教育研究体系。

二是形式多样推广篆刻艺术。学校以梦溪印社、教职工篆刻协会、大学生篆刻艺术社团和浮玉印社为载体，为广大师生学习交流篆刻艺术搭建平台，探索篆刻文化推广模式；通过在校报、电视、校园网、微信等校园媒体开设专栏、制作专题，积极推进篆刻艺术文化传承；建立立体式、多维度篆刻艺术展示平台，多渠道、多层面、多途径落实篆刻艺术推广工作，推进篆刻艺术走向广大师生。

三是将篆刻艺术融入创新创业。学校鼓励学生参加各种形式的篆刻创业大赛，根据学生参赛成绩给予相应的创新学分；支持在校大学生组建从事篆刻艺术的创业团队，组织团队成员参加各类创业知识培训；选拔从事篆刻艺术方面的大学生创业团队入驻校内创业孵化基地，加大创业团队的项目开发、产品市场化等的扶持；充分发挥学校作为"江苏省创业示范校"所具有的政策优势、资源优势、平台优势，推动篆刻艺术推广与创业教育紧密结合，赋予篆刻艺术更强的活力和生命力。

四是多方保障篆刻艺术推广。篆刻艺术研究会负责全校篆刻艺术推广工作的组织领导，研究会由校党委书记、校长担任名誉会长，分管副校长担任会长，校办、宣传部、教务处、学工处、工会、团委、艺术学院等相关部门主要负责人为成员。学校设立篆刻艺术推广专项经费，用于购买创作材料、激光雕刻机、教学用具等。学校为篆刻艺术研究会、梦溪印社、教职工篆刻协会、大学生篆刻艺术社团和浮玉印社提供专用办公场所和必备工作条件。

（三）主要成效

1. 学校在不断推进篆刻艺术的过程中强化了学科专业发展

学校在开设全校公共选修课与专业基础课的基础上，不断推动篆刻艺术推广与教育研究结合，并依托艺术学院一级学科硕士点美术学专业建设，开设书法篆刻专业的硕士研究方向，以推进学科专业建设来提升篆刻艺术的学术研究水平与专业实践能力，有效提高学校书法篆刻学科专业发展。为进一步规范与推进教学，学校组织专业教师编纂专著《篆刻文化与艺术》，从课程教学体系、专业实践训练、篆刻应用技法等方面进行详细的阐述与讲解，并以此作为本科生、研究生的专业学习教材，推进理论学习与专业实践有机结合，既有力促进了篆刻艺术传播的规范化、系统化、专业化，也有效推进了书法篆刻学科专业发展的大众化、普及化、科学化。

江苏大学篆刻艺术课堂教学

江苏大学篆刻艺术讲座

2. 学校在浓郁篆刻艺术氛围中强化了特色校园文化建设

学校经常邀请名家来校作专题报告，其中，南京大学古文字专家周晓陆教授来校作《从实用到艺术——中国印》的专题讲座，全国著名书画家、篆刻家朱培尔来校作《方寸间的驰骋——关于篆刻的流变及其创作的展开》的专题讲座；十八大召开前夕，校大学生篆刻协会举行"祝贺十八大印章设计活动"；组织师生习作参加"金石情·中国梦""印象镇江"等篆刻艺术大展，取得很好的社会影响，并在"官塘杯"中华朱方全国篆刻大赛中荣获特等奖、优秀奖和新秀奖；将"推广篆刻书法、篆刻印章等篆刻作品"项目列为学校大学生创业孵化基地重点展示项目；申报的"非物质文化遗产——篆刻艺术的研究与推广"项目成功获评国家级大学生创业创新项目；在校报开设篆刻园地专栏推出李岚清同志的印章赏析；校电视台与镇江电视台合作，开辟栏目讲述我校金石可镂创业团队的创业故事；等等。这些活动既丰富了校园艺术文化生活，更为学校形成特色校园文化奠定了基础。由于长期致力于篆刻艺术的推广工作，且成果显著，学校的篆刻艺术文化传承与光大也走在了全国高校前列，为此，中共中央政治局原常委、国务院原副总理李岚清同志两次到江苏大学指导篆刻艺术推广工作。一次是2007年10月，他带着积累多年的400多方印章和对中国传统文化的无限深情来参加"李岚清篆刻艺术展"的开展仪式；第二次是2013年9月到江苏大学视察，召开篆刻艺术推广专题座谈会。李岚清同志亲自指导并参与我校篆刻艺术的推广，使学校的篆刻艺术文化发展有了新视角和新高度。学校师生在长期推广篆刻艺术的同时不断受到中华优秀传统文化的熏陶，不断升华思想境界，形成了独具特色的校园文化。特色校园文化建设成果也得到了《中国教育报》、《新华日报》、中新社、中国新闻网、中国江苏网等多家主流媒体的关注和报道。

以文化人、以文育人是一个长期的大工程，需要持之以恒、一以贯之、久久为功。在新时代，特色校园文化的培育对提升教育内涵建设、加强和完善大学生思想政治教育具有重要的现实意义和战略意义。江苏大学在文化育人方面的实践和探索对于学校的长远发展、全面提高大学生综合素质都具有重要的借鉴意义。

参考文献

［1］郝桂荣. 高校文化育人研究［D］. 沈阳：辽宁大学，2017.

［2］孙英琨. 高校校园精神文化建设探微［J］. 学校党建与思想教育，2015
（21）：86－87，96.

［3］戎丽霞. 以人为本：大学校园文化建设的灵魂［D］. 镇江：江苏大
学，2007.

［4］叶长红. 高校文化育人的人学透视［D］. 武汉：华中科技大学，2019.

［5］罗莎，熊晓琳. 新时代高校文化育人实现理路探赜［J］. 思想教育研究，
2020（04）：135－139.

［6］卢文忠，何春涛. 底线思维下高校文化育人探究［J］. 学校党建与思想
教育，2019（23）：91－92.

［7］阴浩. 基于文化自觉视野下高校文化育人实施路径［J］. 中国高等教育，
2019（21）：51－52.

［8］冯刚，张芳. 新时代高校文化育人的理论与实践探析［J］. 湖北社会科
学，2019（05）：176－183.

［9］程刚. 新时代高校文化育人途径探析［J］. 思想理论教育导刊，2018
（10）：136－139.

［10］朱晏. 我国高校美育实施体系的构建［J］. 江苏高教，2010（05）：
87－88.

［11］朱晏. 加强美育是提高人才素质的有效途径［J］. 江苏高教，2008
（03）：120－121.

［12］郝桂荣. 高校文化育人研究［D］. 沈阳：辽宁大学，2017.

［13］叶长红. 高校文化育人的人学透视［D］. 武汉：华中科技大学，2019.

［14］马兰兰. 高校文化育人初探［D］. 杭州：浙江理工大学，2015.

［15］陈瑶. 高校制度文化育人实现路径探析［J］. 法制与经济，2014（12）：
125 - 127.

［16］熊瑛. 高校历史文化育人研究［D］. 武汉：武汉大学，2015.

［17］陈云涛. 高职院校文化育人的要素分析［J］. 中国高教研究，2017
（01）：104 - 106.

［18］孙超. 新时代加强思想政治教育的重要性［J］. 商情，2020（10）：229.

［19］吕海升. 论大学生文化主体性与创新型人才培养［J］. 现代教育科学，
2009（01）：145 - 148.

［20］李国昌. 充分发挥高校教师的育人主体作用［J］. 学习月刊，2007
（10）：104.

［21］梁振菊. 对教师主导作用价值内存的思考［J］. 衡水师专学报（综合
版），2004（04）：61 - 63.

［22］颜晓红，刘颖. 以一流大学精神推进现代大学治理［J］. 中国高等教育，
2019（20）：25 - 27.

［23］李洪波，张徐，任泽中. 创业型校园文化建设的思考［J］. 中国高等教
育，2014（05）：54 - 55.

［24］金丽馥. 社会主义核心价值观视阈下高校中华优秀传统文化教育路径探
究［J］. 江苏师范大学学报（哲学社会科学版），2016，42（04）：
108 - 112.

［25］杨道建，李洪波，陈文娟，等. 革命红歌的精神力量在高校思想引领中
的作用——以江苏大学校园文化活动为例［J］. 科教文汇（上旬刊），
2012（09）：13 - 14.

［26］章维慧，殷学东. 以一流大学精神引领"双一流"建设［J］. 高校教育
管理，2018，12（01）：35 - 40，47.

［27］童琳. 经典诵读教育的传承与发展——以唐调吟诵的传承为例［D］. 兰
州：兰州大学，2019.

［28］危玉然. 高校中华经典诵读活动品牌推广研究［J］. 教育教学论坛，
2015（24）：274 - 275.

［29］曾勇. 校园品牌文化活动对于高校文化建设的促进作用［J］. 长江丛刊.
2017（33）：234.

［30］李生军. 高校校园文化活动特色和品牌化建设研究——以攀枝花学院为例［J］. 教育教学论坛，2019（9）：87–88.

［31］高宁，胡晓. 新时代高校文化活动品牌的创建探析［J］. 西南林业大学学报（社会科学版），2019，3（5）：107–110.